"내 피로 세우는 새 언약이니"

새 노래로 노래하라

예배를 위한 시편찬송의 회복

새 노래로 노래하라

예배를 위한 시편찬송의 회복

초판 1쇄 발행 2025년 3월 10일

총괄편집 ㅣ 조엘 비키, 앤서니 셀바지오
옮긴이 ㅣ 김효남

발행인 ㅣ 정대운
발행처 ㅣ 도서출판 새언약
편집 및 교정 ㅣ 김균필
등 록 ㅣ 제 2021-000022호
주 소 ㅣ 경기도 고양시 덕양구 동세로 138 삼송제일교회 1층(원흥동)
전 화 ㅣ 010-2553-7512
이메일 ㅣ covenantbookss@naver.com

ISBN ㅣ 979-11-986084-6-8 (03230)

디자인 ㅣ 참디자인

새 노래로 노래하라

예배를 위한 시편찬송의 회복

SING A NEW SONG

조엘 비키(Joel R. Beeke)
앤서니 셀바지오(Anthony T. Selvagguo) 편집

김효남 옮김

새언약
THE PURITAN HERITAGE

추천사

단언하건대, 시편찬송은 모든 찬송들 중에 가장 좋은 찬송이고, 가장 성경적인 찬송입니다. 물론 찬송을 부르는 사람이 그 찬송의 내용을 얼마나 마음으로부터 이해하고 진심으로 부르느냐 하는 것도 중요합니다. 찬송의 곡조도 하나님을 찬송하는 내용에 걸맞은 찬송이어야 합니다. 그러나 좋은 찬송이라고 하면 무엇보다 찬송의 내용과 가사(text)가 좋아야 합니다. 시편찬송은 "이보다 더 좋을 수 없는 가사", 곧 성령의 감동으로 기록된 하나님의 말씀을 가사로 하고 있습니다. 시편은 하나님께서 우리에게 찬송과 기도의 용도로 사용하도록 특별하게 계시해 주신 말입니다. 그러니 이보다 더 좋은 찬송이 또 어디에 있을 수 있겠습니까? 그래서 칼빈은 제네바 시편찬송가의 서문에서 이렇게 말했습니다. "어거스틴은 하나님께로부터 받은 것이 아니고서는 하나님께 합당하게 노래할 수 없다고 말씀하셨는데, 이것은 참으로 진리입니다. 그러므로 우리가 아무리 철저히 살펴보고 이곳저곳을 찾아본다고 하더라도 성령께서 다윗을 통하여 말씀하신 시편보다 이 목적(참된 찬송)에 더 부합하고 어울리는 노래는 찾을 수 없습니다. 그뿐만 아니라, 우리는 시편으로 찬송할 때, 마치 하나님께서 우리 안에서 친히 그분의 영광을 노래라도 하시는 것처럼, 하나님께서 우리의 입에 그 시편들을 두셨음을 확신하게 됩니다."

시편찬송은 신약의 성도들뿐만 아니라 구약의 성도들의 찬송이기도 합니다. 시편찬송은 예수님의 찬송이었으며, 사도들과 초대 교회 성도들의 찬송이었고, 속사도 시대 성도들과 교부들의 찬송이었고, 중세 시대에도 찬송의 많은 부분이 시편에서 비롯되었으며, 무엇보다 종교개혁자들과 청교도들의 찬송이었습니다. 시편찬송은 종교개혁의 정신을 이어받은 개신교회, 특별히 개혁교회의 찬송이었고, 장로교회의 찬송이었으며, 지금도 역사적 정통 신앙 노선에 서 있는 신실한 교회들의 찬송이며, 감사하게도 한국 교회 안에서도 시편찬송이 소개되면서 예배에서 시편찬송을 부르는 교회들이 점점 늘어나고 있습니다.

이처럼 한국 교회 안에서 시편찬송에 대한 관심이 높아지고 있는 이때, 영미권의 신뢰할 수 있는 귀한 신학자들과 목회자들이 저술한 이 귀한 책이 출판된다고 하니 너무나 반갑고 기쁩니다. 이 책을 통해 시편찬송의 성경적 연원(淵源)과 근거를 보다 더 명확히 하고, 교회사적인 관점에서 그 역사적 정통성을 보다 더 확실히 세우고, 현대 교회의 예배와 목회 현장에 시편찬송을 잘 적용하고 실천할 수 있게 되기를 소원합니다. 바른 예배와 바른 찬송의 회복을 진지하게 생각하고 열망하는 모든 분께 진심으로 일독을 권합니다.

• **김준범 목사** _ 양의문교회 담임

세상에 그 어떤 존재와도 비교할 수 없이 크고 높으신 하나님을 높이고 찬양하기에 합당한 곡은 어떤 것일까요? 일반 찬송가(hymn)는 하나님의 성품과 그분이 하신 일에 대한 묘사보다는 찬송을 부르는 사람 자신의 다짐과 결의, 그리고 사람의 심정을 표현하는 경우들이 많습니다. 선율과 리듬 또한 하나님의 영광의 무거움에 비해 지나치게 가볍습니다.

이에 반해 시편은 하나님의 속성과 그분이 행하신 일, 그리고 하나님의 구속의 경륜을 성경적으로 잘 표현하고 있습니다. 가볍지도 않고 경솔하지도 않으며, '무게와 장엄(weight and majesty)'이란 하나님의 속성에도 맞습니다. 특히 시편에는 하나님의 모든 속성이 다 표현되어 있으며, 신자가 가질 수 있는 모든 신앙의 정서를 다 포괄하고 있습니다.

어떤 이들은 하나님께서 말씀은 계시해 주셨지만, 악보는 계시해 주지 않으셨다고 하면서 가사에 비해 곡조는 자유롭게 취급할 수 있다고 생각합니다. 하지만 시편의 표제들을 보면 특정한 곡조가 있었음을 알 수 있습니다. 이런 면에서 사상적으로, 예술적으로 균형을 이루고 있는 곡은 시편찬송이라고 할 수 있습니다. 시편찬송은 극도로 힘들고 어려운 이들로부터 극락의 기쁨을 소유한 이들까지 모두를 아우를 뿐 아니라, 신자의 마음과 생각을 들어 올려 하나님의 영광에 고정하는 가장 탁월한 노래 중의 노래(Song of Songs)입니다.

• **최덕수 목사** _ 현산교회 담임

한국 교회 앞에 시편찬송의 실제를 처음으로 소개한 추천인 입장에서, 이번에 도서출판 새언약에서 시편찬송에 대한 귀한 책을 번역·소개하게 된 것을 진심으로 축하하며 감사드립니다. 시편찬송을 왜 불러야 하는지에 대한 소개를 간간이 해온 입장에서, 이번에 체계적으로 학문적 입장과 실천적 입장 그리고 무엇보다 역사적 사실을 중시하는 입장에서 전문 서적의 출판은 여전히 시편찬송에 대하여 무지한 절대 다수에게 매우 설득력 있게 다가갈 기대감만이 아니라 충족감을 주기에 충분합니다.

하나님을 예배하는 행위는 구속함을 받은 자들의 선택이 아니라 의무요 특권입니다. 그런데 그 예배를 어떻게 하느냐의 문제는 신학적 입장에 따라 다르게 해석되고 적용되어 왔습니다. 그러나 전통적으로 개혁파 교회에서는 예배의 규정적 원리를 강조하며 그에 충실한 예배를 주장합니다. 즉 어떻게 하나님을 예배할 것인지 하나님께서 성경에 기록하여 교훈하신 방식대로 해야 한다는 것입니다. 그 예배에서 가장 많은 비중을 차지하는 것이 찬송인데, 어떤 찬양으로 하나님을 노래할 것인지에 대한 논의는 종교개혁 이후로 지금까지 지속되고 있습니다.

전통적으로 종교개혁자들(특히 츠빙글리, 칼빈과 녹스)의 가르침을 따라 오직 하나님의 영감된 말씀으로 된 시편을 노래하는 것이 하나님이 주신 명령으로 이해하고 실천해 왔기에 지금까지 개혁파 교회에서는 시편찬송을 가지고 하나님을 찬양하고 있습니다. 물론 루터파와 성공회에서는 인간이 작사 작곡한 것으로도 찬양할 수 있다고 하여 시편보다 사람이 고안해 낸 것으로 하나님을 섬기고 있습니다. 무엇이 옳은지는 본 책을 읽으면서 독자들이 알아서 판단해야겠지만, 추천인으로서 몇 마디 하자면 반드시 하나님이 정해 주신 것으로 하나님을 섬기는 것이 하나님이 기뻐 받으시는 것이라는 점입니다. 성경에 기도책을 따로 주신 것이 없고, 그렇다고 설교집에 버금가는 책을 따로 구분하여 준 것은 없어도 무슨 노래로 하나님을 찬송할 것인지를 제공해 주는 시편집은 신구약 성경 66권 안에 소중히 삽입되어 있습니다. 하나님의 찬송으로 하나님을 찬양하라는 것입니다.

사도 바울은 '그리스도의 말씀이 너희 속에 풍성히 거하여 모든 지혜로 피차 가르치며 권면하고 시와 찬미와 신령한 노래를 부르며 마음에 감사함으로 하나님을 찬양하라'(골 3:16)고 했습니다. 그리스도의 말씀은 신구약 성경 전체입니다. 그 말씀이 우리 속에 풍성히 거한다는 것은 특히 하나님을 찬양함에 있어서 하나님이 우리에게 주신 말씀으로 하나님께 나아감을 의미하며, 기도 역시 하나님의 말씀이 우리 안에 있을 때 그 기도가 하나님이 받으시기에 합당한 기도임을 말씀하는 것입니다. 설교도 하나님의 말씀을 벗어나는 것이 되면 안 되듯이 기도도 하나님의 뜻대로 간구해야 하고 찬송 역시 하나님이 주신 것으로 하나님을 찬양해야 합니다. 예수 그리스도께서 직접 부르시고 사도들과 초대 교회 성도들이 뜨겁게 사랑하며 주님을 영화롭게 한 시편을 노래하는 것은 마땅히 할 일입니다. 더욱이 기독 신자에게 필요한 양분을 공급할 뿐 아니라 칼빈이 말한 것처럼 신자 영혼의 모든 부분을 세밀하게 드러내는 해부도에 해당하는 시편은 천성을 향해 나아가는 순례자의 길을 가장 복되고 성결하게 하는 밑거름이 되고도 남는 도구입니다.

피차 가르치고 권면해야 할 내용이 그리스도의 말씀이듯이 시와 찬미와 신령한 노래 역시 성경의 저자이신 성령께서 주신 시가 가장 타당한 것입니다. 시편찬송이 낯설다고 도외시는 하는 편리주의를 배격하고 성경에 충실한 찬송이 울려 퍼지는, 하나님이 받으시는 참다운 예배를 사모하는 자들에게 본 책을 적극 추천합니다.

• **서창원 교수** _ 전 총신대 신학대학원 역사신학 교수

사람은 슬퍼도 노래하고 기뻐도 노래하는 존재입니다. 하나님께서 그렇게 사람을 지으셨습니다. 그래서 그 사람이 좋아하는 '노래가 무엇인지'로 그 사람의 정신적, 영적 상태를 어느 정도 가늠할 수 있을 정도입니다.

하나님께서 지으신 최고의 걸작이요 하나님의 이름과 나라를 두고 존귀하게 여기신 존재가 사람입니다. 그런데 사람이 죄로 말미암

아 하나님께서 지으신 다른 모든 것들보다 더 악하고 추하여 하나님의 영원한 진노의 대상이 되었습니다. 죄의 본질은 완전하게 아름답고 선하고 진실하시고 오직 빛이신 하나님을 거역하여 등을 돌린 것입니다. 그러니 죄에 빠진 인생은 흑암의 권세 아래 하나님을 대적하는 것을 자기 존재의 목적인 양하는 사탄 마귀의 속박 속에서 파멸의 포구에 있습니다. 그러면서 그 멸망의 포구에 앉아서 부르는 노래는 슬픔과 탄식의 노래, 곧 지옥에서 나는 소리입니다.

그런데 하나님께서 영원히 기쁨을 이기지 못하실 정도로 사랑하시는 존재가 바로 구원받은 하나님의 자녀들입니다. 그리스도 안에서 하나님의 택하심을 받고 구원을 받아 영화롭게 될 인생들은 범죄하기 이전의 아담의 영광을 훨씬 초월하는 그리스도의 형상을 본받은 자들입니다. 그들이 부르는 노래는 하늘의 천사들도 부러워하는 진실과 복락과 영원한 기쁨을 담고 있는 하늘의 노래입니다.

성경 중에서 시편은 하나님의 계시의 말씀임과 동시에 기도와 선포와 노래로 그 하나님의 구원의 은혜를 감사하고 찬미하는 신앙고백의 극치입니다. 그러므로 시편을 찬송으로 부르는 것은 성도가 빼앗기지 않아야 할 특권이요 마땅한 바입니다.

그러므로 시편찬송, '새 노래로 창조와 통치와 심판과 구원의 하나님을 노래하는 것'은 성도의 특권이요 의무입니다. 실로 하나님의 택하심과 그리스도의 속량과 성령의 거듭나게 하심과 회심의 은혜로 구원받은 성도는 이 시편찬송의 '새 노래로 성삼위 하나님과 그 은혜와 구원의 영광을 찬미'해야 합니다. 물론 이 '시편찬송만 찬송이다'

라는 주장은 지나칩니다. 다른 좋은 찬송시에 곡을 붙인 찬송들도 하나님의 은혜의 소산입니다. 그러나 시편찬송은 모든 찬송의 근원입니다. 그러므로 그 찬송의 영광, 그 영광의 상실, 그 회복의 역사를 말하는 이 책은 신기한 책입니다. 이 책은 단순하고 따분한 한 분야의 역사책이 아니라 성령의 호흡이 있는 거룩한 감동의 생수를 뿜어내는 걸작입니다. 김효남 교수님의 번역도 탁월합니다. 이에 감히 추천하는 영예를 안고 독자들에게 간절하게 추천하는 바입니다. 감사합니다.

• 서문 강 목사 _ 중심교회 말씀선교사 및 원로목사

시편을 찬송하는 일은 개혁교회 예배의 기본입니다. 꼭 시편을 찬송해야 하는지 반문이 있을 수 있습니다. 시편을 전혀 부르지 않는다면 무슨 문제가 있는가? 이러한 반문은 질문자가 시편 찬송을 부르지 않는다면 답을 얻기가 어렵습니다. 질문자가 말하는 시편찬송이 이끌어주는 영적인 성숙의 함양과 신학과 교훈의 깊이, 그리고 교리의 순전성을 전혀 모르기 때문입니다. 개혁신학에 기반을 두고 있는 개혁교회와 장로교회는 시편을 찬송하는 일을 성경의 명령으로 받아들였고(시 95:1; 엡 5:19), 이것에 순종하여 시편을 찬송해 온 역사적 전통을 이루어 왔습니다. 그 유익은 실로 컸습니다. 시편을 찬송하는 일은 시편의 말씀으로 하나님의 진리를 묵상하고 시편에 담긴 기쁨,

슬픔, 회개, 감사, 소망, 위로, 하나님의 영광과 위대하심과 신실하심을 풍성하게 담아 노래하기에 다른 어떤 노래를 부르는 것보다 하나님을 영화롭게 하고 즐거워하기에 합당한 소재를 풍성하게 합니다. 그리고 그 유익은 바로 우리의 영혼을 만족시키며 영혼을 하늘로 올립니다. 칼빈의 제네바 교회가 『제네바 시편가』(1562)를 출판하고 시편만을 찬송하였고, 웨스트민스터 총회 신앙고백서(21장 5절)에서 경건한 예배의 정규적인 요소들을 교훈하면서 "마음에 은혜를 담아 시편을 노래하는 것"을 기술합니다. 이 규정에 따라 『스코틀랜드 시편가』(1650)가 만들어져 널리 사용되었습니다.

18세기 후반부터 사람이 작사한 찬송가를 부르기 시작하면서, 하나님의 말씀을 직접 노래하는 시편 찬송가(Psalter)와 사람이 작사한 가사로 노래하는 찬송가(hymnal)가 함께 사용되기 시작했습니다. 그리고 18-19세기에 있었던 미국과 영국의 대각성 운동과 함께 영혼의 구원에 초점을 맞춘 복음주의적 찬송이 확산되는 것으로 말미암아, 20세기 이후에는 오히려 시편을 찬송하는 교회가 줄어들었습니다. 시편만을 찬송하는 교회는 아주 적고, Psalter와 hymnal을 함께 사용하는 교회조차도 상당히 줄어들었습니다. 이것은 예배 형식도 교인의 정서에 호소하는 형태를 점차 추구하고, 더욱 감성적이고 역동적인 음악 스타일을 추구하는 현대적 경향을 따르는 것에서 기인합니다. 자연스럽게 많은 교회와 성도가 시편 찬송가가 반영하는 음악의 운율과 정형성에 낯설어하고 그것을 단조롭게 여기는 일반적 경향을 보이고 있습니다. 무엇보다도 이러한 변화의 바탕에는 자유주의 신학의 영향이 자리하고 있음에 주목하여야 합니다. 자유주의 신학은 성경의 신적 권위를 약화하고, 성경에 담긴 교리를 무시하고, 사람 중심의 해석과 적용에 초점을 맞추도록 교회의 정서를 이끌었습니다. 하나님의 말씀인 성경도 역사의 산물로 여기고 하나님의 초월적 계시로서의 권위를 무시하는 자유주의 신학은, 찬송의 초점을 회중의 감성과 필요를 만족시키는 데에 두도록 영향을 미친 것입니다.

이러한 흐름 속에서 현재 우리나라 교회와 성도는 교회의 신학과 예배 가운데 시편찬송의 상실이라는 어마어마한 영적 손실을 겪고 있습니다. 우리나라의 아주 소수의 교회가 시편찬송을 찬송가공회 찬송과 더불어 노래하기 시작하고 있으며, 더 나아가 시편찬송만을 부르기도 합니다. 이것은 단지 예배 찬송의 변화만을 의미하지 않습니다. 성경의 신적 권위를 회복하고 16, 17세기 개혁신학에 뿌리를 두고 있는 성경해석과 신학에 기초하여 교회를 새롭게 하고자 하는 소망과 열정을 반영합니다. 이러할 때 우리는 지금 참으로 귀한 책, 조엘 비키와 앤서니 셀바지오가 편집한 『새 노래로 노래하라』를 대합니다. 이 책은 눈물겹도록 소중합니다. 이 책에 수록된 11편의 글의 저자들은 한 분 한 분이 모두 개혁주의 신학과 예배의 연구자이며, 시편 찬송에 대해 바른 답을 주는 신뢰성이 높은 영미권 학자이며 목회자입니다. 당연히 시편에 대한 이러한 글들로 시편찬송의 유익을 경험할 수는 없습니다. 그러나 정서적 거리감으로 인하여 시편을 찬송하는 일을 꺼리고 있다면 이 책을 통해 충분히 시편을 찬송할 이유를 납득할 수 있고 또한 격려도 받을 것입니다. 아마도 여러분 가운데 어떤 이들은 시편찬송에 대해 머뭇거리고 있을지도 모릅니다. 그래서 시편 찬송에 대한 낯섦을 극복하기 위한 걸음조차 떼지 못한 채, 지금까지 많이 불러와 익숙하고 친숙한 찬송가의 곡들이나 복음송 찬양으로 만족하고 있을지도 모릅니다. 하지만 이제 이 책을 통해 시편찬송을 소개받고 알아보고 배워가며 실제로 노래하는 복을 누리기를 여러분에게 권하며 이 책을 강력하게 추천합니다.

• **김병훈 교수** _ 합동신학대학원 조직신학 석좌교수, 나그네교회 담임목사

신학과 삶의 궁극적인 회복은 '예배의 회복'이 되어야 합니다. 예배의 회복은 각 예배 순서 순서의 회복이 먼저 담보되어야 하는데, 설교의 회복, 기도의 회복, 헌금의 회복 등이 반드시 이루어져야 합니다. 예배의 회복 중에서도 반드시 회복되어야 할 것이 바로 '찬송의 회복'입니다. 안타깝게도 예배 찬양 가운데 세속 문화가 깊숙이 들어와 있고 인본주의적으로 감정을 고양하는 주관주의적 찬양 문화도 한국교회 면면에 가득합니다. 한국교회의 찬양이 참으로 아픕니다. 『새 노래로 노래하라』는 아프디아픈 작금의 찬양 문화를 뿌리부터 회복시킬 수 있는 소중한 담론을 던지는 귀한 치료제와도 같은 책입니다. 다양한 기고자들이 시편찬송에 대해 전문가적인 식견을 가지고 깊이 있게 고찰하고 있습니다. 역사 속에서 어떻게 시편찬송이 발전되어 왔는지 역사신학적 관점으로 고찰한 후, 성경에 나타난 시

편찬송을 성경신학적으로 조망하고, 마지막으로는 21세기 교회 현장 가운데서 시편찬송을 실천신학적으로 적용하고 있습니다. 역사, 성경, 실천 등의 담론들이 시편찬송이라는 큰 주제 속에서 유기적으로 직조(織造)되어 마치 한 편의 거대한 시편 서사시를 맛보는 듯한 기분까지 자아냅니다. 이 책을 통해 "새 노래"(시 96:1)가 한국교회 전반에 걸쳐 시편찬송이라는 옷을 입고 아름답게 넘쳐나길 소망합니다. 이 소망이 성취되는 순간은 참으로 아름답고 또 아름다울 것입니다.

• **박재은 교수** _ 총신대학교 신학과, 교목실장 및 섬김리더교육원장

서문

W. 로버트 갓프리(Robert Godfrey)

삼천 년 동안 하나님의 백성들은 시편을 찬양하였고, 연구하였으며, 소중히 여겨 왔습니다. 시편은 하나님의 영감된 말씀으로 받아들여졌으며, 성경의 나머지 부분과 함께 바울이 가르친 성경의 특성을 공유하고 있습니다. "또 어려서부터 성경을 알았나니 성경은 능히 너로 하여금 그리스도 예수 안에 있는 믿음으로 말미암아 구원에 이르는 지혜가 있게 하느니라 모든 성경은 하나님의 감동으로 된 것으로 교훈과 책망과 바르게 함과 의로 교육하기에 유익하니"(딤후 3:15-16).

성경 전체와 마찬가지로 시편도 역시 참으로 하나님에게서 온 말씀이지만, 동시에 성경에서 독특한 역할을 담당하고 있습니다. 또한 시편은 하나님의 백성들이 하나님께 드리는 말씀이기도 합니다. 시편은 하나님 백성의 가장 깊은 영적 감정을 영감받은 목소리로 표현하기 때문에, 먼저 성전과 회당에서, 그리고 나중에는 교회에서 드리는 개인과 공예배에서 소중하게 사용되었습니다.

교회는 시편이 그리스도와 그리스도인들을 대변한다고 믿었습니다. 고대 교회는 시편을 연구하고 노래했습니다. 중세 교회에서는 시편의 일부가 예전에 사용되었고, 수도원에서는 시편 전체가 낭송되었습니다. 종교개혁 시대에는 인쇄된 성경의 보급과 운율 시편찬송의 도입을 통해 시편이 하나님의 백성들에게 주어졌는데, 이는 과거에는 찾아볼 수 없는 전례였습니다.

종교개혁 이후 수 세기 동안, 특히 개혁교회에서 시편은 그리스도인들의 경건을 먹이고 성장시켰습니다. 시편을 더 많이 연구할수록, 더 많은 것을 발견했습니다. 시편은 모든 시대에 살았던 하나님의 백성들과 깊은 동일성을 느끼게 합니다. 시편은 하나님께서 어떻게 자기 백성을 위한 언약의 주님이셨는지를 보여줍니다. 시편은 하나님을 위해 사는 이들의 슬픔, 회개, 의심, 투쟁에서부터 기쁨, 찬양, 감사, 확신에 이르기까지 모든 감정을 표현합니다.

시편의 시는 하나님과 그분 앞에 선 그리스도인의 상태에 대한 강력하고 아름다운 표현으로 독자들과 즉시 연결됩니다. 그러나 시편의 세심한 구성은 진지한 학생들에게 시편의 의미에 대해 점점 더 깊은 통찰력을 얻을 수 있는 문학적 형식의 많은 층(layers)을 연구할 기회를 줍니다. 실로 시편은 계속해서 황금을 캘 수 있는 광산입니다.

지난 50년 동안 시편이 교회에 미치는 영향은 심각하게 줄어들었습니다. 시편이 소홀히 여김을 받게 되었던 데에는 여러 요인이 있었습니다. 첫째, 일부 현대 신학은 구약과 신약의 불연속성을 강조하여 그리스도인들이 경건의 지침을 구약에서 많이 찾지 않게 되었습니다. 둘째, 우리 문화와 교육에서 시의 위치가 줄어들어 시편에 대한 접근성이 다소 떨어졌습니다. 셋째, 영어권 세계에서 시편의 통일된 번역본으로서 킹제임스 역이 가졌던 지위를 상실하게 된 것은 시편의 언어에 대한 친숙도에 영향을 미쳤습니다. 넷째, 공예배의 예전적, 음악적 변화는 시편 사용의 감소를 초래했을 뿐만 아니라, 성경의 풍부하고 심오하며 세심하게 만들어진 시편과는 매우 다른 예배와 노래 형식을 도입했습니다.

그렇다면 시편의 영향력 감소가 교회에는 어떤 영향을 미쳤을까요? 어떤 이들은 지난 50년간의 교회의 모습 속에서 강력한 힘과 성장이 있었다고 생각합니다. 다른 이들은 수적 성장의 증거를 기뻐하면서도 성경 지식, 건전한 신학, 성경적 경건에 있어서는 심각하게 쇠퇴했다고 봅니다. 제가 두려워하는 이유는 후자가 맞다는 생각이 들기 때문입니다. 그리고 실제로 우리 시대의 교회는 심각하게 약화된 것이 사실입니다. 교회에서 시편의 역할이 감소된 현실은 그 약점의 증상이자 원인입니다. 현대 교회는 참된 성경적 기독교로 갱신되어야 합니다. 그리고 시편에 대한 새로운 인식이야말로 바로 그 갱신의 핵심 요소입니다. 이 책이 시편에 대한 사랑과 성경적 진리와 경건에 대한 헌신을 새롭게 하는 데 의미 있는 공헌을 할 수 있기를 바랍니다.

역자 서문

    시편 찬송과의 첫만남은 매우 불편했습니다. 개혁주의 신학을 사랑하는 분들의 모임에서 처음 들었던 시편 찬송에 대한 첫인상은 썩 좋지 않았습니다. 느린 곡조와 단조롭고 낯선 음률에 붙여진 성경 말씀으로 이루어진 가사는 젊고 혈기왕성한 신학생의 귀에는 왜 불러야 하는지 알 수 없는 신기한 찬송으로 들렸습니다. 자고로 찬송이란 내 마음을 울리든지 아니면 심령을 뜨겁게 만들어야 할 것인데, 반대로 달궈진 심령을 식게 만드는 이런 노래를 왜 찬송으로 부르는지 도저히 이해할 수 없었습니다. 그렇게 시편과의 처음 만남은 별로 유쾌하지 않은 인상만을 남긴 채 기억의 저편으로 사라져 갔습니다. 애써 기억할 이유도 없고, 찾아서 불러야 하는 이유는 더더욱 찾기 힘든 과거의 유물에 불과했습니다. 다시 시편을 만났던 것은 유학을 하기 위해서 미국 미시건주로 갔을 때 출석했던 네덜란드 이민자들이 세운 개혁교회에서였습니다. 중세의 여인들과 같이 화려한 모자를 쓰고 예배당을 찾는 여성도들의 모습도 이국적이었지만, 울려 퍼지는 파이프 오르간의 웅장한 음률에 맞춰 성도들이 한 목소리로 부르는 시편 찬송이 주는 아름다움은 처음 만났던 시편과는 전혀 다른 느낌이었습니다. 이후 시편이야말로 하나님께서 친히 예배를 위해 자신의 백성들에게 주신 찬송임을 알게 된 이래로 언제나 저는 이 시편을 노래하는 일이 모든 하나님의 교회에서 회복되어야 한다는 열망을 가지게 되었습니다. 유학을 마치고 우리나라로 돌아와서 섬기게 된 교회들에서 저는 시편이 불려지기를 기대하며 성도들에게 조심스럽게 시편을 가르쳤습니다. 시편에 대한 저의 첫만남이 그리 유쾌하지 않았기 때문에 막무가내로 도입할 수는 없었습니다. 예배 전에 한 곡씩 가르치고, 사람들이 가장 적게 모이는 수요예배 때에 한 곡씩 넣어 보며 사람들의 반응을 관찰했습니다. 첫 교회를 개척한 이후에는 저의 목회적 비전에 동참하는 분들이 모였기에 확신을 가지고 예배의 모든 찬송을 시편찬송을 사용했습니다. 하지만 결과는 저의 기대와 달랐습니다. 시편찬송에 대해서 설명했지만, 여전히 성도들은 설득되지 않았던 것 같습니다. 아니 어쩌면 머리로는 시편찬송이 얼마나 복된 찬송인지 동의하지만 가슴이 그것을 느끼지 못했을 수도 있습니다. 익숙한 찬송가를 버리고 낯선 시편찬송을 부르는 일은 지성의 문제가 아니라 의지와 정서의 문제였는지도 모르겠습니다. 이렇게 저에게 있었던 시편찬송과의 만남은 요란했습니다.

하나님께 드리는 예배에 가장 적합한 찬송이라는 것이 있을까요? 우리가 마음을 모아서 진심으로 드리면 하나님께서 기뻐하시지 않겠습니까? 시편찬송을 부르자고 말할 때 사람들은 이렇게 질문합니다. 바야흐로 찬양이 예배를 주도하는 시대가 되었습니다. 날마다 새로운 찬양이 쏟아져 나오고 있습니다. 마치 아이돌 가수들이 발표하는 최신곡들이 대중의 귀에 들려지는 주기가 짧아지듯 찬양도 성도들의 입술에 머무는 시간이 짧아져 가고 있습니다. 더 새롭고, 더 신나고, 더 감성적인 찬양을 원합니다. 그리고 이들의 취향에 재빨리 발맞추는 예배를 사람들은 찾아 갑니다. 종교개혁 이후에 설교가 예배의 핵심으로 자리매김했다면 우리 시대는 찬양이 그 자리를 대체하고 있습니다. 이런 시대에 시편찬송이라니 이 얼마나 시대역행적입니까! 1년 전에 나온 노래도 식상해 흘러간 옛노래가 되는 시절에 무려 3,000년 전에 지어진 시편을 이 최첨단의 시대에 부르는 것이 맞을까요? 아무리 성경에 있는 찬양이라지만 "인간적으로" 너무 한 것 아닌가요? 이런 의문이 절로 일어나는 것이 당연합니다. 하지만 이 문제는 생각보다 훨씬 더 깊은 신학적 문제를 담고 있습니다.

그 중에서도 이 문제는 기독교회에서 매우 핵심적인 요소로 여겨져 왔던 예배의 정의와 밀접한 관계가 있습니다. 근본적으로 예배를 인간이 자신의 뜻과 의지를 가지고 하나님께 올려 드리는 이벤트로 여길 것인가, 아니면 하나님께서 친히 선택하신 백성들을 구원에 이르기까지 인도하여 가기 위해 베푸신 은혜의 수단으로 볼 것이냐의 문제입니다. 주어가 달라지면서 그 신학적인 의미는 완전히 반대가 됩니다. 예배는 우리가 자발적으로 의지를 모아 하나님께 우리의 마음을 표현하는 행위가 아닙니다. 이는 우리에게서 나온 어떤 것이 하나님을 기쁘시게 할 수 있다는 지극히 인간적인 생각에서 나온 것입니다. 성경은 분명히 예배하는 자가 영과 진리로(spirit and truth) 드려야 한다고(요 4:24) 말하지만, 우리는 여전히 우리의 진심이 더 중요하다고 생각합니다. 실상 이는 우리의 진심이 있으면 하나님께서는 기뻐하셔야 한다고 하나님을 강요하는 것과 다르지 않습니다. 하지만 구약성경을 보면 하나님께 제사하는 방식을 결정하는 분은 하나님이셨습니다. 제사장에 관한 것도, 제사의 절차에 대한 것도, 제물과 제사 방식에 대한 것도, 제사에 사용될 기물에 대한 것은 하나님은 엄격하게 정의하셨고, 그에 성실하게 따르는 모습을 기뻐하셨습니다. 그 이유는 하나님의 인도하심이 없이 죄악된 인간의 마음에서 거룩하신 하나님을 기쁘시게 할 것을 스스로 만들 수가 없기 때문입니다. 뿐만 아니라 하나님은 제사를 통해서 우리들을 교육하시기를 원했습니다. 오로지 자신의 죄만 용서받고 자유롭고 싶어 하는 인간의 마음에 맞춰서 이방인들의 축제와도 같은 용서의 방식을 허락해 주신 것이 아니라 이 복잡하고 잔인한 과정을 명하셔서 그들로 하여금 십자가에서 죽으시는 그리스도를 바라보도록 하신 것입니다. 그리고 자신 대신 죽어가는 제물을 보며 죄를 범했던 옛 자아는 죽고 하나님께 순종하는 새로운 삶을 살도록 하신 것입니다. 그렇습니다. 하나님은 제사를 통해서 우리를 하나님의 사람으로 빚어가기를 원하셨던 것입니다.

예배도 이와 동일합니다. 예배를 드리는 주체는 분명히 하나님의 백성들인 인간이지만, 그 예배를 실제적으로 인도하시고 사용하시는 분은 하나님이십니다. 예배를 통해서 우리들을 빚어가시기를 원하시는 것입니다. 우리는 예배를 통해서 현실의 고난에 대한 일시적인 위로를 원하지만, 하나님께서는 우리를 영원한 안식의 길로 인도하시는 수단으로 예배를 명하신 것입니다. 그러므로 예배는 인간이 자발적으로 드리는 죄인 주도(sinner-led)의 이벤트가 아니라 하나님께서 자신의 백성들을 빚어가시는 하나님 주도(God-led)의 은혜의 수단입니다. 그리고 하나님은 자신의 뜻에 순종하는 모습 속에서 예배를 받으시는 것입니다(삼상 15:22). 이것이 성경과 개혁교회가 가르쳐 왔던 예배에 대한 이해였습니다. 설교자가 설교를 하지만 그 설교를 통해서 자신의 백성들을 빚어가시는 분은 하나님이십니다. 설교자는 철저히 하나님의 도구가 되어야 합니다. 사람이 기도하지만 그 기도는 하나님의 말씀의 원리를 따른 기도여야지 불순한 인간의 마음을 내놓고 하나님께 들어주실 것을 강요하거나 호소하는 시간이 되어서는 안 됩니다. 찬양도 마찬가지입니다. 우리의 감사와 기쁨을 하나님께 올려드리는 자기 고백의 시간이기도 하지만, 더 중요한 것은 하나님께서 자기 백성들의 입술에 찬양을 넣고 그들이 그 찬양을 부름으로써 그들을 거룩하게 빚어가시는 하나님의 선물입니다. 우리의 입술에 머무는 노래대로 우리는 변해 갑니다. 공동체가 함께 부르는 노래는 더욱 더 강력하게 우리의 심령을 조각해 나갑니다. 이를 너무 잘 아시는 하나님께서는 자기 백성들의 본성에 가장 잘 아울리는 찬송을 주셨습니다. 그리고 이를 공동체적으로 부름으로써 우리가 영생의 길을 혼들림없이 걸어가도록 하십니다.

얼마 전에 개인적으로 두려움이 밀려 왔습니다. 제가 감당해야 할 일인데 저의 힘을 벗어난 것 같은 두려움이 제 마음 속에서 일어났습니다. 그 때 제 입술에서 시편 18:1-2의 가사를 담은 시편찬송이 흘러 나왔습니다. "내 힘이 되신 여호와여 내가 주를 사랑합니다 주 나의 반석 나의 요새 날 건지시는 나의 하나님 찬송받으실 여호와여 내가 주께 아뢰나이다 주 나의 방패 나의 산성 내 피할 바위 또 나의 구원" 이 찬송은 매주 예배를 마칠 때 우리 교회가 부르는 노래입니다. 인간의 고백을 담은 그 어떤 찬송보다 저에게 힘이 되었습니다. 왜냐하면 시편은 단순한 인간의 고백이 아니었기 때문입니다. 시편은 하나님께서 자기 백성들인 우리에게 주신 하나님의 약속이기 때문입니다. 인간이 만든 찬송은 공감은 불러 일으킬지언정 확신을 줄 수는 없습니다. 하지만 하나님의 약속은 우리에게 확신을 줍니다. 하나님의 말씀이기 때문입니다.

이렇게 시편은 교회의 역사와 함께 했습니다. 신구약의 성도들이 고난을 받을 때에도, 교회사의 성도들이 핍박을 받을 때에도 그들의 입술에는 시편이 있었습니다. 이제 저는 다시 시편을 새롭게 개척한 교회의 성도들에게 가르칩니다. 그리고 그들과 함께 매주 예배에서 부르고 있습니다. 하나님께서 시편이 함께 하는 예배를 그들의 삶을 빚어가실 것을 기대하면서 부릅니다. 그리고 이 땅을 살아가는 동안 그들이 신자로 살아갈 때 위로를 넘어서 확신을 줄 것을 기대하면서 앞으로도 부를 것입니다.

2025. 2. 27
역자 김효남

목차

제목에 대하여

시편 전체에서 다섯 편의 시편이 "새 노래"라고 불립니다(시 33:3, 40:3, 96:1, 98:1, 149:1). 또한, 시편 144편은 그 자체로는 "새 노래"가 아니지만, 자신이 간절히 바라던 승리를 하나님을 통해 얻은 후에 "새 노래"를 부르겠다는 시인의 약속이 여기에 포함되어 있습니다(9절). 히브리어 성경에서 새 노래는 반드시 최근에 쓰인 노래만을 의미하는 것은 아닙니다. 이 구절은 특정 종류의 찬양곡(praise song)을 가리키는 관용구입니다. 하나님께서 주신 큰 승리를 경험한 후에 모든 민족이 들을 수 있도록 큰 소리로 부르는 찬양의 한 종류입니다. 시편 40편이 좋은 예입니다. "내가 여호와를 기다리고 기다렸더니 귀를 기울이사 나의 부르짖음을 들으셨도다 나를 기가 막힐 웅덩이와 수렁에서 끌어올리시고 내 발을 반석 위에 두사 내 걸음을 견고하게 하셨도다 새 노래 곧 우리 하나님께 올릴 찬송을 내 입에 두셨으니 많은 사람이 보고 두려워하여 여호와를 의지하리로다"(1-3절).

오래된 탄식의 음률이 새로운 기쁨과 즐거움의 멜로디로 바뀌었을 때 그런 노래를 불렀습니다. 이 노래는 모든 옛 슬픔을 먼 과거로 밀어내는 어떤 결정적인 구원으로 인해 마음에서 터져 나옵니다.

시편 전체는 히브리어로 찬양의 책(Sefer Tehillim)이라고 불립니다.

물론 모든 시편이 찬양을 위한 노래는 아닙니다. 시편 중의 일부는 고통의 외침입니다. 그러나 이 책이 찬양의 책이라고 불리는 이유는 많은 시편이 우리의 현재 경험(그것이 무엇이든 간에) 속에서 우리를 만나서 항상 우리의 마음이 실현되었거나 약속된 하나님의 승리를 바라보도록 하기 때문입니다. 실제로 시편 전체는 "새 노래"(시 149)와 "할렐루야" 축도(시 150)로 절정에 이릅니다. 우리의 모든 눈물이 씻겨지고 오직 "새 노래"의 찬양만을 부르게 될 그 위대한 날이 올 때까지(계 5:9, 14:3), 시편의 다양한 노래들은 지금 우리의 마음을 바로 그 기쁨에 맞춥니다. 이러한 이유로 시편을 찬양의 책이라고 부르며, 이렇게 고대의 노래를 부르는 것과 관련하여 집필된 이 책의 제목을『새 노래로 노래하라』(Sing a New Song)라고 지은 것입니다.

> 새 노래로 여호와께 노래하라 온 땅이여 여호와께 노래할지어다 여호와께 노래하여 그의 이름을 송축하며 그의 구원을 날마다 전파할지어다 그의 영광을 백성 중에, 그의 기이한 행적을 만민 중에 선포할지어다 여호와는 위대하시니 거듭 찬양할 것이요 모든 신보다 경외할 것임이여(시 96:1-4).

제1부

역사 속에서의
시편찬송

SING A NEW SONG

제1장
카시안부터 크랜머까지:
고대로부터 종교개혁 여명기까지의 시편찬송

휴즈 올리펀트 올드(Hughes Oliphant Old)와 로버트 캐스카트(Robert Cathcart)

 21세기에 진정한 개신교 예배를 재정립하는 데 있어 큰 과제 중 하나는 기독교 예배에서 시편찬송을 회복하는 것입니다. 저는 오랫동안 예배 개혁과 관련하여 교부 시대와 종교개혁 사이의 연관성을 추적하는 일에 큰 관심을 기울여 왔습니다. 이 분야에 대한 제 연구는 1971년에 발표한 논문으로 거슬러 올라갑니다. 이 논문은 『개혁주의 예배의 교부적 뿌리(*The Patristic Roots of Reformed Worship*)』라는 제목을 가지고 미국판(American edition)으로 출간되었습니다. 저의 제자인 로버트 캐스카트(Robert Cathcart)와 함께 집필한 이 글을 통해 저는 16세기 예배 개혁에 기여한 또 다른 고대 인물이지만 잘 알려지지는 않은 요한 카시안을 조명하려고 합니다.

---

1 Black Mountain, N.C.: Worship Press, 2004.

많은 뛰어난 개혁주의 학자들이 집필한 이 책이 요한 카시안(John Cassian)을 다루면서 시작하는 것이 이상해 보일 수도 있습니다. 주후 360년경 소(minor) 스키티아(현재의 루마니아)에서 태어난 수도사 카시안은 당시 반펠라기우스주의(Semi-Pelagianism)의 대표적인 옹호자로 가장 잘 알려져 있습니다. 또한 그는 참된 경건의 수단으로 금욕적 생활 방식을 주창했습니다. 이 두 가지 특징만으로도 개혁주의 독자들은 다음 장으로 넘어가고 싶은 마음이 들 수 있습니다. 그러나 그렇게 하면 큰 실수를 범하는 것입니다. 왜냐하면 카시안은 종교개혁 시대에 약간의 수정을 거쳐 재현되고 오늘날까지도 개혁주의 전통 속에서 울려 퍼지고 있는 시편찬송에 대한 접근법을 관찰하고, 설명하며, 전파했기 때문입니다.

주후 386년경, 요한 카시안과 그와 함께 했던 여행 동반자 게르마누스는 베들레헴을 떠나 이집트의 스케테(Scete) 사막으로 향했습니다. 그리고 그곳에서 공동생활 수도사(Cenobiete monks)와 혼자 살아가는 은둔생활 수도사들(Anchorite monks)의 모범적인 경건을 관찰하였습니다. 은둔생활을 하는 수도사들은 우리가 은자(hermits)라고 부를 수 있는 이들로, 세상으로부터 순결을 지키고 고독 속에서 육체와 싸우기 위해 자신을 고립시켰습니다. 그들은 엘리야, 엘리사, 세례 요한의 검소하고 금욕적인 생활 방식을 본받고자 했습니다. 반면에 공동생활 수도사들은 사도행전 2장 44-45절에 나오는 사도들처럼 살고자 하는 사람들이었습니다. 그들은 모든 것을 공유하며 공동체 안에서 기독교 신앙을 경험하고자 했습니다. 카시안은 7년 동안 이집트에 머물다가 팔레스타인으로 돌아왔습니다. 이후 다시 두 번째 여행을 위해 이집트로 돌아간 후, 카시안은 주후 400년경 자신이 관찰한 내용을 콘스탄티노플에 보고했고, 그곳에 머무는 동안 요한 크리소스톰은 그에게 집사의 직분을 주었습니다.[2] 카시안은 『공동생활강요(The Institutes of the Cenobia)』와 『담화집(Conferences)』이라는 두 가지 주요 저작을 통해 수도원 생활에 대해 자신이 관찰한 내용과 권고사항을 기록했습니다. 이 두 문서들은 "수도원 생활의 『대헌장(Magna Charta)』"이 되었습니다.[3] 이 두 저작은 "고대 기독교 문학에서 독보적인 것"으로 평가받습니다.[4]

특히 『공동생활강요』에는 공동생활 수도사들이 매일 기도를 어떻게 드렸는지에 대해서 설명하고 있습니다. 카시안은 시편을 노래하고, 기도하며, 또 묵상을 위해 시편을 사용했던 특징을 가지고 있던 아름답고 단순한 체계를 관찰했습니다. 초기 수도원 관행은 한 예배에서 "20개 또는 30개"의 시편을 낭송하도록 권장했지만, 카시안이 이집트 사막에서 목격한 것은 이에 대한 절제되고 신중한 접근 방식이었습니다. 그는 이렇게 설명합니다. "이집트와 테바이드(Thebaid) 전역에서 저녁기도(Vespers)와 밤기도 시간에 사용하는 시편의 수는 12개로 정해져 있으며, 마지막에는 구약과 신약에서 각각 한 구절씩 두 구절의 성경 봉독이 이어진다."[5] 밤기도가 때로는 밤 파수(night vigils)

---

2 New Catholic Encyclopedia, 2nd ed., s.v. "John Cassian."

3 Johannes Quaston, *Patrology, trans. Placid Solari* (Allen, Tex.: Christian Classics, 1986), 518.

4 John Cassian, *The Institutes, trans. Boniface Ramsey* (New York: The Newman Press, 2000), 8.

5 John Cassian, *Nicene and Post-Nicene Fathers, ed. Edgar* C. S. Gibson (Peabody, Mass.: Hendrickson, 2004), 10:206.

와 연관되지만, 카시안이 생각했던 것은 훗날 조과(matins)[6] 또는 찬과
(lauds)라고 불릴 것들이었습니다. 따라서 그는 아침과 저녁기도의 체
계를 관찰했던 것인데, 이것은 각 시간에 12개의 시편과 더불어 구약
과 신약에서 각각 한 구절씩 봉독하는 것으로 구성되었습니다. 각 기
도 시간마다 12개의 시편을 노래함으로써 수도사들은 일주일에 한
번 시편 전체를 낭송하게 됩니다.

각 시낙시스(synaxis, 기도 시간)의 주요 특징은 노래하는 시편이 수도
사들을 기도로 초대하는 역할을 한다는 것입니다. 이 예배에서 한 명
의 찬송 인도자 또는 여러 명의 찬송 인도자들이 시편 본문을 낭송하
며 수도사들을 이끕니다. 그러나 이것이 기계적이거나 무심하게 진
행되지 않도록 세심한 주의를 기울였습니다. 카시안은 시편을 올바
르게 노래하는 방법을 다음과 같이 설명합니다.

> 그들은 예배에서 부르는 시편을 끊김이 없이 연속적으로 낭송하여 마
> 치려 하지 않았다. 오히려 구절 수에 따라 두세 부분으로 나누어 따로
> 따로 반복한다. 이는 그들이 구절의 양보다는 마음의 이해를 중요하게
> 여기기 때문이다. 그들은 이를 목표로 모든 힘을 쏟았다. "내가 영으로
> 노래하며 또 마음으로 노래하리라." 그래서 그들은 혼란스러운 마음으
> 로 한 편의 시편 전체를 쏟아내는 것보다 이해와 생각을 가지고 10구
> 절을 노래하는 것이 더 낫다고 여긴다.[7]

---

6 Owen Chadwick, *John Cassian* (Cambridge: Cambridge University Press, 1968), 71.
7 John Cassian, *Nicene and Post-Nicene Fathers*, 10:209.

이렇게 간헐적으로 시편을 부르는 것은 묵상과 응답기도를 위한 기회가 됩니다. 채드윅(Chadwick)은 이것을 다음과 같이 설명합니다. "긴 시편에서는 방금 노래한 구절들을 묵상할 수 있도록 열 개의 절(verse) 후에 책임자가 찬송 인도자를 멈추게 했다. 시편이 끝나면 모두 잠시 서서 묵도한 후 엎드려 경배했다. 그러나 이 엎드린 자세가 너무 오래 지속되어 엎드린 자세로 쉬고 있는 예배자들이 잠들지 않도록 해야 했고, 지도자와 함께 일어나 팔을 뻗어 기도해야 했다."[8]

그러므로 이집트 수도사들은 시편을 통해 기도하신 주 예수 그리스도의 관행을 이어갔던 것입니다. 특히 우리는 그리스도께서 수난을 당하신 사건을 전후한 시기에 그분께서 그렇게 하셨다는 사실을 읽습니다. 우리는 그리스도께서 제자들과 함께 최후의 만찬을 제정하신 후 "할렐(Hallel)", 곧 유월절 시편(113-118편)을 부르신 것에 대해 생각합니다(마 26:30, 막 14:26). 그 후 겟세마네 동산에서 기도하실 때, 이 시편들의 일부, 특히 시편 116편 13절인 "내가 구원의 잔을 들고 여호와의 이름을 부르며"라는 말씀을 암시하시면서, 그분은 "아빠 아버지여 아버지께는 모든 것이 가능하오니 이 잔을 내게서 옮기시옵소서 그러나 나의 원대로 마시옵고 아버지의 원대로 하옵소서"(막 14:36)라고 간구하십니다. 또한 우리에게 익숙한 것은 그리스도께서 십자가에서 시편 22편을 인용하신 것입니다. "나의 하나님 나의 하나님 어찌하여 나를 버리셨나이까"(막 15:34). 우리는 그리스도께서 "내가 목마르다"(요 19:28)고 외치실 때 시편 69편 3절과 22편 15절

---

8 Chadwick, *John Cassian*, 71.

을 암시하셨다는 것을 압니다. 카시안이 기록한 이집트의 시편 경건 (Egyptian psalm piety)은 시편과 기도 사이에 존재하는 동일한 유형의 상호작용을 불러일으킵니다. 콜럼바 스튜어트(Columba Stewart)는 이렇게 쓰고 있습니다.

> 기도(oratio)는… 낭송되거나 노래된 본문의 흐름이 멈추고 마음이 본문을 자신의 것으로 삼아 말할 때 일어났다. 각 수도사가 침묵 속에서, 그리고 공동체적으로 지도자의 기도로 드려진 이러한 기도는 소리 내어 말해진 성경 말씀에서 나올 뿐만 아니라 그에 대한 반응이기도 하다. 카시안에게 이 기도시간은 짧아야 했다. 수도사들은 그 후 성경 본문으로 돌아갔다. 성경과 기도는 동일하지는 않지만 분리할 수 없었다.[9]

그러나 시편이 찬양을 이끌어내는 힘은 분명히 아침과 저녁기도 시간에만 국한되지 않습니다. 오히려 공동생활 수도사들은 일상적인 일을 수행하면서, 그리고 저녁에는 노동을 쉬면서 계속해서 시편들을 기도하고 묵상했습니다.[10] 공동체에서 하루에 두 번 시편을 부르는 것은 고대 그리스도인들의 경건 행위 가운데 중심적인 위치를 차지하였습니다. 퀘스턴(Quaston)은 이 개념을 다음과 같이 설명합니다.

9 Columba Stewart, *Cassian the Monk* (*New York: Oxford University Press*, 1998), 101.
10 Swewart, *Cassian*, 101.

수도사는 항상 성경의 일부, 예를 들어 시편의 한 구절을 되새김질해야 한다. 이는 그 깊이, 즉 영적인 의미를 마음의 순결함으로 꿰뚫을 수 있도록 하기 위함이다. 이는 특히 시편과 관련하여 그렇다. 네스토르 아바는 "수도사의 임무는 성경적 기도를 자신의 것으로 만들어 그것이 자신의 거룩한 독서가 되게 하는 것"이라고 말한다. "이러한 지속적인 묵상이 마침내 당신의 영혼에 스며들어 말하자면 그 형상으로 당신의 영혼을 형성하게 되는 것이다"(카시안의 『담화집』 14.10). 그러면 수도사는 더 이상 그것을 선지자의 작품으로 낭송하는 것이 아니라 마치 자신이 저자인 것처럼, 그리고 자신의 개인적인 기도인 것처럼 낭송하게 된다.[11]

시편은 수도사의 기도를 성령의 기도로 변화시킬 뿐만 아니라,[12] 아무리 하찮은 일상적인 일이라도 그 가운데 올라가는 성경적 기도로 인해 그것을 "하나님의 일"로 변화시킵니다.[13] 이러한 일이 거룩하다는 인식은 종교개혁 시대에 더욱 발전되어 개혁자들에 의해 소명교리가 신중하게 정립되었습니다. 그러나 카시안의 관찰에서 알 수 있듯이, 노래와 묵상과 기도로 가득 찬 시편 중심의 경건에는 어떤 직업이든 관계없이 모든 충실한 그리스도인의 삶과 일에서 성과 속을 나누고 싶어 하는 느낌을 제거하는 힘이 있었음이 분명합니다.

---

11   Quaston, *Patrology*, 519.
12   Quaston, *Patrology*, 519.
13   Quaston, *Patrology*, 520.

중세가 시작되면서 이집트인들의 단순한 일일 기도 방식에 무슨 일이 일어났는지 충분히 의문을 가질 수 있습니다. 카시안 자신도 하루 중 더 자주 기도할 자리가 있다고 보았음을 주목해야 합니다. 특히 그는 팔레스타인, 메소포타미아, 그리고 동방 전역의 수도원에서 제3시(오전 9시), 제6시(정오), 제9시(오후 3시)를 예배의 시간으로 지켰다고 언급합니다. 각 예배에서는 세 편의 시편을 낭송했습니다.[14] 카시안은 이러한 시간을 지키는 것에 대해 다니엘이 다리오 왕의 칙령에도 불구하고 하루에 세 번 창문을 열고 기도한 것(단 6:10)을 비롯하여 충분한 성경적 예시를 제시합니다. 그는 제3시를 오순절 사건이 일어난 정확한 시간이라고 설명합니다. 제6시(정오)는 "우리 흠 없는 희생제물이신 우리 주님이자 구세주께서 아버지께 바쳐지고, 온 세상의 구원을 위해 십자가에 오르셔서 인류의 죄를 없애셨기" 때문에 특별히 중요하게 여겨졌습니다.[15] 또한 카시안은 다소 화려하고 창의적인 해석으로 베드로가 정오, 즉 하루의 제6시에 음식 환상을 받았음을 상기시킵니다. 제9시의 중요성을 요약하면서 카시안은 그리스도께서 어떻게 "지옥에 들어가 타르타로스(Tartarus)의 헤아릴 수 없는 어둠을 그의 빛나는 광채로 소멸하셨는지" 회상하면서, "그분은 청동문을 부수셨다"라고 말합니다.[16] 카시안은 고넬료가 베드로로부터 이방인을 수용한다는 좋은 소식을 받은 시간이 제9시였다고 언급합니다. 마지막으로, 제9시는 또한 베드로와 요한이 사도행전 3장 1절에

---

14 John Cassian, *The Institutes*, trans. *Boniface Ramsey*, 59.
15 Cassian, *The Institutes*, 60.
16 Cassian, *The Institutes*, 61.

서 성전에 기도하러 간 시간이기도 합니다.

카시안은 자신이 발견한 성경적 내용을 요약하며 이렇게 말합니다. "거룩하고 사도적인 사람들이 이유 없이 종교적 의식으로 성별하지 않았을 이 시간들을 우리도 지켜야 한다는 것은 너무나 분명합니다."[17] 또한 카시안은 날이 밝을 때, 아마도 오전 6시 또는 제1시에 세 편의 시편을 낭송하고, 제11시에 훗날 만과(compline)라고 불리는 취침 기도를 드려야 한다고 주장합니다.[18] 이집트인들이 실천한 두 번의 정해진 시간에 이 다섯 시간의 제1시, 제3시, 제6시, 제9시, 그리고 만과를 더한 것에 대해서 카시안은 이렇게 설명합니다. "이는 (영적인 의미가 있지만) 문자 그대로 다윗이 말한 그 복된 숫자와 매우 분명하게 일치한다. '내가 주의 의로운 규례로 말미암아 하루 일곱 번 주를 찬양하나이다.'"[19] 카시안이 시편 119편 164절을 인용한 것이 이집트인들이 가졌던 더 단순한 하루 두 번 기도 관행을 암묵적으로 폄하한다는 의미일까요? 절대 그렇지 않습니다! 오히려 그는 그들의 이해와 관행을 실제로 선호했습니다. 그래서 다음과 같이 설명합니다.

우리가 소집자의 부름에 따라 다른 시간과 간격으로 주님께 드려야 하는 의무는 그들(역자주: 이집트인들)의 일과 함께 하루 종일 계속해서 자발적으로 이루어진다. 그들은 거의 시편과 성경의 다른 부분들을 묵

---

17 Cassian, *The Institutes*, 61.
18 Cassian, *The Institutes*, 62.
19 Cassian, *The Institutes*, 63.

상하는 것을 멈추지 않고 혼자서 자신의 방에서 계속 육체노동을 하기 때문이다. 여기에 그들은 매 순간 간구와 기도를 더한다. 우리가 정해진 시간에 지키는 의무로 하루 전체를 채운다. 따라서 토요일과 일요일 제3시에 성찬식을 위해 모이는 것을 제외하고는 저녁과 밤의 모임 외에 낮 동안에는 어떤 공적 예배도 지키지 않는다. 끊임없이 드려지는 것이 특정 순간에 드려지는 것보다 더 훌륭하기 때문이다. 그리고 자발적인 봉사가 규범적 의무로 수행되는 기능보다 더 기쁘게 받아들여진다. 이것이 다윗 자신이 약간은 자랑스럽게 "내가 주께 즐거이 제사를 드리고", "내 입의 자발적인 봉헌을 받으시옵소서 여호와여"라고 말한 이유다.[20]

분명 이집트인들은 가장 고대의 전통, 그들의 생각으로는 사도적 전통을 유지하고자 했습니다. 이러한 형태의 아침과 저녁기도는 "아마 2세기 말경에 시작되었고"[21] 사도적 모델과 매우 가깝다고 알려졌습니다.

카시안에게 있어 일상적인 의무 가운데 마음에서 우러나오는 기도는 엄격한 일곱 번의 일일 기도 시간을 지키는 것보다 더 귀중했습니다. 한편, 이집트인들의 자발적인 기도가 시편을 노래하고 성경을 듣는 것에 뿌리를 두고 있었다는 점도 주목해야 합니다. 따라서 거기

---

20 Cassian, *The Institutes*, 59.
21 Francis Proctor and Walter Howard Frere, *A New History of the Book of Common Prayer* (London: Macmillan and Company, 1932), 315.

에는 가장 성숙하고 교화시키는 기독교회 기도의 특징이라고 할 수 있는 자유와 고정된 형식 사이의 탁월한 균형이 있었습니다.

주후 430년경 카시안의 사망 이후, 또 다른 이가 수도원의 영적 생활을 개혁하는 사명을 이어받았습니다. 누르시아의 베네딕트 (Benedict of Nursia, 480-547)는 로마의 타락에 실망하여 더 순수하고 그리스도를 닮은 삶을 추구했습니다. 엔피데(Enfide)에서 기적을 행했다는 소문과 그로 인한 명성을 잠시 맛본 후, 베네딕트는 친구 로마누스와 함께 이탈리아 수비아코(Subiaco) 근처의 동굴에 은거했습니다. 그곳에서 두 친구는 "성경을 읽고 기도하는 일에 집중했습니다."[22] 수비아코에 13개의 수도원을 설립한 후, 갈등과 음모에 지친 베네딕트는 그곳을 떠나야 했습니다. 그리고 몬테 카시노(Monte Cassino)에 도착한 베네딕트는 바로 그곳에 오랫동안 지속될 영향력을 남겼습니다. 그는 다양한 배경을 가진 수도사들이 평화롭게 함께 살 수 있도록 돕기 위해 수도원 생활의 지침서인 『규칙서(Rules)』를 작성하기 시작했습니다.[23] 베네딕트가 이 『규칙서』를 카시안의 『공동생활강요』와 『담화집』에 대한 관찰을 바탕으로 작성했다는 것은 의심의 여지가 없습니다. 사실 베네딕트는 카시안의 저작을 매우 높이 평가하여 저녁 식사 후 다른 주목할 만한 저작들과 함께 공동체에서 읽도록 권장했습니다. 그는 완전함과 덕을 추구하는 수도사들에게 카시안의 관찰을 고려해 보라고 권합니다.[24] 로라 스완(Laura Swan)은 이렇게 말합니다. "베네딕

---

22 Patrick Barry, *St. Benedict's Rule: A New Translation for Today* (Mahwah, N.J.: Hidden Spring, 2004), 1.

23 Barry, *St. Benedict's Rule,* 1.

24 John Cassian, *Nicene and Post-Nicene Fathers,* 10:194.

트의 온화한 천재성은 이 규칙들, 곧 이집트의 파코미우스(Pachomius), 동로마 제국의 바실(Basil)이 쓴 규칙 그리고 교부들의 규칙, 골(Gaul)의 카이사리우스(Caesarius)와 미상의 저자가 쓴 스승의 규칙(the Rule of Master)을 비롯하여 요한 카시안의 저작에서 유용한 것을 취하고, 자신의 생각을 더하여 '초보자를 위한 겸손한 규칙'을 만든 것이다."[25]

비록 베네딕트가 카시안이라는 지혜의 보고에서 빌려오긴 했지만, 분명한 차이점도 있습니다. 특히 베네딕트는 하루 일곱 번의 기도 시간을 더욱 강조했고 실제로 여덟 번째 시간을 추가하기도 했습니다. 따라서 그의 체계에는 밤기도(자정), 새벽기도(오전 3시), 제1시기도(오전 6시), 제3시기도(오전 9시), 제6시기도(정오), 제9시기도(오후 3시), 저녁기도(오후 6시), 만과(오후 9시)가 포함되어 있습니다. 따라서 하루 24시간이 기도하는 8개의 시간으로 균등하게 나뉩니다. 그러나 주요 시간은 여전히 찬과(lauds)와 저녁기도(vespers)였고, 이는 카시안의 이집트 모델의 아침과 저녁기도에 해당합니다. 예를 들어, 새벽기도에서는 6편의 시편을 낭송하게 되어 있습니다. 저녁기도에서는 수도사들에게 4편의 시편을 낭송하도록 권장됩니다. 새벽기도와 저녁기도에서 노래하는 시편의 수는 이른바 "소시간(little hours)"인 제1시, 제3시, 제6시, 제9시에 낭송하는 숫자보다 더 많습니다. 또한 12편의 시편이 낭송되었던 밤기도(night vigils)를 대단히 강조합니다. 그러나 중세 전체에 걸쳐 밤기도 예배가 점점 더 새벽기도에 결합되었던 것으로

---

25 Laura Swan, *The Benedictine Tradition: Spirituality in History* (Collegeville, Minn.: Order of St. Benedict, 2007), *xiv.*

보입니다. 그러나 베네딕트는 일일 기도의 절정으로 주기도문을 첨가하여 새벽기도와 저녁기도 시간을 분명하게 구별하였습니다.[26]

베네딕트가 일일 기도(the Daily Office)에 첨가한 또 다른 요소는 암브로시우스 찬송(Ambrosian hymns)을 사용하는 것이었습니다.[27] 암브로시우스와 그의 후계자들이 작곡한 이 작품들은 확실히 교리적이고 그리스도 중심적인 초점을 가지고 있습니다. 예배자들이 이 찬송가들을 정기적인 시편 낭송과 성경 봉독과 함께 배치했을 때, 그들은 일일 기도를 풍성하게 경험할 수 있었습니다. 베네딕트가 암브로시우스 찬송을 사용한 결과 중세 전반에 걸쳐 기독교 찬송가를 전파하고 보존하는 데 도움이 되었습니다.[28]

카시안의 접근법과 성 베네딕트의 접근법 사이의 또 다른 뚜렷한 차이점은 일일 기도를 위해 시편을 배열하는 방식입니다. 채드윅은 이렇게 설명합니다.

> 시편을 배열하는 두 가지 방식이 있었고, 이 둘이 결합되어 후대의 수
> 도원 시간 체계를 만들었다. 한 방식은 성경의 순서대로 시편을 취했
> 다. 다른 방식은 하루 중 시간에 적합한 시편을 선택했다. 곧 아침 본

---

26 St. Benedict, *The Rule of St. Benedict in English*, ed. Timothy Fry (*New York: Vintage Books*, 1998), 21–28.

27 Benedict, *The Rule of St. Benedict*, 21-28.

28 암브로시우스의 아리우스주의 반대 및 삼위일체론 지지 찬송가에 영향을 받은 후대 라틴 찬송가 작가들로는 프루덴티우스(Prudentius), 오를레앙의 테오둘프(Theodulph), 클레르보의 베르나르(Bernard), 아시시의 성 프란치스코(St. Francis), 피터 아벨라르(Peter Abelard) 등이 있다. 이에 대한 정보는 J. R. Watson, *An Annotated Anthology of Hymns* (*Oxford: Oxford University Press*, 2002), 10을 보라.

문은 아침에, 저녁 본문은 저녁에 배치했다. 이 두 가지 방식 중 카시안은 전자에 훨씬 더 가까웠다… 유일한 특별 시편은 찬과(Lauds)와 제 1시 기도(Prime)를 위해 정해진 것이었다… 아침기도(morning office)에 적합한 참회 시편과 아침 시편이었다.[29]

우리는 카시안이 연속 낭독(lectio continua) 접근법을 사용했고, 베네딕트와 그의 후계자들은 하루 중 시간에 가장 적합한 시편을 선택했다고 충분히 말할 수 있습니다. 그러나 두 접근법이 가진 목표는 동일합니다. 바로 일주일에 한 번 시편 전체를 낭송하는 것입니다. 두 체계 모두 각각 장점이 있다고 말해야 합니다. 예를 들어, 베네딕트가 새벽기도를 위해 정한 시편을 살펴보면, 하루를 시작하는 데 있어 창조와 구속과 섭리의 전능하신 하나님 앞에 나아가 시편 67편 1절을 간구하는 것보다 더 좋은 방법은 없습니다. "하나님은 우리에게 은혜를 베푸사 복을 주시고 그의 얼굴빛을 우리에게 비추사." 베네딕트가 만과를 위해 정한 시편에 대해서도 같은 말을 할 수 있습니다. 잠자리에 들 때, 경건한 영혼은 시편 4편, 91편, 134편의 말씀에서 평안과 위로를 발견합니다. 특히 밤기도에서도 연속 낭독과 유사한 시편을 노래하는 일을 실천했다는 점에 주목해야 합니다.

21세기 개신교인의 입장에서 볼 때, 베네딕트의 일일 기도 순서의 약점은 상당히 복잡하고 지루하다는 것입니다. 반면에 카시안의

---

29 Chadwick, *John Cassian*, 77.

더 단순한 체계, 즉 새벽기도와 저녁기도에 12편의 시편을 기도하는 방식은, 약간의 수정을 거쳐 나중에 개혁교회의 일일 기도 모델이 되기도 했습니다. 이에 대해서는 잠시 후 살펴보겠습니다. 공정하게 말해서, 베네딕트가 수도원들이 자신의 제안을 맹목적으로 따를 것을 기대하지 않았다는 점은 마땅히 주목받을 만합니다. 그는 날카롭고 실용적이며 목회적인 통찰력을 가지고 이렇게 썼습니다. "무엇보다도 우리는 만약 누군가가 이와 같은 시편 배분에 만족하지 않는다면, 더 나은 것이라고 판단되는 대로 배열하라고 권한다. 다만 150편의 시편 전체가 매주 반드시 신중하게 유지되어야 하며, 매주 일요일 밤 기도에 새로 시작해야 한다는 점만큼은 주의해야 한다."[30] 스완이 주장하듯이, "중요한 것은 수도원 공동체가 어떻게 성무일과를 위해 모이느냐가 아니라, 공동체가 매일 사려 깊고 기도하는 마음으로 모인다는 사실이다… 물이 천천히 바위에 떨어지지만 그 바위의 모양을 바꾸듯이, 매일 성무일과를 낭송하는 평범한 일이 개인의 마음에 서서히 작용하여 그 사람을 그리스도의 형상으로 빚어간다."[31] 분명 성화라는 이 고귀한 목표는 베네딕트, 그리고 그 이전의 카시안이 시편 찬송을 통해 이루고자 했던 것의 핵심입니다. 그러나 이 고귀한 목적은 종교개혁 시대까지 대부분의 그리스도인들에게 가려져 있었습니다.

시편 중심의 베네딕트 영성이 서방세계의 평신도들에게 전혀 영

30　St. Benedict, *The Rule of St. Benedict*, 28.
31　Swan, *The Benedictine Tradition*, xviii.

향을 미치지 않았다고 말하는 것은 과장일 것입니다. 서유럽 전역에서 기도 시간은 폐쇄된 수도원뿐만 아니라 대성당에서도 지켜졌습니다. 그러나 중세 말에 이르러 베네딕트 시간에 대한 엄격한 준수가 느슨해지기 시작했다는 점에 주목해야 합니다. "종교개혁의 문턱에서... 많은 이들이 이 일일 기도 훈련의 아름다움을 잃어버렸습니다. 그것은 무거운 짐으로 여겨졌고, 영적 열정을 잃은 세속화된 성직자들과 기부금으로 유지되는 성가대에 의해 겨우 지탱되고 있었습니다."[32]

11세기에 설교 수도회인 프란체스코회와 도미니코회의 사역을 통해 단순화 운동이 시작되었습니다. 그들은 순회 사역을 하면서 정교한 기도 시간을 지키기 어려웠기 때문에 "포르티포리('휴대용' 성무일도서) 또는 브레비아리('축약판' 성무일도서)"를 개발하였습니다. 여기에는 "일곱 번의 일일 기도가... 간소화된 형태로... 포함되어 있어... 일일 기도(offices)를 개인적으로 또는 여러 사람이 함께, 각자 자신의 책을 가지고 낭송할 수 있었습니다."[33] 시간이 지나면서 성무일도의 영향과 그것의 평신도 버전인 『시과서(The Book of Hours)』 또는 『초심자기도서(The Primer)』를 통해 일일 기도는 더욱 단순화되었습니다. 따라서 "종교개혁 전야의" 가장 중요한 발전은 "일일 기도를 아침과 저녁 두 개의 주요 '블록'으로 낭송하는 관행이 생겼다"는 것입니다.[34] 다시 말

---

32 Hughes Oliphant Old, "Daily Prayer in the Reformed Church of Strasbourg, 1525 – 1530," *Worship* 52, 2 (March 1978): 121–38.

33 Kenneth Stevenson, "Worship by the Book," in *The Oxford Guide to the Book of Common Prayer: A Worldwide Survey, ed. C. Hefling and C. Shattuck* (Oxford: Oxford University Press, 2006), 14.

34 Stevenson, "Worship by the Book," 14.

해, 그리스도인들은 요한 카시안이 거의 1,100년 전에 발견한 것, 즉 단순하고 사도적이며 실용적인 시편 노래와 기도 방식을 재발견하고 있었습니다.

일일 기도를 두 가지 기도 시간으로 통합하는 이러한 현상은 잉글랜드에서 가장 두드러지게 나타났습니다. 토마스 크랜머(Thomas Cranmer)는 기독교 인문주의 원칙에 따라 일일 기도를 개혁하기 시작한 스페인의 프란시스코 데 퀴뇨네스(Francisco de Quinones) 추기경에 주목하기 시작했습니다. 존 지보(John Gibaut)는 이렇게 기록합니다. "퀴뇨네스는 1535년에 그전에 있던 성무일도를 크게 단순화한 성무일도를 만들어냈습니다... 그 결과 많은 양의 성경 구절이 포함된 단순화된 일곱 번의 기도 시간이 되었습니다. 그러나 여전히 라틴어로 되어 있었고 공동체가 아닌 개별 성직자들이 사용하기 위한 것이었습니다."[35] 크랜머는 대륙의 마틴 루터와 마틴 부처와 협력하여 평신도를 위해 그들을 일일 기도를 해방시키고자 했습니다. 그는 진정한 의미에서 공동(common) 기도를 만들고자 했습니다. 더 이상 성직자들만을 위한 것이 아니라 모국어로 쓰여 모든 이들이 이해하며 참여할 수 있는 기도 말입니다. 중세 예배의 요소들과 원적으로 돌아가려는 기독교 인문주의자들의 열정, 그리고 종교개혁의 열망을 결합함으로써 크랜머는 고대의 사도적 훈련과 잘 어울리는 균형 잡힌 아침과 저녁기도 체계를 전파했습니다. 본질적으로 그는 카시안이 이집트 사

---

35 John Gibaut, "The Daily Office," in *The Oxford Guide to the Book of Common Prayer: A Worldwide Survey,* 453.

막에서 관찰했던 형태의 예배로 돌아갔습니다. "아침기도에는 조과(Matins) 혹은 야경(Vigils), 찬과(Lauds), 제1시 기도와 같은 요소가 포함되어 있고, 저녁기도는 만과(Vespers)와 끝기도(Compline)의 결합입니다."[36]

카시안의 체계와 베네딕트, 심지어 퀴뇨네스의 체계는 일주일 동안 시편 전체를 낭송 혹은 기도하는 것을 가정하고 있습니다. 크랜머의 공동 기도서는 속도를 상당히 늦추어 시편을 아침과 저녁기도에 균등하게 나누어 30일 동안 완성하도록 합니다. 분명히 이 속도가 적당하여 교구 환경에는 훨씬 더 적합합니다. 또한 하나님의 모든 뜻을 포함하는 포괄적인 성경 읽기 프로그램과도 잘 일치합니다. 크랜머는 아침과 저녁기도에서 신구약에서 각각 한 구절씩 뽑아서 총 두 구절을 읽도록 일일 성구집을 정했습니다. 만약 교구 사제가 이 지침을 충실히 지킨다면, 그는 1년 동안 구약 전체를 읽고 신약은 1년에 세 번 읽게 됩니다.[37] 시편 전체를 12번 읽거나 낭송한다는 점까지 고려하면, 잉글랜드의 예배자들의 귀를 관통하고, 희망컨대 그들의 마음에 새겨질 엄청난 양의 성경 말씀을 실감할 수 있습니다.

퀴뇨네스뿐만 아니라 마틴 부처, 하인리히 불링거, 필립 멜란히톤, 피터 마터 버미글리와 같은 대륙의 개혁자들이 크랜머에게 영향을 미쳤다는 것은 이미 잘 알려져 있습니다. 하지만 이러한 자료들이 중요한 만큼, 크랜머의 개혁은 요한 카시안이 살펴본 내용과 매우 가

---

36 Gibaut, "The Daily Office," 453.
37 Hughes Oliphant Old, *The Reading and Preaching of the Scriptures in the Worship of the Christian Church* (Grand Rapids: Eerdmans, 2002), 4:154–55.

까워 보입니다. 이것이 단순한 우연의 일치일까요? 아니면 직접적인 연관이 있을까요? 크랜머에게 있었던 기독교 인문주의적 열정이 그를 고대 원천으로 돌아가게 해서 카시안의 저작으로 이끌었다는 증거가 있습니다. 예를 들어, 대영박물관은 크랜머가 소유했던 것으로서 디오니시우스 카르투지아누스(Dionysius Carthusian)가 카시안의 『공동생활강요』와 『담화집』을 쉽게 풀어 쓴 책을 소장하고 있습니다. 실제로 크랜머의 서명이 거기에 있습니다.[38] 또한 그가 처음 개정된 교회력을 작성할 때 요한 카시안을 위한 성인의 날을 포함시켰다는 점도 주목할 만합니다. 이 사실 자체가 놀라운 이유는 카시안이 서방 교회에서는 성인의 지위를 부여받지 못했기 때문입니다.[39] 이집트 공동생활 수도사들에 대한 카시안의 관찰이 일일 기도 실천에 미치는 광범위한 영향을 보여주기 위해 우리는 이러한 증거를 제시합니다. 오늘날에도 영국 국교회(Anglicans) 신자들이 여섯 개 대륙에서 공동 기도서(the Book of Common Prayer)를 계속 사용하고 있다는 것은 정말 놀라운 일입니다.

또한 마틴 부처(Martin Bucer)의 지도 아래 스트라스부르에서도 비슷한 일일 기도에 대한 개혁이 이루어졌다는 점에도 주목할 필요가 있습니다. 이 개혁 역시 카시안의 특징인 아침과 저녁기도를 강조했습니다. 잉글랜드 국교회 기도서와 『스트라스부르 시편집(Strasbourg Psalter)』 사이의 주요 차이점은 시편을 낭송하는 대신 운율이 있는 시

---

38 John Cassian, *Nicene and Post-Nicene Fathers,* 10:194.
39 Proctor and Frere, *A New History of the Book of Common Prayer,* 336.

편을 노래하는 것이 중심이 된다는 사실입니다.[40] 또한 존 칼빈이 제네바에서 추방된 이후 스트라스부르에 머물던 시기(1538–1541) 동안 부처와 더불어 『스트라스부르 시편집』이 칼빈에게 깊은 영향을 미쳤다는 것은 의심의 여지가 없습니다. 모국어로 시편을 노래해야 한다는 부처의 주장은 모든 시편찬송 모음집의 황금 기준으로 남아 있는 『제네바 시편집(Genevan Psalter)』을 만드는 일에 도움이 되었을 것입니다. 그리고 『제네바 시편집』은 메리 여왕 시대에 대륙으로 떠났던 망명자들이 다시 대륙의 영향을 받은 채 돌아오게 되면서 잉글랜드와 스코틀랜드에서도 비슷한 작품들이 생겨나는 데 기여했습니다. 따라서 카시안의 시편 중심적 기독교 공예배와 경건에 대한 비전은 16세기에 발전한 개혁주의 신앙과 실천에 있어서 핵심적인 지위를 차지하고 있습니다.

이 장을 마무리하면서, 카시안이 관찰한 것들 가운데 오늘날 교회에 적용할 수 있는 구체적인 것이 있는지 묻는 것이 마땅할 것입니다. 다시 말해, 우리 시대에 시편의 노래와 기도를 어떻게 회복할 수 있을까요? 이는 세 가지 방식으로 적용될 수 있습니다. 첫 번째 단계는 주중에 정기적인 교구 또는 회중의 아침과 저녁기도 예배를 재정립하는 것입니다. 분명히 대도시의 교회들과 더 큰 회중을 가진 교회들이 이러한 일일 기도 체계를 더 쉽게 도입할 수 있을 것입니다. 아이디어는 공동 기도서에서 볼 수 있는 것과 같은 예배를 설정하는 것입니다. 각 성경에서 한 장씩 읽고 운율 시편을 노래하는 것이 중심

---

40 Hughes Oliphant Old, "Daily Prayer in the Reformed Church of Strasbourg, 1525 – 1530" 보라.

이 되는 방식입니다. 읽기와 노래 모두 연속 낭독(lectio continua) 방식을 사용할 수 있습니다. 노래할 시편의 수는 각 지역 상황(그리고 집중력)에 따라 달라질 수 있습니다. 각 예배에서 세 편이면 참가자들을 압도하지 않으면서도 충분한 깊이를 줄 수 있을 것입니다. 이러한 예배를 수행하는 데 필요한 도구로 시편 전체가 포함된 좋은 시편찬송집을 구하는 것이 필요할 것입니다.[41] 물론 목회자나 평신도 지도자가 인도하거나 회중 구성원들이 주님께 찬양, 감사, 고백, 간구를 드릴 수 있는 공동 기도 시간이 있어야 합니다. 이 아이디어는 우리 구주와 고대 교회에서 그랬던 것처럼 기도가 시편찬송으로부터 흘러나오도록 하는 것입니다. 목표는 단순합니다. 시편과 성경 읽기를 통해 회중이 풍부하고 충만하며 성숙한 기도 생활을 영위해 나가도록 하는 것입니다. 무엇보다도 주님의 백성들이 정기적으로 그분의 말씀을 그분께 기도로 되돌려 드릴 때, 주님께서 그 백성들에게 쏟아부어 주실 축복의 소나기를 상상해 보십시오!

적용의 두 번째 단계는 주일 공예배에서 시편을 노래하는 것입니다. 분명히 이 책의 다른 부분에서 이 주제를 더 자세히 다루겠지만, 목회자들은 회중에게 체계적으로 시편을 소개하는 것이 좋을 것입니다. 시편찬송이 교회 예배의 정기적인 부분이 아니었다면, 회중은 매

---

41 권장할만한 시편찬송집은 다음과 같은 것들이다. *The Psalter* (Grand Rapids: Reformation Heritage Books, 1999), *Trinity Psalter* (Pittsburgh: Crown and Covenant Publications, 1994), *The Book of Psalms for Singing* (Pittsburgh: Crown and Covenant Publications, 1998), *the Psalter Hymnal* (Grand Rapids: CRC Publications, 1987), *and Sing Psalms* (Free Church of Scotland, 2003). *Trinity Hymnal* (Suwanee, GA: Great Commission Publications, 1990)도 역시 교독할 수 있도록 기록된 대부분의 시편을 포함하고 있다. 이때 시편을 읽을지 아니면 노래할 것인지를 선택해야 한다.

주 한 편의 곡조가 있는 시편을 노래하기로 약속할 수 있습니다. 시편 1편부터 시작하여 150편으로 끝나는 연속 낭독 방식으로 수행할 수도 있고, 특정 곡조에 익숙하지 않을 수 있으므로 한 시편을 몇 주 동안 반복하는 것이 현명할 수도 있습니다. 또 다른 아이디어는 베네딕트의 체계를 따라 아침 예배에는 아침 시편(예: 3, 5, 67, 108, 130편)을, 저녁 예배에는 저녁 시편(예: 4, 91, 134편)을 선택하는 것입니다. 또한 공동 회개 기도 전후에 참회 시편(예: 6, 32, 51편)을 노래하는 것도 의미 있을 것입니다. 또한 목회자들이 설교의 중심 요점에 맞는 적절한 찬송가를 찾는 데 얼마나 자주 고심하는지 생각해 보십시오. 그들의 설교 본문이 기도, 찬양, 애가, 헌신 또는 어떤 반응이나 감정을 강조하든, 완벽하게 일치하는 노래를 찾을 수 있는 가장 좋은 곳은 시편집입니다. 아타나시우스는 다음과 같은 유명한 말을 남겼습니다. "이 책의 말씀 안에 인간의 모든 삶, 기본적인 영적 행위와 때때로의 움직임과 생각이 포함되어 있습니다. 인간의 삶에서 찾을 수 있는 어떤 것도 생략되지 않았습니다."[42]

21세기에 고대의 시편 경건 원칙을 우리에게 적용하기 위한 마지막 단계는 가정 기도의 재확립입니다. 잉글랜드와 미국 청교도들의 주요한 강조점 중 하나였던 가정 기도의 실천에 대한 관심이 오늘날 다시 고조되고 있습니다. 아버지와 어머니가 매일 자녀들을 은혜의 보좌 앞으로 인도하는 것을 돕기 위한 훌륭한 자료들도 있습니다.[43]

---

42 James Luther Mays, *Psalms* (Louisville: John Knox Press, 1994), 1에 인용된 *Athanasius, Ad Marcellinum.*

43 아마도 가장 훌륭한 자료는 Terry Johnson이 쓴 *Family Worship Book* (Geanies House, Fearn,

이를 실천하기 위한 간단한 방법은 하나님의 말씀과 함께 있는 좋은 시편찬송집이나 찬송가를 구하는 것입니다. 어떤 가정들은 야심 차게 크랜머의 아침과 저녁기도 체계에 도전해 볼 수도 있습니다. 각 성경에서 한 장씩 모두 두 장을 읽고, 시편을 한 달 안에 완성할 수 있도록 나누는 방식입니다. 대부분의 가정은 좀 더 느린 적당한 속도를 채택할 것 같습니다. 아마도 각 시간에 한 장(또는 일부)을 읽고, 한두 편의 시편(또는 일부)을 노래하여 삼 개월마다 전체 시편을 노래하는 방식이 될 것입니다.

요한 카시안과 누르시아의 베네딕트가 창시한 수도원 운동의 신학과 실천에서 발견할 수 있는 모든 것이 다 성경적 규범 안에 있는 것은 아닙니다. 그러나 우리 시대의 기독교 예배 개혁을 추진하면서, 확신을 가지고 과거를 돌아보면, 우리는 주님께서 고대의 사도 시대부터 중세를 거치는 동안 시편찬송을 어떻게 보존하셨는지를 볼 수 있습니다. 더 나아가 우리는 16세기에 개혁자들이 어떻게 전체 회중을 위해 시편찬송을 회복했는지, 그리고 오늘날의 예배 상황에서 주님의 노래(Lord's song)를 어떻게 새롭게 부를 수 있는지 결정할 수 있습니다.

Ross-Shire, Scotland: Christian Focus Publications, 2003)일 것이다. 이 책에는 『트리니티 시편집 (*Trinity Psalter*)』에서 발췌한 많은 시편들과 함께 가장 잘 알려지고 교리적으로 풍부한 기독교 찬송가들이 포함되어 있다. 또한 어린이 교리문답과 소교리문답의 본문, 그리고 성경읽기 안내도 제공한다. 가정 예배를 어떻게 진행해야 하는지에 대한 도움을 받으려면 Joel R. Beeke, *Family Worship* (Grand Rapids: Reformation Heritage Books, 2008)을 참조하라.

제2장
칼빈과 청교도들의 시편찬송

조엘 R. 비키(Joel R. Beeke)

유대교 회당 관행을 따라 고대 교회는 시편에 기반한 예배 음악을 선호했습니다. 찬송가는 개인 경건을 위해서는 허락되었지만, 예배에는 적합하지 않다고 판단하였습니다. 4세기에 이르러 시편찬송은 거의 성경과 동등한 권위를 얻게 되었습니다. 라오디게아 공의회(AD 350년)와 브라카라 공의회(AD 563년)는 비성경적 찬송가를 노래하지 못하도록 했습니다. 초기 중세 시대에는 시편찬송 외에 다른 성스러운 음악도 용인되었습니다. 9세기에는 성가대가 부르는 그레고리 성가(Gregorian chant)가 회중 찬송을 주도했습니다. 수 세기 동안 교회 성가대는 주로 라틴어로 된 어려운 곡조의 찬송가를 불렀습니다. 회중의 시편찬송은 사라졌지만, 대부분의 수도사들은 여전히 시편을 암기하고 있었고 그레고리 전통의 정해진 패턴에 따라 시편을 불렀습니다.[1]

---

1 Ross J. Miller, "Calvin's Understanding of Psalm-Singing as a Means of Grace," in *Calvin Studies VI*, ed. John H. Leith (Davidson, N.C.: Davidson College, 1992), 42; Gerald R. Procee, "Calvin on Singing Psalms," *The Messenger* 56, 7 (July/Aug. 2009): 10.

종교개혁은 특히 마틴 루터(Martin Lutehr, 1483-1546)와 존 칼빈(John Calvin, 1509-1564)의 노력을 통해 회중 찬송에 혁명을 일으켰습니다. 칼빈과 청교도들은 공예배에서 시편을 부르는 것에 대해 확신을 가지고 있었고, 또 실제로 그렇게 부르기를 좋아했습니다. 이 장에서는 칼빈이 어떻게 시편찬송을 발전시켰는지 밝힌 후, 이 주제에 대한 존 코튼(John Cotton)이 쓴 대표적인 책의 개요를 따라 청교도들이 시편찬송에 대해 가졌던 관점을 다음과 같은 순서로 살펴보겠습니다. (1) 시편찬송의 의무, (2) 시편찬송의 내용, (3) 시편찬송을 하는 사람들, (4) 시편찬송의 방식. 이 장은 오늘날 신자들에게 시편찬송의 영적 유익을 제시하며 마무리됩니다.

칼빈의 시편찬송

존 칼빈은 시편을 사랑했습니다. 칼빈은 주석가, 설교자, 성경학자, 예배 인도자로서 25년 동안 시편에 몰두했습니다.[2] 칼빈은 시편 기자들의 말씀이 항상 신약 교회와 관련이 있다고 생각했습니다. 시편의 주요한 기자인 다윗은 구원 역사의 중요한 단계를 시편에 반영했습니다. 다윗과 다른 시편 기자들을 통해 현대의 신자들도 여전히 "그리스도의 살아있는 형상"을 볼 수 있습니다.[3] 따라서 시편은 교회

---

2 John Walchenbach, "The Influence of David and the Psalms on the Life and Thought of John Calvin" (Th.M. thesis, Pittsburgh Theological Seminary, 1969). 이 장의 첫 번째 섹션의 일부는 내가 쓴 "Calvin on Piety," *The Cambridge Companion to John Calvin*, ed. Donald K. McKim (Cambridge: Cambridge University Press, 2004), 137-39를 개정한 것이다.

3 John Calvin, *Institutes of the Christian Religion*, ed. John T. McNeill, trans. Ford Lewis Battles

가 찬송으로 사용하기에 성경적으로 안전할 뿐만 아니라, 교회가 하나님을 신실하게 예배하는 데 도움이 되고, 교회가 타락하거나 예배를 왜곡하는 것을 방지하는 데에도 도움을 주었습니다.

칼빈이 주일날 설교한 구약의 본문은 대부분 시편을 기반으로 한 것이었습니다. 그의 신약 주석도 시편에 대한 언급으로 가득합니다.[4] 칼빈은 『시편주석(*Commentary on Psalms*)』의 서문에 있는 자서전적 기록에서 시편이 시련의 시기(1549-1554) 동안 그를 크게 위로했다고 말합니다.[5]

경건에 대한 정경적 지침서

무엇보다도 칼빈은 시편을 경건을 위한 정경적 지침서로 보았습니다. 그가 가장 방대하게 해설한 성경인 다섯 권의 시편 주석 서문에서 칼빈은 이렇게 씁니다. "하나님을 찬양하는 올바른 방법을 우리에게 더 완벽하게 가르치거나, 이 경건의 실천을 수행하도록 우리를 더 강력하게 자극하는 다른 책은 없습니다."[6] 칼빈이 이 책에 몰두한 것은 시편이 다음과 같은 방식으로 진정한 경건을 가르치고 영감을

(Philadelphia: Westminster Press, 1960), 2.6.2.

4 예를 들어, John Calvin, *Commentary on Romans*, ed. David W. and Thomas F. Torrance, trans. Ross MacKenzie (*Grand Rapids: Eerdmans*), *Rom.* 3:4. *Cf.* 시편에 대한 칼빈의 기독론적 해석을 보여주는 *Calvin's Commentary on Matt.* 21:42과 27:35; Miller, *"Calvin's Understanding of Psalm-Singing as a Means of Grace,"* 40, 47.

5 *Opera quae supersunt omnia*, ed. Guilielmus Baum, Eduardus Cunitz, and Eduardus Reuss, in *Corpus Reformatorum*, vols. 29–87 (Brunsvigae: C. A. Schwetschke et filium, 863–1900), 31:19 (이후로 CO 31:19).

6 *CO* 31:19; Barbara Pitkin, "Imitation of David: David as a Paradigm for Faith in Calvin's Exegesis of the Psalms," *Sixteenth Century Journal* 24, 4 (1993): 847에서 번역된 내용을 발췌하였다.

준다는 그의 믿음에서 비롯되었습니다.

- 시편은 하나님으로부터 주어진 계시로서 우리에게 하나님에 대해 가르칩니다. 시편은 신학적이면서 동시에 송영적(doxological)이기 때문에 우리가 노래하는 신조입니다.[7]

- 시편은 우리에게 하나님이 필요하다는 사실을 분명히 가르칩니다. 시편은 우리가 누구이며 왜 하나님의 도움이 필요한지 말해줍니다.[8]

- 시편은 우리의 기도 모델입니다. 시편은 교회를 위해 기도하는 방법을 보여줍니다.[9]

- 시편은 우리의 부족한 것에 대한 하나님의 대책을 제공합니다. 시편은 그리스도를 제시하되, 그분의 인격, 직분, 고난, 죽음, 부활, 승천에 대한 내용을 제시합니다. 시편은 구원의 길을 알리며, 오직 믿음으로 말미암는 칭의의 복과 성령과 말씀을 통한 성화의 필

---

7 James Denney, *The Letters of Principal James Denney to His Family and Friends* (London: Hodder & Stoughton, n.d.), 9.

8 James Luther Mays, "Calvin's Commentary on the Psalms: The Preface as Introduction," in *John Calvin and the Church: A Prism of Reform*, ed. Timothy George (Louisville: Westminster/John Knox Press, 1990), 201–204을 보라.

9 *Commentary on 1 Cor.* 14:15.

요성을 선포합니다.[10]

- 시편은 하나님의 놀라운 선하심을 보여주고 그분의 은혜와 자비를 묵상하도록 우리를 초대합니다. 시편은 우리를 회개로 이끕니다. 시편은 하나님을 경외하고, 그분의 말씀을 신뢰하며, 그분의 자비에 소망을 두도록 가르칩니다.

- 시편은 기도를 통해 구원의 하나님께 피하는 법과 그분께 우리의 간구를 아뢰는 방법을 가르칩니다.[11] 시편은 역경 가운데서도 확신할 수 있게 하고 기도하는 법도 가르칩니다.[12]

- 시편은 우리가 언약을 지키시는 하나님과 누릴 수 있는 교제가 얼마나 깊은지 보여줍니다. 시편은 살아있는 교회가 어떻게 하나님의 신부, 하나님의 자녀, 하나님의 양 무리인지를 보여줍니다.

- 시편은 공동 예배(communal worship)의 도구를 제공합니다. 많은 시편이 이 공동체적 측면을 나타내기 위해 1인칭 복수 대명사(우리, 우리의)를 사용하지만, 1인칭 단수 대명사를 사용하는 시편들도 주

---

10 Allan M. Harman, "The Psalms and Reformed Spirituality," *Reformed Theological Review* 53, 2 (1994): 58.
11 John Calvin, *Commentary on the Book of Psalms, trans. James Anderson* (Grand Rapids: Eerdmans, 1949), 1:xxxvi–xxxxix.
12 Calvin, *Commentary on Psalms*, Ps. 5:11, 118:5.

님을 사랑하고 그분께 헌신된 모든 사람들을 포함합니다. 시편은 우리가 하나님을 신뢰하고 찬양하며 이웃을 사랑하도록 동기를 부여합니다. 시편은 하나님의 약속에 대한 의지를 촉진하고, 그분과 그분의 집에 대한 열정을 고취하며, 고통받는 이들에 대한 연민을 변호합니다.

• 시편은 믿음, 불신, 하나님 안에서의 기쁨, 죄에 대한 슬픔, 신성한 임재에 대한 신뢰, 버림받음에 대한 슬픔 등 영적 경험의 전 범위를 다룹니다. 칼빈이 말하듯이, 시편은 "영혼의 모든 부분에 대한 해부도"입니다.[13] 우리는 시편 기자들의 말을 통해 우리의 감정이 어떠하며, 어떤 영적 질병을 가지고 있는지 봅니다. 성령께서는 은혜 가운데 그들의 경험을 통해 우리로 하여금 자신을 점검하고 믿음을 가지도록 인도하십니다. 특히 다윗의 시편은 우리가 하나님을 찬양하고 그분의 주권적 목적 안에서 안식을 찾도록 이끕니다.[14]

제네바 시편집의 역사적 발전

칼빈은 사역 초기에 공예배에서 사용할 시편에 운율을 붙이는 작

---

13 Calvin, *Commentary on Psalms*, 1:xxxix. James A. De Jong, "'An Anatomy of All Parts of the Soul': Insights into Calvin's Spirituality from His Psalms Commentary," in *Calvinus Sacrae Scripturae Professor: Calvin as Confessor of Holy Scripture*, ed. Wilhelm H. Neuser, *Papers of the International Congress on Calvin Research* (*Grand Rapids: Eerdmans*, 1994), 1–14을 보라.

14 Calvin, *Commentary on Psalms*, 1:xxxix.

업을 시작했습니다. 1537년 1월 16일, 제네바에 도착한 직후 칼빈은 기욤 파렐(Guillaume Farel, 1489-1565)과 함께 교회 예배에 시편찬송을 도입해 줄 것을 제네바 시의회에 요청했습니다. 그들은 의회를 향해 이렇게 썼습니다. "공적 기도의 형태로 시편을 부르는 것은 교회의 교화를 위해 매우 적절한 일입니다. 이를 통해 하나님께 기도하거나 그분을 찬양할 수 있어서 모든 이의 마음이 감동되고 자극되어 비슷한 애정을 품고 같은 기도를 형성하고 비슷한 찬양과 감사를 하나님께 드릴 수 있습니다."[15] 하지만 의회는 칼빈과 파렐의 요청을 거부했습니다. 실제로 시편찬송 문제는 다음 해에 의회가 칼빈과 파렐에게 제네바를 떠나라고 요청한 이유 중 하나였습니다.[16]

스트라스부르로 이주하여 프랑스어 사용 교회의 목사가 된 직후, 칼빈은 시편집 작업을 시작했습니다. 사용할 수 있는 프랑스어 시편집이 없었기 때문에, 그는 클레망 마로(Clement Marot, 1495-1544), 루이 부르주아(Louis Bourgeois, c. 1510-1560), 테오도르 베자(Theodore Beza, 1519-1605)와 같이 재능있는 이들을 모아 『제네바 시편집』을 제작했습니다. 첫 번째 모음집(1539)에는 18편의 시편이 포함되었고, 그중 6편은 칼빈이 운율을 붙였습니다. 1540년대 초 정치적 망명을 위해 제네바로 도망해 온 프랑스 시인 마로가 나머지를 편곡했습니다. 칼빈은 마로의 세속적 야망과 반개혁적 신념에도 불구하고 그의 재능을 활용하고자 노력했습니다.[17] 흥미롭게도 첫 번째 판에 선택된 열여덟 편

---

15 *CO* 10:6.

16 *CO* 10:6, 192.

17 마로는 프랑스 왕실의 호화로운 생활을 천국이라 부르고, 그와 대조적으로 제네바의 생활이 너

의 시편은 오늘날 대부분의 찬송가와는 매우 다른 균형을 가지고 있었습니다. 여섯 편은 회개의 시편, 여섯 편은 심판에 관한 것, 세 편은 율법과 의에 관한 것이었고, 오직 세 편만이 찬양의 시편이었습니다.[18]

첫 번째 제네바 시편집은 칼빈이 제네바로 돌아온 지 1년 후인 1542년에 인쇄되었습니다. 이 확장판에는 서른다섯 편의 시편이 포함되었습니다(마로가 서른 편, 칼빈이 다섯 편 편곡). 1543년에는 마흔아홉 편의 시편이 포함된 증보판이 뒤를 이었습니다.[19] 칼빈은 이 두 시편집의 서문을 썼고, 회중 찬송을 실천할 것을 권장했습니다. 1543년 판 두 번째 서문에는 예배 음악에 대한 그의 가장 완전한 진술이 담겨 있습니다.[20]

1544년 마로가 약 50편의 시편에 대한 운율을 만들고 사망한 후, 칼빈은 베자의 책상에서 아름다운 운율이 붙은 시편 16편을 우연히 발견하였고, 베자에게 나머지 시편에 운율을 붙이도록 격려했습니다. 마로는 베자보다 프랑스어 본문에 대해서는 더 세심하게 연구했지만, 베자의 히브리어와 신학은 마로보다 더 뛰어났습니다. 1560년

무 엄격하다고 생각하여 심지어 "지옥"이라는 표현까지 사용했다(Procee, "Calvin on Singing Psalms," 11). Cf. Joseph Waddell Clokey, *David's Harp in Song and Story* (Pittsburgh: United Presbyterian Board of Publications, 1896), 146.

18 Michael LeFebvre, *Singing the Songs of Jesus: Revisiting the Psalms* (Fearn, Rossshire: Christian Focus, forthcoming 2010), 17–18. 그 모음집에는 또한 칼빈이 쓴 시 형태로 된 시므온의 노래, 십계명, 그리고 사도신경이 포함되어 있었다.

19 Cf. Louis F. Benson, "John Calvin and the Psalmody of the Reformed Churches," *Journal of the Presbyterian Historical Society* 5, 1 (March 1909): 1–21; 5, 2 (June 1909): 55–87; 55, 3 (Sept. 1909): 107–118.

20 Miller, "Calvin's Understanding of Psalm-Singing as a Means of Grace," 36.

대 초 베자는 작업을 완료했고, 칼빈은 자신이 사망하기 2년 전, 거의 25년 동안에 걸친 작업한 끝에『제네바 시편집』의 완전한 첫 번째 판을 보았고 이를 기뻐했습니다.[21]

제네바 시편집의 특징

『제네바 시편집』은 시편을 위해 특별히 작곡된 130개의 고유한 박자(meters)와 110개의 다른 곡조(medodies)를 제공하는 놀라운 모음집입니다. 여기에는 계속해서 사용되어 온 성경에 나오는 두 개의 찬가(canticles: 시므온의 노래와 십계명)도 포함되어 있습니다. 로스 밀러(Ross J. Miller)는 이렇게 씁니다. "따라서 대부분의 시편은 특정 곡조로만 불릴 수 있었고, 그 곡조는 그 특정 시편을 위해 만들어졌다. 더욱이 이 곡조들은 새로 작곡되었기 때문에 청중에게 해당 시편 외의 다른 세속적이거나 성스러운 가사를 연상시키지는 않았다. 시편 곡조와 그 가사는 개혁파 교회에서 상당한 권위를 갖게 되었다. 이 곡조를 성악이나 악기를 위해 정교하게 편곡한 작곡가들은 독자들에게 곡조가 변경되지 않았음을 확신시켰다."[22]

『제네바 시편집』의 뛰어난 음악가 중 가장 잘 알려진 이는 칼빈 자신이 선택한 루이 부르주아(Louis Bourgeois)입니다.[23] 1545년 파리에서 온 부르주아는 제네바에서 음악 교사가 되었습니다. 그는 1549년과

---

21 Published as *Les pseaumes mis en rime françoise par Clément Marot et Théodore Bèze*.

22 Miller, "Calvin's Understanding of Psalm-Singing as a Means of Grace," 40–41.

23 Elsie Anne McKee, ed. and trans., *John Calvin: Writings in Pastoral Piety* (Mahwah, N.J.: Paulist Press, 2001), 85.

1550년에 『제네바 시편집』에 대한 작업의 대부분을 감당했고, 125개의 곡조 중 80개를 편곡하여 『제네바 시편집』에 참여한 세 명의 주요 작곡가 중 한 명이 되었습니다.[24]

제네바 곡조들은 선율적이고, 독특하며, 경건합니다.[25] 2분음표와 온음표로 불리는 이 곡조들은 시편이 자체의 음악을 가질 자격이 있으며, 가사가 곡조보다 우선시될 때 경건이 가장 잘 증진된다는 칼빈의 신념을 선명하게 표현합니다. 음악은 우리가 말씀을 받아들이는 데 도움이 되어야 하므로, 칼빈은 음악이 "중요하고, 위엄 있고, 장엄하며, 겸손해야 한다"고 말합니다.[26] 이는 하나님 앞에 선 죄인들에게 적합한 태도입니다. 이러한 유형의 음악은 예배에서 하나님의 주권을 증진시키며, 신자의 내적 성향을 외적 고백에 적절히 일치시킵니다. 이는 신자가 성령의 충동과 지시 아래에서 노래할 수 있게 합니다.[27] 밀러가 지적하듯이, "칼빈은 공예배에서의 시편찬송이 일반적인 방식으로 성령의 사역을 강화한다고 믿었습니다. 이는 땅에

---

24 http://en.wikipedia.org/wiki/Louis_Bourgeois_(composer) (accessed April 3, 2010). 다른 중요한 기여자들로는 로잔의 성가대 지휘자인 기욤 프랑(Guillaume Franc), 스트라스부르의 마테우스 그라이트너(Mattheus Greitner), 제네바 교회의 선창자인 메트르 피에르(Maitre Pierre), 그리고 주로 화성에 책임을 진 클로드 구디멜(Claude Goudimel)이 있다.

25 마틴 루터와 달리, 칼빈은 세속적인 곡조를 신성한 찬양과 혼합하는 것을 피하려 했다. 그는 모든 시편찬송이 모국어로 불려야 한다고 믿었으며, 성경의 증거와 고대 교회의 관행이 예배에서 시편찬송을 부를 근거라고 주장했다(VanderWilt, "John Calvin's Theology of Liturgical Song," 72, 74).

26 Charles Garside, Jr., The Origins of Calvin's Theology of Music: 1536–1543 (Philadelphia: The American Philosophical Society, 1979), 32–33에 인용된 『제네바 시편집』에 대한 서문 (1562).

27 *Institutes*, 3.20.32. Cf. John Alexander Lamb, *The Psalms in Christian Worship* (London: Faith Press, 1962), 141; Ross J. Miller, "Music and the Spirit: Psalm-Singing in Calvin's Liturgy," in *Calvin Studies VI*, ed. John H. Leith (Davidson, N.C.: Davidson College, 1992), 49–58.

묶인 인간의 마음과 영을 자유롭게 하여 신성한 교제를 위해 하늘로 들어 올려질 수 있게 합니다."[28]

시편찬송과 예배

칼빈은 시편찬송이 교회 예배의 네 가지 주요 행위 중 하나라고 믿었습니다. 이는 기도의 연장이며 회중이 목소리로 할 수 있는 가장 중요한 기여입니다. 따라서 그는 사람들에게 주일 오전과 오후 예배에서 시편을 부르도록 권했습니다. 1546년부터 인쇄된 도표(table)가 각각의 경우에 어떤 시편을 부를지를 표시했습니다. 설교 본문에 따라 예배에서 부를 시편이 결정되었습니다. 1562년까지는 각 예배에서 세 편의 시편을 불렀습니다.[29]

칼빈은 시편찬송에 대해 너무나 강한 확신을 가지고 있었기에 일찍이 제네바 학교(Geneva school)에 이를 도입했습니다. 제네바 아카데미(Geneva Academy) 학생들은 정오 식사 후 매일 "시편찬송을 연습해야" 했습니다.[30] 칼빈의 목표는 아이들이 학교, 교회, 가정에서 시편을 부를 수 있게 하여 부모들도 시편을 배우는 데 도움을 주는 것이었습니다.[31] 칼빈은 이렇게 썼습니다. "누군가가 미리 연습시킨 일부 아이들이 절제된 교회 노래를 크고 분명한 목소리로 부르면, 사람들은 고도로 주의를 집중하여 입으로 불리는 것을 마음으로 따라 할 것입니

28　Miller, "Calvin's Understanding of Psalm-Singing as a Means of Grace," 41.

29　McKee, *John Calvin: Writings on Pastoral Piety,* 85–86.

30　Theodore Gerold, *Les plus anciennes melodies de l'Eglise protestante de Strasbourg et leurs auteurs* (Paris: Librairie Felix Alcan, 1928), 15.

31　LeFebvre, *Singing the Songs of Jesus,* 13.

다. 그래서 점차 각자는 다른 이들과 함께 노래하는 데 익숙해질 것입니다."[32]

주일은 시편찬송을 위한 특별한 시간이었습니다. 각 예배 전에 교회들은 어떤 시편을 부를지 문에 게시했습니다. 헌신적인 가정들은 가족 구성원을 보내 게시된 번호를 확인하고 전체 가족이 각 예배 전에 그 시편들을 연습했습니다. 또한 사람들은 주일 예배 사이에도 시편을 부르도록 권장되었습니다.[33]

칼빈은 시편에 특별한 점이 있다고 믿었습니다. 그는 자신이 관찰한 내용을 다음과 같이 전합니다. "성경의 다른 부분들은 하나님께서 그의 종들에게 우리에게 선포하라고 명하신 계명들을 담고 있다. 그러나 여기(시편)는 선지자들이 직접 하나님께 말씀드리고 그들의 모든 내면의 생각과 감정을 드러내는 모습이 나타나, 우리 각자를 (참여하도록) 부르거나 오히려 이끈다…"[34] 또한 칼빈은 공동 찬송이 타락한 마음을 억제하고 경건의 길에서 방황하는 감정을 제어한다고 믿었습니다. 설교나 성례와 마찬가지로, 시편찬송은 믿음의 학교에서 마음의 감정을 훈련하여 신자를 하나님께로 고양시킵니다. 또한 말씀이 마음에 미치는 영향을 증폭시켜 교회의 영적 에너지를 배가시키기도 합니다. 칼빈은 이렇게 씁니다. "시편은 우리의 마음을 하나님께 들어 올리도록 자극하고, 그 이름의 영광을 부르짖고 찬양하고자 하는

---

32 *CO* 10:12.

33 Miller, "Calvin's Understanding of Psalm-Singing as a Means of Grace," 37.

34 *Commentary on Psalms*, 1:xxxvii.

열정을 불러일으킬 수 있다."[35] 요컨대, 시편찬송은 성령의 인도하심을 통해 영광을 위해 신자들의 마음을 조율합니다.

『제네바 시편집』의 놀라운 성공

『제네바 시편집』은 나오자마자 성공을 거두었습니다. 첫해에 25개 판이 인쇄되었고, 출판 후 4년 이내에 62개 판이 나왔습니다. 19세기까지 수십 개 언어로 1,400개 판이 나왔습니다. 네덜란드만 해도 2세기도 안 되는 기간에 무려 30개 판을 제작했습니다.[36]

수 세기 동안 개혁주의 예배의 필수적인 부분으로 남아 있던 『제네바 시편집』은 프랑스어, 영어, 네덜란드어, 독일어, 헝가리어로 된 후속 시편집의 표준을 세웠습니다. 경건서로서 수천 명의 마음을 따뜻하게 했지만, 이를 사용한 사람들은 그 힘이 책이나 그 말씀에 있는 것이 아니라 그 말씀을 그들의 마음에 새기신 성령께 있음을 이해했습니다.

『제네바 시편집』은 말씀의 영성을 자극함으로써 경건을 증진시켰습니다. 그 영성은 공동체적이고 예전적이어서 예전과 삶의 구분을

---

35 CO 10:12. Garside, *The Origins of Calvin's Theology of Music*, 10에서 재인용.

36 Michael Bushell, The Songs of Zion: A Contemporary Case for Exclusive Psalmody (Pittsburgh: Crown and Covenant, 1980), 175. 첫해에 500페이지에 달하는 제네바 시편집의 첫 완성본이 50곳 이상의 프랑스 및 스위스 출판사에 의해 3만 부 이상 인쇄되었으며, 첫 몇 달 동안 제네바에서만 최소 27,400부가 출판되었다(Jeffry T. VanderWilt, "John Calvin's Theology of Liturgical Song," *Christian Scholar's Review* 25 [1996]: 67). Cf. *Le Psautier de Genève, 1562–1685: Images, commentées et essai de bibliographie,* intro. J. D. Candaus (Geneva: Bibliothèque publique et universitaire, 1986), 1:16–18; John Witvliet, "The Spirituality of the Psalter: Metrical Psalms in Liturgy and Life in Calvin's Geneva," in *Calvin Study Society Papers*, 1995–1997, ed. David Foxgrover (Grand Rapids: CRC, 1998), 93–117.

무너뜨렸습니다. 칼빈주의자들은 교회에서뿐만 아니라 가정과 직장, 거리와 들판에서도 자유롭게 시편을 불렀습니다.[37] 밀러는 이렇게 지적합니다. "16세기 기록에 따르면, 위그노 군인들과 선원들은 임무를 수행하면서 시편을 불렀던 것으로 알려졌고, 프랑스 개신교 순교자들은 죽음의 순간에 자신이 좋아하는, 또는 가장 적절한 시편을 부르며 죽음을 맞이했다. 17세기 가톨릭 주교인 고도(Godeau)는 '시편을 암기하는 것이 그들 간의 교제의 표시'라고 언급했다."[38]

요컨대, 시편찬송은 "위그노가 자기 정체성을 확인하는 수단"이 되었습니다. 또한 문화적 상징이기도 했습니다.[39] 하틀리 홀(Hartley Hall)이 기록하듯이, "성경적 또는 운율적 버전에서, 시편은 초기에 거기 붙여진 위엄 있는 곡조와 함께 분명히 개혁주의 경건의 핵심과 영혼이었습니다."[40] 따라서 유럽의 많은 지역에서 "개신교도"라는 명칭이 "시편을 찬송하는 사람(psalm singer)"이라는 이름과 거의 동의어가 된 것은 놀라운 일이 아닙니다.[41]

---

37 Witvliet, "The Spirituality of the Psalter," 117.

38 Miller, "Calvin's Understanding of Psalm-Singing as a Means of Grace," 42. Cf. Charles W. Baird, *History of the Huguenot Emigration to America* (New York: Dodd, Mead, and Co., 1885), 81, 103, 206.

39 W. Stanford Reid, "The Battle Hymns of the Lord: Calvinist Psalmody of the Sixteenth Century," in *Sixteenth Century Essays and Studies*, ed. C. S. Meyer (St. Louis: Foundation for Reformation Research, 1971), 2:47; cf. Benson, "John Calvin and the Psalmody of the Reformed Churches," *Journal of the Presbyterian Historical Society* 5, 2 (June 1909): 57-67.

40 "The Shape of Reformed Piety," in *Robin Maas and Gabriel O'Donnell, Spiritual Traditions for the Contemporary Church* (Nashville: Abingdon Press, 1990), 215. Cf. Reid, "The Battle Hymns of the Lord," 2:36-54.

41 LeFebvre, *Singing the Songs of Jesus*, 13.

청교도들의 시편찬송

칼빈과 마찬가지로 청교도들도 시편찬송을 실천했습니다. 청교도 음악학자 퍼시 스콜스(Percy A. Scholes)는 이렇게 설명합니다. "잉글랜드 청교도들은 루터파가 아닌 칼빈주의자였기 때문에, 그들이 적절하다고 생각한 유일한 예배 찬양은 하나님께서 시편집과 성경의 찬가들 속에 모두 제공해 놓으셨다는 견해를 가지고 있었다. 이는 칼빈이 가지고 있었던 확신이기도 했기에 제네바에서는 설교 전후에 운율 시편을 부르는 것이 일반적인 관행이었다."[42]

피의 메리 여왕의 통치 아래에서 약 800명의 개신교도들이 망명했을 때, 그 망명 교회들은 일반적으로 예전에서 운율 시편을 사용했습니다.[43] 베스 퀴츠런드(Beth Quitslund)는 이렇게 결론짓습니다.

> 망명 중인 여러 잉글랜드인 공동체들에 운율 시편은 메리의 즉위라는
> 충격(trauma)에 대응할 수 있는 개신교 정체성을 정의하는 데 도움이
> 되었다. 회개, 위로, 대립적 자기표현(oppositional self-presentation)에
> 대한 많은 여지를 제공했던 글로서 시편은 이 임무에 잘 맞았고, 휘팅
> 엄(Whittingham)이 프랑크푸르트에서 작곡한 의역은 이 성경 노래들의
> 언어가 시대에 맞게 구성되었음을 보여준다. 회중 찬송 그 자체, 곧 시

---

42 Perry A. Scholes, *The Puritans and Music in England and New England: A Contribution to the Cultural History of Two Nations* (London: Oxford University Press, 1934), 253. 이 부분에 대한 연구 지원을 해준 브라이언 나자푸르(Brian Najapfour)에게 감사를 드린다.

43 Beth Quitslund, *The Reformation in Rhyme: Sternhold, Hopkins and the English Metrical Psalter, 1547–1603* (Aldershot, U.K.: Ashgate, 2008), 114–53.

편은 물론이고 독일의 잉글랜드인개신교도들이 작곡한 찬송가도 동일

하게 망명자들이 에드워드 시대에 잉글랜드에 깃들었던 종교적 분위기

에서보다도 더 절실하게 끓어올랐던 욕구, 곧 신앙을 공동체적으로 표

현하고자 하는 욕구를 충족시켰다. 그러나 경건한 정서 가운데 사람들

을 하나로 묶는 방법으로서 시편찬송에 대해 가졌던 이 애착은 엘리자

베스의 즉위로 영국의 국교회가 개신교로 회복되었을 때에도 약화되지

않았다. 해외에서 영국인들을 지지했던 많은 가사와 곡조들이 엘리자

베스 시대 교회의 주요 노래가 되어, 그들이 육성시켰던 고백적 이데

올로기와 그들이 표현했던 메리 여왕을대적하려는 전투성도 함께 들여

왔다.[44]

　　제네바에 정착했던 망명자들이 영국으로 돌아왔을 때, 그들은
『제네바 시편집』도 가져왔습니다. 1562년까지 그들은 462페이지에
64개의 곡조로 된 150개의 시편을 포함한 최초의 완전한 영어 운율
시편집인『시편전집(*The Whole Booke of Psalmes*)』을 출판했습니다.[45] 이 버
전은 주요 기여자인 토마스 스턴홀드(Thomas Sternhold)와 존 홉킨스
(John Hopkis)의 이름을 따서『스턴홀드와 홉킨스 시편찬양집(*Sternhold and
Hopkins Psalter*)』으로 알려지게 되었습니다.[46] 다른 기여자로는 윌리엄

44　Quitslund, *The Reformation in Rhyme*, 152-53.

45　1556년부터 1562년까지의 앵글로-제네바 시편집의 발전에 대해서는 앞서 인용한 자료의
　　　156-238을 보라.

46　왕실 의상 담당관으로 근무했던 스턴홀드(1549년 사망)는 어린 에드워드 6세(1537 - 1553)와
　　　궁정의 교화를 위해 시편을 운문으로 바꾸었다(앞서 인용한 자료, 19-58쪽, 특히 27-31쪽,
　　　55-57쪽 참조). 스턴홀드의 작업은 1549년부터 1553년까지 "성경 본문을 운문으로 바꾸는 놀

키스(William Kethe), 존 마칸트(John Marckant), 존 풀레인(John Pullain), 토마스 노튼(Thomas Norton), 윌리엄 휘팅엄(William Whittingham), 로버트 위즈덤(Robert Wisdom) 등이 있었습니다.[47]

『시편전집』은 1562년부터 1603년까지 엘리자베스 시대 교회 생활에서 계속 중요한 역할을 했습니다. 퀴츠런드는 이렇게 기록합니다. "영국에서 인쇄되고 최소한 시편 전체 본문을 포함한 것만 세어도, 1562년부터 1572년까지 14개 판, 1573년부터 1582년까지 37개 판, 1583년부터 1592년까지 42개 판, 1593년부터 1603년까지 53개 판이 남아 있다."[48] 퀴츠런드는 계속해서 이런 질문을 던집니다. "왜 대체로 반청교도적인 엘리자베스 시대 당국이 운율 시편을 지지하고, 데이(Day)의 책의 제네바적 연관성을 간과하고, 그토록 고백적으로 격렬한 책이 잉글랜드의 예배에서 그렇게 중요해지도록 허용했을까?" 그녀의 답변은 다음과 같습니다. (1) "16세기 동안 잉글랜드 교회 전체의 기본 신학이 칼빈의 제네바와 매우 유사했다", (2) 엘리자베스 통치 초기에 주교단과 추밀원의 구성이 대체로 보수적이었다, (3) 대부분의 회중이 개혁 신앙에 대해 어느 정도 열정을 느꼈고 시편찬송을 여전히 불안정한 종교적 정착을 위해 환영할 만한 "선전

라운 수의 작품들"을 탄생시켰으며(Quitslund, *The Reformation in Rhyme*, 72-93쪽 참조), 그중에서도 가장 중요한 모방자였던 존 홉킨스의 작품도 포함된다(Quitslund, *The Reformation in Rhyme*, 93-103 참조).

47 Quitslund, *The Reformation in Rhyme*, 283.

48 Quitslund, *The Reformation in Rhyme*, 241. 엘리자베스 시대에 인쇄된 다른 유일한 대규모 운문 시편집은 매튜 파커의 『Whole Psalter translated into English metre』였다. 퀴츠런드는 "파커가 시편의 운문 번역을 직접 작성했으며, 아마도 그와 함께하는 예배용 찬송가도 메리 여왕의 통치 동안 은퇴 중에 작성하여 1557년에 완성했을 것"이라고 언급한다 (Quitslund, *The Reformation in Rhyme*, 251).

(propaganda)"으로 여겼다, (4) 사람들 대부분이 "시편찬송을 철저히 즐겼다."[49]

스탠퍼드 리드(Standford Reid)는 "이 시편을 부르는 것이 청교도주의의 특징이 되었다"고 말합니다.[50] 그러나 많은 기독교 교회가 이미 상당하게 시편찬송을 하고 있었기 때문에, 스콜스는 시편집 사용이 거의 보편적이었으므로 시편찬송을 "청교도주의의 특별한 표시"로 간주하기를 꺼렸습니다.[51] 사람들은 시 연회에서 시편을 불렀고, 군인들은 행군하면서 시편을 흥얼거렸으며, 농부들은 들판에서 시편을 휘파람으로 불었고, 순례자들은 새로운 대륙으로 항해하면서 시편을 불렀습니다. 이처럼 시편찬송이 청교도들만의 독특한 관행은 아니었지만, 그럼에도 불구하고 청교도들이 다른 기독교 그룹들보다 시편찬송의 신학을 발전시키고 그 합법성과 필요성을 강조했던 것은 사실입니다. 그래서 청교도에 동정적이었던 올리버 크롬웰(1599–1658)이 공화국(Commonwealth)을 수립했을 때, 교회에서는 가장 단순한 형태의 운율 시편만 부르도록 하였습니다. 그뿐만 아니라 새 지도부는 예전과 기도서를 폐지하고, 성가대를 해산하고, 오르간을 파괴하거나 소리가 나지 않게 만들었습니다.[52]

여기서 청교도들을 오해하지 맙시다. 그들의 동기는 후에 예배의 규정적 원리(the regulative principle of worship)라고 불리게 될 것에 대한 확

---

49 Quitslund, *The Reformation in Rhyme*, 264-65.
50 Reid, "The Battle Hymns of the Lord," 2:52.
51 Scholes, *The Puritans and Music in England and New England*, 272–74. 스콜스도 로마 가톨릭 신자들과 퀘이커 교도들이 시편찬송을 거의 부르지 않았음을 인정한다.
52 Edwin Liemohn, *The Organ and Choir in Protestant Worship* (Philadelphia: Fortress Press, 1968), 55.

신에 뿌리를 두고 있었습니다. 이는 성경에 명시적으로 명령되지 않은 것은 예배에서 금지하는 것입니다. 이 원리는 성경이 명시적으로 금지하지 않으며, 교회 안에 유지되고 있는 전통은 교회에서 허용할 수 있다고 주장하는 루터교 전통과 성경관을 따르는 국교회 관점과는 실질적으로 달랐습니다. 청교도의 마음에는 국교회 대성당에서 울려 퍼지는 음악이 너무 복잡하고, 그 찬가가 너무 모호하며, 성가대가 너무 전문적이고, 그 전체 음악의 신학이 교화와 만인 제사장의 원리에서 너무 동떨어져 있었습니다.[53]

청교도들과 그들의 후계자인 비국교도들은 예배의 모든 부분에 성경적 근거가 필요하다고 가르쳤기 때문에, 영감받지 않은 찬송가는 받아들일 수 없었습니다. 하나님께서 이미 성경에서 운율 시편, 즉 그분 자신의 찬송 지침서로 제한하여 하나님을 찬양하도록 그들을 위해 결정하셨는데, 어떻게 교회 지도자들이 예배에 적합한 것이 무엇인지 결정할 수 있다고 상상이나 할 수 있겠습니까? 예배 예식에서의 노래에 대한 청교도들의 보수적 견해는 그들이 비타협적인 성경적 원칙이라고 여기는 것에 근거를 두고 있었습니다. 쟁점은 그들이 음악을 싫어한다는 것이 아니라, 어떤 대가를 치르더라도 성경에 순종해야 한다는 깊은 확신이었습니다.[54]

매사추세츠 베이 식민지의 뉴잉글랜드에서는 토마스 웰드(Thomas

---

53 Horton Davies, *Worship and Theology in England* (Princeton: University Press, 1975), 255.

54 Davies, *Worship and Theology*, 254. 사실, 많은 청교도들은 훌륭한 성악가이자 악기 연주자들이었다. 크롬웰 자신도 개인 오르간을 위해 오르가니스트를 고용했고, 합창 음악을 매우 즐겼으며, 딸의 결혼식에서 연주할 오케스트라를 고용했다.

Welde), 리처드 매더(Richard Mather), 존 엘리엇(John Eliot)을 주축으로 한 "30명의 경건하고 학식 있는" 청교도 그룹이 더 나은 시편집을 만들기 위해 함께 노력했습니다. 1640년 아메리카 대륙에서 처음으로 인쇄된 책으로 출판된 『시편전집(*The Whole Booke of Psalmes*)』은 『베이 시편집(*Bay Psalm Book*)』으로 알려지게 되었습니다.[55] 미국에서 처음 출판된 책이 히브리어 시편을 영어로 충실히 번역한 것이라는 사실이 흥미롭지 않습니까? 『베이 시편집』은 결국 『스턴홀드와 홉킨스 시편찬양집』을 대체했고, "하나님의 교회에서 시편을 부르는 천상의 규례의 합법성뿐만 아니라 필요성"을 설명하는 서문을 거기에 포함했습니다.[56]

『베이 시편집』은 첫 번째 판에서 약 40개의 일반적인 곡조를 사용했습니다. 1698년 판에서는 그 수가 13개에 불과했는데, 이는 17세기 후반 동안 뉴잉글랜드 청교도들 사이에서 찬송의 질이 얼마나 퇴보했는지를 보여줍니다.[57] 올드잉글랜드와 뉴잉글랜드에 나타난 이와 같은 공통된 퇴보는 18세기에 찬송가를 부르는 것이 도입되는 데 도움을 준 한 요인이었습니다.

『베이 시편집』의 서문을 썼을 수도 있는 유명한 뉴잉글랜드 청교도 존 코튼(John Cotton, 1584–1652)은 1647년에 청교도 사상을 대표하는 중요한 논문을 썼습니다.[58] 바로 『시편찬송: 복음의 규례 또는 다음

---

55 Wilberforce Eames, Introduction to *The Bay Psalm Book: Being a Facsimile Reprint of the First Edition* (Cambridge, Mass.: Printed by Stephen Daye, 1640, reprint; Bedford, Mass.: Applewood Books, 2002), vi.

56 *The Whole Booke of Psalmes* (Cambridge, Mass.: Stephen Daye, 1640), 표지.

57 Zoltán Haraszti, *The Enigma of the Bay Psalm Book* (Chicago: University of Chicago Press, 1956), 68–70.

58 Haraszti, *The Enigma*, 18. 다른 한 편으로 페리 밀러와 토마스 존슨은 리처드 매더가 서문을 썼다

네 가지 세부 사항을 다루는 논문. 1. 의무 자체에 관하여. 2. 노래할 내용에 관하여. 3. 노래하는 사람들에 관하여. 4. 노래하는 방식에 관하여』라는 논문입니다.[59] 이 논문은 "시편찬송과 예배에 대한 뉴잉글랜드인의 첫 주요한 저작"이었습니다.[60] 여기서 코튼은 시편찬송의 주요 문제를 신중하게 다루고 있어 청교도 시편찬송 연구를 위한 최고의 자료 중 하나라고 할 수 있습니다. 이 장의 나머지 부분에서는 대체로 코튼의 4단계 순서를 따르겠습니다.

시편찬송을 불러야 하는 의무

『베이 시편집』의 표지에서 코튼은 시편찬송이 복음의 규례라고 말합니다. 그의 손자 코튼 매더(Cotton Mather)는 시편찬송을 "교회나 가정에서의 거룩하고, 즐겁고, 유익한 규례(ordinance)라고 불렀습니다.[61] 웨스트민스터 총회의 신학자들은 "공예배 지침서(Directory for the Publick Worship)"에서 "회중들이 공적으로 함께 시편을 노래하고, 가정에서는 사적으로 하나님을 찬양하는 것"이 모든 그리스도인의 의무라고 말했습니다.[62]

고 믿었다. 그들이 쓴 *The Puritans* (New York: American Book, 1938), 669을 보라.

59 John Cotton, *Singing of Psalmes: A Gospel-Ordinance Or A Treatise, Wherein are handled these foure Particulars. 1. Touching the Duty it selfe. 2. Touching the Matter to be Sung. 3. Touching the Singers. 4. Touching the Manner of Singing* (London: Printed by M. S. for Hannah Allen, at the Crowne in Popes-head-alley: and John Rothwell at the Sunne and fountaine in Pauls-church-yard, 1647, 이후로는 *Singing of Psalmes*로 표기).

60 David P. McKay, "Cotton Mather's Unpublished Singing Sermon," *New England Quarterly* 48, 3 (1975): 413.

61 Cotton Mather, " Text of Cotton Mather Singing Sermon April 18, 1721" in *New England Quarterly* 48, 3 (1975): 419.

62 "The Directory for the Publick Worship of God," in *Westminster Confession of Faith* (1646;

코튼은 그리스도께서 "주의 만찬 집행" 후에 제자들과 시편을 부르셨다는 사실을 지적합니다(마 26:30).[63] 매튜 헨리는 이렇게 말합니다. "시편찬송은 복음의 규례다. 그리스도께서 유월절 마지막에 있던 찬미를 주의 만찬 마지막으로 옮기신 것은 그분께서도 이 규례가 자신의 교회에서 계속되기를 원하셨음을 분명히 나타낸다. 시편찬송을 부르는 것이 의식법과 함께 생겨난 일이 아니듯이, 의식법이 죽었다고 함께 죽지도 않을 것이다."[64]

코튼 매더가 1721년에 『성취된 찬송자(*Accomplish'd Singer*)』를 출판했을 때, 그의 아버지 인크리스 매더(Increase Mather)는 이 책에 대한 추천사를 써서 시편을 찬송하는 관습이 "많은 곳에서 다소 사라졌다"고 말했습니다.[65] 이 문제가 새로운 것은 아니었습니다. 코튼은 이미 『시편찬송(*Singing of Psalmes*)』(1647)에서 이 문제를 다루었습니다. 이 책의 첫 번째 부분에서 코튼은 특별히 목소리를 내어 시편을 찬송하는 문제를 다룹니다. 그는 "신약에는 목소리로 하는 어떤 노래도 인정하지 않고, 오직 그리스도의 말씀 안에서 마음의 기쁨과 위로의 영적 노래만을 인정하는 반시편주의자들"이 있다고 말합니다.[66] 하지만 코튼은 목소리로 부르는 시편을 주장하면서, 시편찬송에 관한 두 가지 고전적 본문인 에베소서 5장 19절과 골로새서 3장 16절을 인용합니다.

Glasgow: Free Presbyterian Publications, 1997), 393.

63   Cotton, *Singing of Psalmes*, 7.

64   Matthew Henry, *Commentary* (Peabody, Mass.: Hendrickson Publishers, 1991), 5:318.

65   Cotton Mather, *Accomplish'd Singer* (Boston: Printed by B. Green, for S. Gerrish at his Shop in Cornhill, 1721) 안에 포함된 "An Attestation from the Very Reverend Dr. Increase Mather"를 보라.

66   Cotton, *Singing of Psalmes*, 2.

그는 이 구절에서 바울은 우리에게 마음속으로 조용히 노래할 뿐만 아니라 목소리로 들리게 노래하라고 권면하고 있다고 말했습니다.

코튼은 더 나아가 들리는 목소리가 이해할 수 있어야 한다고 주장합니다. 그래야 교육받지 못한 청중들도 "교화를 받고, 그러한 감사 드림에 아멘이라고 말할 수 있습니다"(고전 14:14-15).[67] 시편을 찬송하는 것은 노래하는 사람뿐만 아니라 듣는 사람에게도 축복이 되어야 합니다. 하지만 교화(edification)가 노래의 주된 목적이 되어서는 안 됩니다. 시편을 찬양하는 주된 목적은 하나님의 영광이어야 합니다. 코튼 매더가 선언하듯이, "시편 찬양의 위대한 목적인 하나님의 영광에 대한 순수한 생각이 이 가치 있는 성취를 이루려는 여러분의 노력에 활력을 공급하고 또 그것을 통제하도록 하십시오. 모든 것을 경건한 방식으로 행하여, 이 일반적인 행위로도 여러분이 하나님을 기쁘시게 하고 영화롭게 할 수 있게 하십시오."[68]

하나님의 영광이 시편찬송의 최고 목표이기 때문에, 청교도들은 예배에서의 찬송이 어떤 이들이 그들의 찬송을 풍자했던 것처럼 절제된 것이 아니라 활기차야 한다고 믿었습니다. 청교도들이 의무감에서 노래했지만, 그들의 영혼은 깊은 기쁨과 즐거움을 느끼며 노래했습니다. 매더가 시편찬송을 "즐거운 규례"라고 부르는 것은 바로 이런 이유 때문입니다.

---

67 Cotton, *Singing of Psalmes*, 2.
68 "Text of Cotton Mather Singing Sermon April 18, 1721," in McKay, "Cotton Mather's unpublished Singing Sermon," 422.

노래되어야 할 내용

공예배에서의 찬송이 시편집에만 국한되어야 할까요? 회중들이 모세, 마리아, 엘리사벳, 그리고 다른 성경에 나오는 성도들의 노래도 불러야 할까요? 그리고 교회는 영적인 은사를 받은 신자들이 작곡한 찬송가를 부르도록 허용해야 할까요? 코튼은 그의 책 두 번째 부분에서 이러한 질문들을 다룹니다.

코튼은 영감받지 않은 찬송(uninspired hymns)을 공예배에서 부르는 것을 허용해서는 안 된다고 말합니다.[69] 에베소서 5장 19절과 골로새서 3장 16절을 인용하면서, 코튼은 바울이 우리에게 노래하라고 권면하거나 명령할 때, 그 명령은 우리에게 "시와 찬미와 신령한 노래"를 부르라는 것인데, 코튼에게 이런 노래는 바로 "다윗의 노래들(the Songs of David)이라는 이름을 가진 바로 그 제목들(Titles)"입니다.[70] 자신의 요점을 강조하기 위해, 코튼은 마태복음 26장 30절의 "찬미(hymn)"라는 단어가 "시편 전체 책의 일반적인 제목"이라고 말합니다.[71] 따라서 바울은 우리에게 어떤 신자가 쓴 찬송가나 신령한 노래가 아니라 특별히 다윗의 시편을 부르라고 지시하고 있었습니다. 코튼은 "다윗의 시편 또는 노래"라는 제목은 다윗이 모든 시편을 쓰지 않았음에도 불구하고 150편의 시편 전체를 가리킨다고 생각했습니다.

다른 청교도들도 에베소서 5장 19절과 골로새서 3장 16절에 대한 코튼의 해석을 지지했습니다. 골로새서 3장 16절을 주석하면서 에드

---

69 Cotton, *Singing of Psalmes,* 32.
70 Cotton, *Singing of Psalmes,* 16.
71 Cotton, *Singing of Psalmes,* 32.

워드 리(Edward Leigh)는 이렇게 주장합니다. "사도가 우리에게 노래하라고 권면하듯이, 그는 우리 노래의 내용이 무엇이어야 하는지에 대해서도 가르치고 있습니다. 즉, 시와 찬미와 신령한 노래입니다. 이 세 가지 것들이 바로 성령께서 친히 우리에게 전해주셨던 다윗의 노래들의 제목입니다."[72] 마찬가지로 조나단 클랩햄(Jonathan Clapham)은 다윗의 시편을 부르는 것이 가진 가치에 대해 주장하면서 이렇게 말합니다. "사도는 에베소서 5장과 골로새서 3장에서 시편을 찬송하라고 명령하면서, 다윗의 시편을 가리키는 쇼림(shorim), 테힐림(Tehillim), 미즈모림(Mizmorim)이라는 세 히브리어 단어에 해당하는 시와 찬미와 신령한 노래라는 단어들을 사용함으로써 분명히 다윗의 시편을 가리키고 있다."[73]

웨스트민스터 총회의 신학자 중 한 명인 토마스 포드(Thomas Ford)도 이 견해를 확증했습니다. 그는 1653년에 출간했던 자신의 책, 『시편찬송: 신약 아래 그리스도인의 의무. 또는 우리에게 이 의무가 있으며, 우리가 무엇을 노래하고 어떻게 노래하며 왜 노래해야 하는지

---

72 Edward Leigh, *Annotations upon all the New Testament philologicall and theologicall wherein the emphasis and elegancie of the Greeke is observed, some imperfections in our translation are discovered, divers Jewish rites and customes tending to illustrate the text are mentioned, many antilogies and seeming contradictions reconciled, severall darke and obscure places opened, sundry passages vindicated from the false glosses of papists and hereticks* (London: Printed by W. W. and E. G. for William Lee, and are to be sold at his shop, 1650), 306.

73 Jonathan Clapham, *A short and full vindication of that sweet and comfortable ordinance, of singing of Psalmes. Together with some profitable rules, to direct weak Christians how to sing to edification. And a briefe confutation of some of the most usual cavils made against the same. Published especially for the use of the Christians, in and about the town of Wramplingham in Norf. for the satisfaction of such, as scruple the said ordinance, for the establishment of such as do own it, against all seducers that come amongst them; and for the instruction of all in general, that they may better improve the same to their spiritual comfort and benefit* (London: [s.n.], Printed, anno Dom. 1656), 3.

에 대해 주장하고 이를 분명히 하는 에베소서 5장 19절에 대한 5편의
설교를 통한 복음 규례의 옹호(Singing of Psalmes: the duty of Christians under the
New Testament. Or A vindication of that Gospel-ordinance in V. sermons upon Ephesians 5. 19.
Wherein are asserted and cleared 1. That 2. What 3. How 4. Why we must sing)』에서 이렇
게 주장했습니다.

> 시와 찬미와 신령한 노래가 다윗의 시편의 히브리어 이름인 미즈모림,
> 테힐림, 시림에 해당한다는 것보다 더 가능성이 높은 것은 없다. 모든
> 시편을 함께 테힐림, 즉 찬양 또는 찬양의 노래라고 부른다. 미즈모르
> (Mizmor)와 시르(Shir)는 많은 시편의 제목에 있는데, 때로는 하나만,
> 때로는 다른 하나만, 때로는 둘 다 함께 있다. 원어를 읽을 수 있는 사
> 람들은 이 사실을 잘 알고 있다. 이제 사도가 헬라어 번역(신약이 많이
> 따르는)이 히브리어를 번역할 때 사용하는 것과 같은 이름으로 그것들
> 을 부르는 것은 그가 다윗의 시편 외에 다른 것을 의미하지 않는다는
> 증거다.[74]

포드의 진술은 중요합니다. 왜냐하면 웨스트민스터 신앙고백서
가 "마음에 있는 은혜로 시편을 노래하는 것"이 "하나님에 대한 일반
적인 종교적 예배의 일부"(21.5)라고 말할 때, 그것이 오직 시편집만을

---

[74] Thomas Ford, *Singing of Psalmes: the duty of Christians under the New Testament. Or A vindication of that Gospel-ordinance in V. sermons upon Ephesians 5. 19. Wherein are asserted and cleared 1. That 2. What 3. How 4. Why we must sing* (London: Printed by A. M. for Christopher Meredith at the Crane in Pauls Church-yard, 1653), 15, 16.

의미한다는 것을 나타내기 때문입니다.[75]

그러나 닉 니덤(Nick Needham)은 신앙고백서 작성자들이 "시편"이라는 단어를 오직 다윗의 시편만을 의미하도록 의도하지는 않았다고 제안합니다.[76] 니덤은 아래와 같이 주장합니다.

> 만약 신앙고백의 작성자인 그들이 "다윗의 시편(David's psalms)"이라고 썼다면, 그것으로 문제는 끝났을 것이다. 그러나 그들은 "다윗의 시편"이라고 쓰지 않았다. 순전히 언어적 관점에서 볼 때, 신앙고백서 21.5의 "시편"이라는 규정되지 않은 단어를 다윗의 시편 혹은 일반적인 종교적 노래로 해석하는 것은 전적으로 가능하고 정당하다.[77]

그러므로 이 주장은 영감받지 않은 찬송가도 허용할 수 있습니다.

하지만 신앙고백서의 "시편"이라는 용어가 엄격히 시편집을 가리킨다고 이해하는 매튜 윈저(Matthew Winzer)는 니덤의 견해에 이의를 제기합니다. 윈저는 니덤이 "신앙고백 21.5의 '시편을 노래하는 것'이라는 언급에 대해 이것을 시편만을 찬송해야 하는 것으로 해석하는 것은 가장 가능성이 낮은 역사적−맥락적 해석이라고 주장하는데, 이는 웨스트민스터 총회의 견해를 제대로 표현하지 못한 것이다"라고

---

75 *Westminster Confession of Faith*, 92.

76 Nick Needham, "Westminster and Worship: Psalms, Hymns, and Musical Instruments?" in *The Westminster Confession into the 21st Century*, ed. J. Ligon Duncan (Fearn, Ross-shire: Mentor, 2003), 2:250–53.

77 Needham, "Westminster and Worship," 253.

결론짓습니다.[78] 원저의 주장이 니덤의 주장보다 더 무게가 있어 보입니다.

코튼이 에베소서 5장 19절과 골로새서 3장 16절을 시편찬송 전용론으로 해석하는 것에 대해 강력한 동조의 입장을 한 것은 사실이지만, 그가 엄격한 의미에서 시편찬송 전용론자는 아니었습니다. 그는 이렇게 말했습니다. "다윗의 시편뿐만 아니라 성경에 기록된 다른 영적 노래들도 기독교 교회에서 합법적으로 부를 수 있다. 예를 들어 모세와 아삽, 헤만과 에단, 솔로몬과 히스기야, 하박국과 스가랴, 한나와 드보라, 마리아와 엘리사벳의 노래 등이 있다."[79]

코튼은 교리적으로 건전하지만 영감받지 않았거나, 성경 외의 찬송가를 공예배에서 불러서는 안 되지만 "사적인 가정"에서는 부를 수 있다고 분명히 말합니다.[80] 그는 이렇게 가르쳤습니다. "우리는 영적 노래를 만들 은사가 있는 어떤 개인으로서의 그리스도인도 개인적인 위로와 어떤 특별한 은혜나 구원을 기억하기 위해 그 노래를 만들고 개인적으로 부를 수 있다는 것을 인정한다. 또한 우리는 그와 함께 악기 사용하는 것을 금하지 않는다. 다만 악기에 주의를 기울이느라 노래의 내용에 대해 주의를 기울이지 못하도록 방해하지는 않도록 해야 한다."[81]

---

78   Matthew Winzer, "Westminster and Worship Examined: A Review of Nick Needham's essay on the Westminster Confession of Faith's teaching concerning the regulative principle, the singing of psalms, and the use of musical instruments in the public worship of God," *The Confessional Presbyterian* 4 (2008): 264.

79   Cotton, *Singing of Psalmes*, 15.

80   Cotton, *Singing of Psalmes*, 32.

81   Cotton, *Singing of Psalmes*, 15.

코튼은 "교회의 공적인 감사(public thanksgivings)에서, 만약 주님께서 교회 구성원 중 누군가에게 어떤 특별한 경우에 어떤 시편을 작곡할 영적 은사를 주신다면, 그는 합법적으로 교회 앞에서 그것을 부르도록 허용될 수 있고, 나머지 사람들은 그것을 듣고 승인하며 성령 안에서 함께 갈 수 있고 그 시편에 아멘이라고 말할 수 있다"는 것을 부인하지 않습니다.[82]

한 마디로, 코튼은 새로 작곡된 종교적인 노래를 부르는 것을 인정했지만, 오직 특별한 모임에서만 그렇게 했습니다. 그는 예배에서는 오직 다윗의 시편과 다른 성경의 노래들만 불러야 한다고 생각했습니다.[83]

노래하는 사람들

그렇다면 이 신성하게 영감받은 노래들은 누가 불러야 합니까? 한 개인이 회중을 위해 노래하도록 허용되어야 할까요, 아니면 전체 회중이 노래해야 할까요? 남자와 여자가 노래해야 할까요, 아니면 남자만 노래해야 할까요? 불신자들이 신자들과 함께 노래하도록 허용되어야 할까요? 교회 회원이 아닌 사람들이 노래하도록 허용되어야 할까요? 코튼은 그의 책 세 번째 부분에서 이런 종류의 질문들을 다룹니다.

---

82 Cotton, *Singing of Psalmes,* 15.

83 이와 유사한 토마스 맨튼의 견해를 위해서는 William Young, The Puritan Principle of Worship (Vienna, Va.: Publications Committee of the Presbyterian Reformed Church, n.d.), 27-28을 보라.

코튼은 독창이 다른 상황에서는 적절할 수 있지만, 하나님께서는 공예배에서만큼은 전체 회중이 함께 노래하기를 원하신다고 말합니다. 흥미롭게도 코튼은 주의 만찬에 참여한 후 예수님과 일종의 회중이라고 할 수 있는 그의 제자들이 시편을 노래했다고 설명합니다. 마찬가지로 구약에서 "모세와 이스라엘 자손들[즉 많은 사람들]이 여호와께 감사의 노래를 불렀습니다"(출 15:1).[84]

코튼은 출애굽기 15장 20-21절을 인용하며 여자들이 회중 찬송에서 남자들과 함께 노래할 수 있다고 말합니다. 이 구절은 미리암과 다른 여인들이 남자들과 함께 하나님을 찬양했다고 말합니다. 코튼에게 이 구절은 "여자들이 남자들과 함께 노래하는 합법적 관행을 정당화하기에 충분한 근거"였습니다.[85]

코튼은 지역 교회의 회원이 아닌 신자들과 불신자들이 공예배에서 신자인 교회 회원들과 함께 노래할 수 있는지에 대한 질문을 다루는 데 많은 시간을 할애합니다. 코튼 시대의 일부 사람들은 오직 고백하는 교회 회원들만이 예배에서 노래할 권리가 있다고 믿었습니다. 코튼의 대답은 시편찬송은 모든 그리스도인의 도덕적 의무이기 때문에, 교회 회원이든 아니든 모든 사람이 "하나님을 찬양하기 위해 노래할 의무가 있다"는 것이었습니다.[86] 그는 시편찬송이 "일반적인 명령"이라고 말합니다. 따라서 시편 자체가 분명히 말하듯이, 불신자를 포함하여 세상의 모든 사람은 주님께 그들의 목소리를 올려드리

---

84   Cotton, *Singing of Psalmes*, 40.
85   Cotton, *Singing of Psalmes*, 43.
86   Cotton, *Singing of Psalmes*, 44.

라고 부름을 받았습니다. 성경은 분명합니다. "새 노래로 여호와께 노래하라 온 땅이여 여호와께 노래할지어다"(시 96:1). "온 땅이여 여호와께 즐거운 찬송을 부를지어다"(시 100:1). "땅의 왕국들아 하나님께 노래하고 주께 찬송할지어다 셀라"(시 68:32).[87]

모든 청교도들이 불신자들에게 회중 찬송에 참여할 수 있는 권리를 주는 것에 대해 코튼의 의견에 동의하지는 않았습니다. 예를 들어, 이 문제는 존 번연(John Bunyan)의 베드포드 집회소(Bedford meeting house)에서 제기되었습니다. 번연이 사망하고 2년 후, 베드포드 교회(Bedford church)는 모여서 "이 주제를 논의하고... 교회가 시편을 공적으로 찬송해야 하지만, 주의해야 할 사항은 그리스도의 명령에 따라 마음에 은혜를 가지고 노래할 수 있는 사람들 외에는 이를 수행하지 않도록 주의해야 한다는 결정을 진지하게 내렸습니다."[88]

지역 교회는 오직 신자들로만 구성되어야 한다고 말하는 분리주의 교회들 사이에서는 베드포드 회중이 가졌던 확신이 희귀한 것은 아니었습니다. 따라서 공예배에서는 오직 신자들만 노래해야 한다고 했습니다. 그러나 코튼은 주님께 노래하라는 명령의 일반적 성격에 근거하여 누구도 "이 섬김에서 제외되지 않는다"는 점을 분명히 했습니다.[89] 그리고 대부분의 청교도들이 이에 동의했습니다. 그럼에도 코튼은 "노래하는 근거와 목적이... 특별히 하나님의 교회와 백성에게 관련되므로 그들(신자들)이 모든 사람 중에서 이 의무를 가장 많

---

87 Cotton, *Singing of Psalmes*, 45.

88 Scholes, *The Puritans and Music in England and New England*, 268.

89 Cotton, *Singing of Psalmes*, 45.

이 수행해야 한다"고 인정했습니다.[90] 구원받지 못한 사람들이 주님께 노래하라는 명령을 받았지만, 구속받은 자들은 이 명령을 기뻐해야 합니다.

노래하는 방식

『시편찬송』의 마지막 부분에서 코튼은 사람이 만든 곡조로 운율 시편을 부르는 것이 합법적인지의 문제를 다룹니다. 상식을 사용하여 코튼은 "히브리어 성경을 영어 산문으로 번역하여 읽는 것이 하나님의 거룩한 뜻이라면, 마찬가지로 히브리어 시편(시와 운문인)을 영어 시와 운문으로 번역하여 노래하는 것도 그분의 거룩한 뜻"이라고 추론합니다.[91] 실용적으로 말해서, 코튼은 운율 시편집이 "구절을 기억하기 더 쉽게 만들고 멜로디에 더 적합하게 만든다"고 말합니다.[92] 따라서 다윗의 시편을 운율로 노래하는 것은 적절할 뿐만 아니라 현명한 일입니다.

곡조에 관해서 코튼은 주님께서 "히브리어 곡조와 다윗의 시편이 불렸던 음악적 악센트를 우리에게 숨기셨기" 때문에, "주님께서 우리가 그것들을 내용의 중요성, 하나님 예배의 엄숙함, 그리고 평범한 사람들의 능력에 적절히 맞는, 그러한 중요하고, 엄숙하며, 평범한 곡조로 부르도록 허락하신다는 것이 분명하다"고 말합니다.[93] 하나

---

90 Cotton, *Singing of Psalmes,* 45.

91 Cotton, *Singing of Psalmes,* 55

92 Cotton, *Singing of Psalmes,* 55

93 Cotton, *Singing of Psalmes,* 56.

님은 우리에게 시편을 위해 경건한 곡조를 작곡할 자유를 주십니다. 단, 리듬과 곡조가 하나님을 기쁘시게 하고 그의 백성을 교화하는 한에서 자유를 누립니다.[94] 우리는 결코 이 자유를 우리 자신의 이기적인 욕망을 만족시키는 데 사용해서는 안 됩니다.

코튼은 목사가 회중에게 노래하도록 요청하기 전에 시편의 각 행(line)을 읽어주기를 제안합니다. 성경이 이 관행을 명령하는 것은 아니지만, 코튼은 이렇게 하는 것이 성도들에게 도움이 된다고 생각했습니다. "시편의 말씀을 미리 공개적으로 한 행씩, 또는 두 행씩 함께 읽어서, 책을 읽는 능력이 없는 사람들도 무엇을 노래해야 하는지 알고 나머지 사람들과 함께 노래하는 의무에 동참할 수 있게 하고... 또 노래함으로써 주님과 그분의 백성과 함께 거룩한 조화를 이루는 일을 하도록 자극받게 되는 것입니다."[95]

웨스트민스터 신학자들도 이와 비슷하게 조언합니다.

시편을 노래할 때, 목소리는 조화롭고 엄숙하게 조절되어야 한다. 그러나 가장 중요한 것은 이해하며, 그리고 마음에 은혜를 가지고 노래하여 주님께 노래하는 것이다. 전체 회중이 이에 동참할 수 있도록, 읽을 수 있는 모든 사람은 시편집을 가져야 한다. 그리고 나이나 다른 이유로 불가능한 경우를 제외한 모든 사람에게 읽는 법을 배우도록 권면

---

94 Cotton, *Singing of Psalmes*, 60.
95 Cotton, *Singing of Psalmes*, 62-63. 코튼의 견해에 대하여 더 많은 정보를 원하면, Young, *The Puritan Principle of Worship*, 20-27을 보라.

해야 한다. 그러나 현재 회중의 많은 사람이 읽을 수 없는 경우, 목사
나 그와 다른 치리 직분자들이 임명한 적합한 사람이 노래하기 전에 시
편을 한 행씩 읽는 것이 유익하다.[96]

"청교도적" 침례교의 예외

17세기 말 청교도주의가 쇠퇴하면서, 청교도 정신을 가진 침례교
설교자 벤자민 키치(Benjamin Keach, 1640–1707)가 영국 비국교도 교회들
에 시편과 시편을 의역한 노래 외에 찬송가(hymns)를 도입했습니다.
그는 각 성찬식 후 한 곡의 찬송가를 허용하는 것으로 시작하여 안식
일마다 새로운 한 곡의 찬송가를 불렀습니다.[97] 그리하여 결국 그는
"회중 찬송가 노래의 선구자"가 되었습니다.[98]

모든 회중 찬송(congregational singing)은 참된 예배에 대한 왜곡이라
고 주장하는 아이작 말로(Isaac Marlow)의 『복음 교회에서 하나님의 공
예배에서의 노래에 관한 간략한 담론(A Brief Discourse Concerning Singing in
the Public Worship of God in the Gospel Church)』(1690)에 대한 응답으로,[99] 키치는
이 주제에 대한 자신의 첫 번째 책인 『하나님 예배에서의 치유된 단

---

96   "The Directory for the Publick Worship of God," in *Westminster Confession of Faith*, 393.

97   J. R. Watson, *The English Hymn: A Critical and Historical Study* (Oxford: Clarendon Press, 1997), 110; cf. Horton Davies, *Worship and Theology in England from Andrewes to Baxter and Fox*, 1603-1690 (Princeton: Princeton University Press, 1975), 510.

98   Hugh Martin, *Benjamin Keach, Pioneer of Congregational Hymn Singing* (London: Independent Press, 1961).

99   아이작 말로에 대해서는 Davies, *Worship and Theology in England from Andrewes to Baxter and Fox*, 274–75를 보라.

절; 또는 시편, 찬미와 신령한 노래를 부르는 것이 예수 그리스도의 거룩한 규례임을 증명함(*The Breach Repaired in God's Worship; or Singing of Psalms, Hymns, and Spiritual Songs, Proved to Be an Holy Ordinance of Jesus Christ*)』(1691)을 썼습니다. 키치는 청교도들을 넘어서서 다윗, 솔로몬 등의 예와 찬송 부르기의 "교육적 가치"를 근거로 찬송가 부르기를 주장했습니다. 이 책은 키치의『영적 선율; 거의 300개의 성스러운 찬송가 포함(*Spiritual Melody; containing near Three Hundred Sacred Hymns*)』(1691)과 함께 상당한 파문을 일으켰고, 심지어 키치 자신의 교회에서도 9명이 회원 자격을 반납했습니다. 그러나 이는 빙산의 일각에 불과했습니다. 말로는 키치의 『치유된 단절』이 대중에게 공개되기도 전에 자신의 책에 부록을 추가하여 응답했고, 이에 키치도 자신의 책에 부록을 추가했습니다. 이로 말미암아 여러 목사들 사이에서 팸플릿 전쟁이 촉발되었는데, 대부분은 키치의 견해를 지지했습니다. 그럼에도 불구하고 키치의 회중에 속한 스무 명의 회원이 찬송에 반대하는 글을 쓴 로버트 스티드(Robert Steed)에게로 가버렸습니다. 스티드는『노래에 관하여 런던의 한 교회 회원들에게 쓴 서신(*An Epistle Written to the Members of a Church in London Concerning Singing*)』(1691)을 저술했습니다.[100] 다음 해에 이 노래에 관한 문제는 총회에 안건으로 올랐고, 총회는 모두가 형제를 향해 무자비하게 비난했다는 이유로 양측 모두를 견책했습니다. 이로써 팸

---

[100] James Patrick Carnes, "The Famous Mr. Keach: Benjamin Keach and His Influence on Congregational Singing in Seventeenth Century England" (M.A. thesis, North Texas State University, 1984), 59-61.

플릿 전쟁은 4년 동안 중단되었습니다.[101]

1696년, 키치가『기름진 것들의 잔치; 여러 성경 노래와 찬송가 포함(*A Feast of Fat Things; containing several Scripture Songs and Hymns*)』을 출판한 후 팸플릿 전쟁은 재개되었습니다. 키치 자신은 거의 500곡의 찬송가를 썼고 영국과 북미 전역에 유통된 찬송가집을 출판함으로써 추가로 수백 곡의 찬송을 홍보했습니다. 그의 작업은 종종 "영어 찬송가의 아버지"라고 불리는 아이작 와츠(Isaac Watts, 1674-1748)의 길을 닦았습니다. 와츠의 유명한『찬송과 영적인 노래(*Hymns and Spiritual Songs*)』(1707)는 공예배에서 시편찬송을 부르는 것에 대하여 쇠퇴하던 청교도적 신념에 치명타를 가했습니다.[102] 그리하여 교회 역사상 처음으로 인간이 만든 찬송가가 시편찬송을 대체하게 되었습니다.[103]

결론: 시편찬송의 실제적 유익

알버트 베일리(Albert Bailey)는 시편집에 대한 칼빈의 신학적 믿음이 "오직 하나님 자신의 말씀만이 그분을 찬양하는 데 합당하다"는 확신 아래 종교개혁자들과 청교도들을 하나로 묶는 데 도움을 주었다고

---

101 Robert H. Young, "The History of Baptist Hymnody in England from 1612 to 1800" (Ph.D. dissertation, University of Southern California, 1959), 43-44.

102 Carnes, "The Famous Mr. Keach," 94-95. 왓츠에 대해서 간략하게 연구하려면, Watson, *The English Hymn: A Critical and Historical Study*, 133-70을 보라. 이 책에 있는 Darryl Hart's chapter, "Psalters, Hymnals, Worship Wars, and American Presbyterian Piety"를 참조하라.

103 LeFebvre, *Singing the Songs of Jesus*, 14.

올바르게 결론 내립니다.[104] 하지만 시편찬송이 칼빈과 청교도들에게 중요했던 이유는 그것이 성경적이고 역사적이며 하나님께 대한 우리의 신학적, 도덕적 의무이기 때문만이 아니라, 노래하는 사람들에게 미치는 은혜로운 효과 때문이기도 합니다. 다음은 시편찬송의 몇 가지 영적, 실제적 유익입니다.

• 시편찬송은 영혼을 위로합니다. 영적으로 낙담한 자를 일으키고 그리스도 중심적이며 경험적인 영적인 풍요로움을 제공합니다. 코튼은 시편찬송이 "우울증과 분노의 격정을 완화하고, 심지어 악한 영의 맹렬한 유혹을 흩어버린다(삼상 16:23)"라고 말합니다.[105] 또한 시편을 찬송하는 것은 "다윗에 대한 사울 경우처럼 적대감을 누그러뜨리고 우정어린 호의를 회복하는 데 도움이 됩니다."[106] 인크리스 매더는 "음악이 우울증에 대해 큰 효력이 있다"는 관찰을 제공합니다. 매더는 "음악의 달콤함과 즐거움은 우울한 감정을 [극복하도록 하는] 자연적 힘을 가지고 있습니다"라고 말합니다.[107]

칼빈과 청교도들에게 있어서 시편집의 의미는 로버트 샌더슨(Robert Sanderson, 1587-1662)이 "기독교적 위로의 보고"라고 부른 것과

---

104 Albert Bailey, *The Gospel in Hymns: Backgrounds and Interpretations* (New York: Charles Scribner's Sons, 1950), 17.

105 *Singing of Psalmes,* 4.

106 *Singing of Psalmes,* 4.

107 Increase Mather, *A History of God's Remarkable Providences in Colonial New England* (1856; reprint, Portland, Ore.: Back Home Industries, 1997), 187.

같습니다.[108] 링컨의 주교 샌더슨은 옥스퍼드 대학의 교수직에서 쫓겨나고 의회에 의해 투옥되었지만, 그 어려운 시기에 시편에서 큰 위안을 얻었습니다. 이후 그는 시편찬송집에 대해 이렇게 썼습니다. "시편찬송집은 모든 사람과 그들의 모든 필요에 적합하며, 회개하는 죄인들에 대한 하나님의 자비를 자주 언급하기 때문에 침체된 영혼을 일으킬 수 있다. 거룩한 열망을 불러일으키고, 기쁨을 증가시키며, 슬픔을 조절하고, 희망을 키우며, 하나님의 때를 기다림으로써 인내를 가르친다. 그뿐만 아니라 시편찬송집은 우리 창조주의 자비와 힘, 그리고 섭리에 대한 신뢰를 낳고, 우리 자신을 그분의 뜻에 맡기도록 한다. 그리고 바로 그때가 되어서야 비로소 우리는 우리 자신이 행복하다고 믿게 된다."[109]

• 시편찬송은 경건을 함양합니다. 루이스 베일리는 『경건의 실천 (The Practice of Pietie)』이라는 책에 시편찬송에 대한 부분을 포함했습니다. 그는 시편찬송을 위한 다섯 가지 규칙을 제시했습니다.

1. 신성한 시편을 일상적인 오락으로 부르지 않도록 주의하십시오. 불순한 영을 가진 사람들이 세속적인 발라드와 섞어 거룩한 시편을 부르는 것처럼 해서는 안 됩니다. 시편은 하나님의 말씀이므로 공허하게 입에 담지 마십시오.

---

108 Rowland E. Prothero, *The Psalms in Human Life* (1903; reprint, Birmingham. Ala.: Solid Ground Christian Books, 2002), 176에 인용됨.

109 Prothero, *The Psalms in Human Life,* 176에 인용됨.

2. 다윗의 시편을 다윗의 영으로 불러야 한다는 사실을 기억하십시오.

3. 사도 바울의 규칙을 실천하십시오. "내가 영으로 찬송하고 또 마음(understanding)으로 찬송하리라."

4. 노래할 때 모자를 벗고 하나님 앞에 서 있는 것처럼 품위 있고 경건하게 행동하십시오. 하나님의 말씀으로 하나님께 노래하는 것입니다. 그러나 음악이 귀에 주는 즐거움보다 내용이 마음에 더 많은 선율을 만들도록 하십시오. 주님이 기뻐하시는 것은 우리 마음속에 있는 은혜로 노래하는 것이기 때문입니다.

5. 원한다면 모든 시편을 순서대로 노래할 수 있습니다. 모든 시편이 가장 신성하고 위로가 됩니다. 그러나 어떤 시간과 목적에 더 적합한 특별한 시편을 선택하고 싶다면, 자주 사용하여 여러분의 사람들이 더 쉽게 암기할 수 있는 것을 선택하십시오.[110]

• 마지막으로, 시편찬송은 우리가 하나님을 영화롭게 하는 데 도움이 됩니다. 종교개혁과 종교개혁 이후의 신학자들이 반복해서 우리에게 그렇게 말합니다. 칼빈은 이렇게 썼습니다. "진실로, 우리는 [시편찬송]이야말로 우리 마음을 움직이고 불태워서 우리가 더 생생하고 열렬한 열정으로 하나님을 부르고 찬양하도록 하는 큰 힘과 활력을 가지고 있다는 사실을 경험을 통해 안다." 칼빈은 계속해서 아

---

110 Lewis Bayly, *The Practice of Pietie* (London: Printed by R.Y. for AndrewCrooke, 1638), 233-34.

우구스티누스를 인용하여 말합니다. "우리가 이 시편들을 노래할 때... 우리는 마치 하나님께서 자신의 영광을 높이기 위해 우리 안에서 노래하시는 것처럼 그분이 우리 입에 말씀을 넣으신다는 것을 확신한다."[111] 청교도 정신을 공유했던 중요한 네덜란드 제2종교개혁 신학자인 빌헬무스 아 브라켈도 이에 대해 다음과 같이 동의합니다. "[시편을] 노래하는 것는 우리가 목소리를 적절히 조절하여 하나님을 예배하고, 감사하고, 찬양하는 신앙적 행위이다."[112]

따라서 시편을 노래하는 사람들은 하나님을 찬양하기 위해서 노래하십시오! "찬송하라 하나님을 찬송하라 우리 왕을 찬송하라 하나님은 온 땅의 왕이심이라 지혜의 시로 찬송할지어다"(시 47:6-7).

---

[111] Miller, "Calvin's Understanding of Psalm-Singing as a Means of Grace," 38, 40.

[112] Wilhelmus á Brakel, *The Christian's Reasonable Service*, trans. Bartel Elshout, ed. Joel R. Beeke (Morgan, Pa.: Soli Deo Gloria Publications, 1995), 4:31.

제3장
기독교 교회에서 시편찬송의 역사[1]

테리 존슨(Terry Johnson)

시편은 성경의 경건 서적이라고 할 수 있습니다. 디트리히 본회퍼(Dietrich Bonhoeffer)는 그의 저서 『시편: 성경의 기도서(*The Psalms: Prayer Book of the Bible*)』에서 이 점을 지적했습니다.[2] 실제로 시편은 다른 모든 경건 서적의 주된 원천이 되었습니다. 본회퍼는 다른 곳에서 "시편은 기도의 위대한 학교입니다"라고 말하기도 했습니다.[3] 예를 들어, 토마스 아 켐피스(Thomas à Kempis, 1380-1471)는 "가장 인기 있는 기독교 경건 서적" 중 하나인 『그리스도를 본받아(*The Imitation of Christ*)』에서 복음서보다 시편을 더 많이 인용합니다.[4] 시편은 하나님의 백성들에게 하나님을 이해하고 그분과 관계 맺는 방법에 대한 언어적 이미지

---

1   이 자료 중에 일부는 T. L. Johnson, "Restoring Psalm Singing to Our Worship," in ed. Philip G. Ryken, et al., *Give Praise to God: A Vision for Reforming Worship* (Phillipsburg, N.J.: P&R Publishing, 2003), 257-86에 있다. 또한 곧 발매될 책인 *The Case for Historic Reformed Worship*.

2   Dietrich Bonhoeffer, *The Psalms: Prayer Book of the Bible* (1940; Oxford: SLG Press, 1982).

3   Dietrich Bonhoeffer, *Life Together*, trans. John W. Doberstein (New York: Harper & Row, 1954), 47.

4   Paul Westermeyer, *Te Deum: The Church and Music* (Minneapolis: Fortress Press, 1998), 24.

와 이름과 용어를 제공해 왔습니다. 시편은 우리가 찬양, 죄의 고백, 감사, 중보기도로 하나님께 말씀드릴 때 어떻게 말해야 하는지를 가르쳐 왔습니다. 매튜 헨리는 "성도들의 경건 생활에 이보다 더 도움이 되는 성경은 없으며 시편이 기록된 이후로 교회 역사의 모든 시대에 항상 그래왔다"라고 말합니다.[5] 하지만 시편은 우리의 기도서일 뿐만 아니라 무엇보다도 성령의 영감으로 주어진 하나님의 찬송가입니다. 이에 대해서는 사도 베드로가 다음과 같이 표현했습니다. "대주재여… 주의 종 우리 조상 다윗의 입을 통하여 성령으로 말씀하시기를"(행 4:24, 25). 데렉 키드너(Derek Kidner)와 J. G. 톰슨(Thomson)은 "초기부터 시편은 기독교 교회의 찬송가요 기도서였다"라고 말합니다.[6]

사도 시대 교회

E. F. 해리슨은 "시편찬송은 회당 예배의 한 부분으로 자연스럽게 교회 생활로 이어졌다"라고 말합니다.[7] 회당의 아침기도는 보통 시편 145-150편을 낭송하며 시작되었습니다. 초기 그리스도인들이 "한 마음으로" 목소리를 높이는 모습을 보는 것은 놀라운 일이 아닙니다(행 4:24). 이는 아마도 시편을 일제히 노래하거나 낭송했음을 나타내는 것 같습니다. 이런 모습은 즉흥적인 자유 기도가 아니었습니

---

5 Matthew Henry, *An Exposition of the Old and New Testament* (Philadelphia: Tavar & Hogan, 1829)에 있는 *the Book of Psalms*에 대한 서문.

6 Derek Kidner and J. G. Thomson, "Book of Psalms," in J. D. Douglas, et. al., *The New Bible Dictionary* (Leicester: InterVarsity Press, 1962), 1059.

7 Everett F. Harrison, *The Apostolic Church* (Grand Rapids: Eerdmans, 1985), 134.

다. 누가는 시편 146편 6절의 본문을 제공하는데, 이는 그들이 아마도 회당의 패턴을 따라 전체 시편, 혹은 일련의 시편들을 불렀음을 나타내는 것 같습니다. "그들이 듣고 한마음으로 하나님께 소리를 높여 이르되 대주재여 천지와 바다와 그 가운데 만물을 지은 이시오"(행 4:24).

그 후 신자들은 두 번째 시편인 시편 2편 1-2절을 불렀거나 읽었습니다. 이 구절의 표현을 보면 이전 시편과는 다른 소통 방식(즉, 읽기)을 나타내는 것 같습니다. "주의 종 다윗의 입을 통하여 성령으로 말씀하시기를 어찌하여 이방인들이 분노하며 족속들이 허사를 경영하였는고 세상의 군왕들이 나서며 관리들이 서로 모여 주와 그의 그리스도를 대적하도다 하신 이로소이다"(행 4:25-26).

시편 낭송 후에는 신자들이 처해 있던 당시 상황에 비추어 그 의미를 묵상했습니다. "과연 헤롯과 본디오 빌라도는 이방인과 이스라엘 백성과 합세하여 하나님께서 기름 부으신 거룩한 종 예수를 거슬러 하나님의 권능과 뜻대로 이루려고 예정하신 그것을 행하려고 이 성에 모였나이다"(행 4:27-28). 우리는 이 묵상이 정확히 어떻게 이루어졌는지 알지 못합니다. 설교나 기도, 혹은 토론을 통해서였을 수 있습니다. 하지만 휴즈 올드(Hughes Old)는 "단순히 말하자면, 본문이 나타내는 것은 기도 중에 성경 강해가 이루어지고 있다는 것이다"라고 말합니다.[8] 이 일상 기도 예배에서 신자들은 말씀을 노래했고, 읽

---

8 Hughes O. Old, "The Service of Daily Prayer in the Primitive Christian Church: A Study of Acts 4:23-31," unpublished paper, 1979.

었고, 설교하였습니다.

그리고 기도가 이어집니다. "주여 이제도 그들의 위협함을 굽어 보시옵고 또 종들로 하여금 담대히 하나님의 말씀을 전하게 하여 주시오며 손을 내밀어 병을 낫게 하시옵고 표적과 기사가 거룩한 종 예수의 이름으로 이루어지게 하옵소서 하더라 빌기를 다하매 모인 곳이 진동하더니"(행 4:29-31a). 그들은 보호와 도움, 담대함, 예수 이름의 영적 능력을 위해 기도합니다. 올드는 이것이 "일상 기도 예배 (prayer service)에 대한 꽤 철저한 묘사"라고 평가합니다.[9] 그는 또 이렇게 말합니다. "사도들이 드린 이 기도 예배는 회당의 기도 예배와 마찬가지로 세 가지 요소로 구성되어 있습니다. 시편찬송, 성경 구절, 간구와 중보기도입니다."[10] 또한 시편을 기독론적으로 해석하고 시편이 교회의 기도 생활을 형성하도록 하는 본능에 주목하십시오.

휴즈 올드가 관찰했듯이, "시편은 신약 교회 찬양의 핵심을 형성했습니다."[11] 사도 바울은 에베소와 골로새 교회 모두에게 시편을 부르라고 명령했으며(엡 5:19; 골 3:16) 고린도 교회의 그러한 관행에 대해 언급했습니다(고전 14:15, 26). 야고보는 그의 독자들(아마 전체 교회를 가리키는 것으로 보이는 "흩어져 있는 열두 지파"[약 1:1])에게 시편을 부르라고 지시했습니다(약 5:13). 신약성경은 놀라울 정도로 자주 시편을 인용합니다(예: 행 2:24-26; 히 1:5-13; 2:5-10, 12, 13; 3:7-4:7; 5:1-7). 이 사실은 이들

9　Hughes O. Old, *Themes and Variations for a Christian Doxology* (Grand Rapids: Eerdmans, 1992), 9.

10　Hughes O. Old, *Worship That Is Reformed According to Scripture* (Atlanta: John Knox Press, 1984), 145.

11　Ibid., 37.

이 시편의 기독론적 중요성과 경건적 중요성에 대하여 제대로 인식하고 있었다는 사실을 보여줍니다.[12] 메리 베리(Mary Berry)는 "초기부터 기독교 공동체는 회당의 관행을 따라 시편을 불렀다"라고 요약합니다.[13]

교부 시대 교회

교부들과 초기 기독교 저술들을 보면 그들이 시편, 특히 시편찬송에 대단히 헌신되어 있다는 사실을 알 수 있습니다.[14] 칼빈 스타퍼트(Calvin Stapert)는 교부들이 "열정을 다해 시편찬송을 장려했다"는 사실에 대해 말하면서, 시편을 찬송하는 관습이 "4세기에 이르러 전례를 찾아볼 수 없는 정도의 수준에 도달했다"라고 말합니다.[15] 제임스 맥키넌(James McKinnon)도 4세기 후반에 있었던 시편에 대한 "전례 없는

---

12 William L. Holladay에 따르면, 신약 성서에는 시편의 직접적인 인용이 55번 등장합니다. R. E. O. White는 또 다른 150개의 명확한 시편에 대한 암시와 200개의 더 미묘한 암시를 찾았다. William L. Holladay, *The Psalms through Three Thousand Years: Prayerbook of a Cloud of Witnesses* (Minneapolis: Fortress Press, 1993), 115; R. E. O. White, "Psalms," *in Evangelical Commentary on the Bible*, ed. Walter A. Elwell (Grand Rapids: Baker Book House, 1989), 373.

13 Mary Berry, "Psalmody" in *The New Westminster Dictionary of Liturgy and Worship*, ed. J. G. Davies (Philadelphia: Westminster Press, 1986), 450; 스타퍼트는 제임스 맥키넌(James McKinnon)의 작품인 "The Question of Psalmody"와 J. A. 스미스의 "The Ancient Synagogue, the Early Church and Singing"을 인용하면서 회당에서는 시편을 부르지 않았고 집에서 불렀으며 이를 통해 기독교인 가족들에게 전달되었고 마침내 공적인 예배에도 사용되었다고 주장한다.

14 Holladay, 162–65. 그는 제1클레멘트서(서기 96년경)가 32개의 시편에서 49번 인용한다고 지적한다. 바나바의 서신(서기 130년경)은 10개의 시편에서 12번 인용하며, 디다케(서기 2세기)는 3개의 시편에서 3번 인용된다. 반면, 이그나티우스(서기 98–117년경)와 폴리카르포스(서기 175–195년경)는 시편에 거의 언급하지 않는다. 유스티누스 순교자의 저술(서기 150년경)은 시편 인용이 매우 풍부하며, 예를 들어 "트리포와의 대화"에서는 24개의 시편에서 47번 인용된다. 이레니우스(서기 70–155/160년경)의 저작 역시 시편 인용이 빈번하다.

15 Calvin R. Stapert, *A New Song for an Old World: Musical Thought in the Early Church*, The Calvin Institute of Christian Worship Liturgical Studies (Grand Rapids: Eerdmans, 2007), 150.

열광의 물결"에 대해 말합니다.[16] 『기독교 예배에서의 시편(*The Psalms in Christian Worship*)』의 저자들과 가장 최근의 인물로는 존 위트블리트(Witvliet)을 포함한 다른 이들은 오늘날까지 전해지는 교부들의 시편 찬송에 대한 여러 증언들을 수집했습니다.[17] 예를 들어, 2세기의 터툴리안(Turtulian, c. 155–230)은 시편찬송이 그의 시대 예배의 필수적인 특징일 뿐만 아니라 사람들의 일상생활에서도 중요한 부분이 되었다고 증언했습니다. 아타나시우스(Athanasius, 300–343)는 그가 살던 시대에 이미 시편을 부르는 것이 관습으로 정착했다고 말하며, 시편을 "영혼의 거울"이라고 부릅니다.[18] 그는 또한 시편을 "인간의 모든 삶, 마음의 모든 상태와 생각의 모든 움직임을 포함하고 있는 책"이라고 말합니다.[19] 가이사랴의 주교 유세비우스(Eusebius, c. 260–c. 340)는 그의 시대에 이루어지던 시편찬송에 대해 다음과 같은 생생한 묘사를 남겼습니다. "모든 곳에 있는 모든 사람들은 주의 이름으로 시편을 노래하라는 명령을 지킵니다. 이 노래하라는 명령은 그리스인들뿐만 아니라 전 세계의 모든 나라들 사이에 존재하는 모든 교회들, 도시들, 마을들, 들판에서 실행되고 있습니다."[20] 대 바실(Basil the Great, c. 330–379)은 시편에 대한 그의 설교에서 "교리와 달콤한 선율을 섞은 조화로운

---

16 Paul Bradshaw, "From Word to Action: The Changing Role of Psalm- ody in Early Christianity," in *Like a Two-Edged Sword: The Word of God in Liturgy and History*, ed. Martin Dudley (Norwich: The Canterbury Press, 1995), 25에 인용.

17 John McNaughter, *The Psalms in Christian Worship* (1907; Edmonton: Still Water Revival Books, 1992); John D. Witvliet, *The Biblical Psalms in Christian Worship: A Brief Introduction and Guide to Resources* (Grand Rapids: Eerdmans, 2007), 3-10.

18 McNaughter, *The Psalms in Christian Worship*, 550.

19 Berry, "Psalmody," 451.

20 Ibid.

시편 곡조"에 대해 언급하며, 사람들은 이 시편을 교회에서뿐만 아니라 "가정에서" 그리고 "시장에서도" 부른다고 말합니다.[21] 어거스틴(Augustine, 343-430)도 자신의 「고백록」(ix.4)에서 "[시편은] 온 세상에서 불리고 있으며, 그 무엇도 이 시편찬송의 열기를 피할 수 없다"고 말합니다.[22]

제롬(Jerome, d. 420)은 어릴 때 시편을 배웠고 노년에도 매일 불렀다고 말했습니다. 그뿐만 아니라 그는 이렇게 적고 있습니다. "시편은 팔레스타인의 들판과 포도원에서 끊임없이 울렸다. 쟁기를 잡은 농부는 할렐루야를 노래했고, 수확하는 사람과 포도를 따는 사람과 양치기는 다윗의 시편 중 어떤 것을 노래했다. 꽃으로 물든 초원과 노래하는 새들의 애달픈 소리가 있는 곳에서, 시편 소리는 더욱 달콤하게 울렸다. 이 시편들은 우리의 사랑 노래(love-song)이며, 우리 농사의 도구이다."[23]

시도니우스 아폴리나리스(Sidonius Apollinaris, c. 431-c. 482)는 고대 프랑스의 강물을 따라 무거운 바지선을 끌어 올리며 일하던 뱃사공들이 "[강둑이 '할렐루야'로 울려 퍼질 때까지] 시편을 노래한다"고 전합니다. 콘스탄티노플의 저명한 그리스 교부이자 총대주교인 크리소스톰(Chrysostom, d. 407)은 이렇게 말합니다.

---

21 Witvliet, *Biblical Psalms,* 4, 5.
22 McNaughter, The Psalms in Christian Worship, 550.
23 Ibid., 504.

모든 그리스도인들은 구약이나 신약의 다른 어떤 부분보다 다윗의 시편
을 더 자주 사용한다. 성령의 은혜로 인해 시편은 밤낮으로 낭송되고 노
래되고 있다. 교회의 철야기도에서도 처음과 중간과 마지막은 다윗의
시편을 부른다. 그들은 아침에 다윗의 시편이 찾는다. 이렇게 다윗이 하
루의 처음과 중간과 마지막을 장식한다. 장례식에서도 처음과 중간과
마지막은 다윗이다. 글자를 모르는 많은 사람들이 다윗의 시편을 외우
고 있다. 여인들이 일하는 모든 개인 집에서도 수도원에서도 그리고 하
나님과 대화하는 사막에서조차 처음과 중간과 마지막은 다윗이다.[24]

그는 또 이렇게 말합니다. "도시와 교회에서뿐만 아니라 궁정과
수도원, 사막과 광야에서도 항상 그들의 입에는 다윗이 있다. 다윗은
모든 계층의 사람들과 모든 능력을 가진 사람들에게 알맞게 적용되
어 땅을 하늘로, 사람을 천사로 바꾸었다"(『회개에 대한 여섯 번째 설교(*Sixth
Homily on Repentance*)』).[25]

이와 같은 시편찬송에 대한 헌신과는 반대로, 이 시기 동안 "인간
이 지은" 찬송가에 대한 회의적인 시각이 점점 더 증가하였는데, 그
이유는 이단들이 이런 찬송을 사용하였기 때문이었습니다. 이런 이
유로 브라가 공의회(Council of Braga, AD 350)는 "구약과 신약의 시편과
찬송가(hymns)를 제외하고는 교회에서 시적인 성격을 가진 것을 부르

---

24 Ibid., 166, 504.
25 Ibid., 170.

지 말라"고 규정했습니다.[26] 주후 360년경에 열린 중요한 라오디게아 공의회는 "교회에서 영감받지 않은 찬송가를 부르는 것과 정경이 아닌 성경의 책(uncanonical books of Scripture)을 읽는 것"을 금지했습니다 (59조).[27] 물론 이런 결정이 에큐메니칼 공의회에 의한 결정은 아니었습니다. 하지만 거의 100년 후에 열렸던 것으로서 모든 공의회 중 가장 규모가 컸던 칼케돈 공의회(AD 451)는 이 라오디게아 규범들을 확증했습니다.

우리가 이러한 결정들을 인용하는 이유는 시편이 초기 교회의 가장 중요한 노래책(songbook)이었음이 분명하다는 사실을 강조하기 위해서입니다. 초기 교회의 예배는 "성경에 따른" 것이었고 따라서 성경적 찬양으로 가득 찼었습니다.

중세 시대

교부들의 시대에는 모든 사람이 시편찬송에 참여했던 것이 확실합니다.[28] 그러나 중세 시대에 이르러 회중 찬송은 쇠퇴했습니다. 휴즈 올드는 "수도사들이 점점 더 교회의 찬양을 담당하게 되었다"라고 지적합니다.[29] 수도원의 성가대(schola cantorum)가 일반 신자들의 자리를 차지했습니다. 그리고 시간이 지나면서 교회음악은 점점 더 정교

---

26 Ibid., 550; cf. Mary Berry, "Hymns," in *The New Westminster Dictionary of Liturgy and Worship* (Philadelphia: The Westminster Press, 1986), 262.

27 Ibid., 167; cf. Stapert, *A New Song*, 159.

28 Berry, "Psalmody," 451.

29 Old, *Worship*, 40; Westemeyer, *Te Deum*, 106-110.

해졌습니다. 곡조는 어려웠고 가사는 라틴어였습니다. 일반 사람들은 그것들을 노래할 수도, 이해할 수도 없었습니다.

그럼에도 불구하고 중세 수도회는 시편의 사용을 더욱더 강화하는 역할을 했습니다. 그들은 성 베네딕트의 규칙을 따라 매주 전체 시편을 낭송했습니다.[30] 메리 베리는 "시편찬송은 미사 음악에서도 핵심적인 요소였다"라고 상기시켜 줍니다.[31] 성가의 고유한 부분(교회력에 따라 변하는 예배의 부분들)에 사용된 대부분의 텍스트는 시편에서 가져왔습니다. 음악과 언어가 마을 교회나 시골 예배당에는 너무 동떨어졌음에도 불구하고 시편은 수도원과 대성당의 음악을 지배했습니다.[32]

종교개혁 시대

휴즈 올드가 입증했듯이, 종교개혁자들은 이러한 역사에 대해서 잘 알고 있었고 회중들이 시편을 부르는 방식을 회복하려 했습니다.[33] 그들은 우리가 이미 언급한 것과 같은 성경적, 교부적 증거에 호소했습니다. 예를 들어, 부처는 초기 교회 예배에 대한 플리니우스 2세의 보고를 인용했습니다. 칼빈은 교회 역사가들(예: 유세비우스, 소크라테스, 소조메누스)뿐만 아니라 교부들(예: 어거스틴, 바실리우스, 크리소스톰)

---

30 Stapert, *A New Song for an Old World*, 161; Berry, "Psalmody," 451.

31 Ibid.

32 Old, *Worship*, 42.

33 Old, *Patristic Roots*, 253-69.

을 인용했습니다. 종교개혁자들은 시편만을 배타적으로 찬송해야 한다고 주장하지는 않았지만, 올드의 말에 따르면 "시편과 성경에서 가져온 찬송에 대한 특별한 사랑"을 드러냈습니다.[34] 종교개혁자들은 원칙적으로 "인간이 지은" 찬송가를 절제하며 사용하는 것을 반대하지는 않았습니다. 오히려 회중이 시편을 찬송하는 것은 예배가 성경에 따라 수행되어야 한다는 그들의 일관된 관심으로 인하여 선호했던 사항이었습니다. 그들의 이상을 실현하기 위해서는 더 단순한 음악을 사용해야 하고 가사를 모국어로 번역하는 일도 필수적이었습니다. 새로운 시편찬송은 훈련된 수도원의 성가대가 아닌 회중을 위해 만들어질 것이었습니다.

회중이 시편을 불러야 한다고 처음 제안한 것은 루터였습니다. 루터는 그의 『미사 양식(*Formula missae*)』(1523)에서 여전히 라틴어로 진행되고 있던 미사에 독일어 찬송가를 사용하도록 명시했습니다. 게오르크 스팔라틴에게 보낸 편지에서 그는 모국어 시편찬송을 발전시키려는 계획을 설명했습니다. 그렇게 한 이유는 그가 추진했던 전체 개혁 프로그램의 전형적인 모습을 반영하였기 때문입니다. 곧 "하나님의 말씀이 음악의 형태로도 사람들 가운데 있게 하기 위해서였습니다."[35] 이런 이유로 루터는 "회중 찬송의 아버지"이자 "모국어 운율 시편의 발명자"라고 불릴 수 있습니다.[36] 사람들이 하나님의 말씀을

---

34 Ibid., 258.

35 Bartlett R. Butler, "Hymns," in *The Oxford Encyclopedia of the Reformation*, ed. Hans J. Hillerbrand (New York: Oxford University Press, 1996), 2: 290.

36 Ibid., 2:291; cf. Roland Bainton, *Here I Stand: A Life of Martin Luther* (New York: Abingdon Cokesbury Press, 1950), 344.

노래해야 한다는 개신교의 신념은 이 두 가지 형태, 곧 찬송가와 시편으로 표현되었습니다. 루터의 지도로 1524년에 최초의 개신교 찬송가집인 『영적 찬송가집(*Geistliche Gesangbuchlein*)』이 출판되었습니다.[37] 그로부터 1년이 채 지나지 않아 스트라스부르(Strasbourg)에서도 찬송가집이 출판되었고, 다른 남부 독일과 스위스 도시들도 이 예를 따랐습니다. 설교와 기도에서 일어난 개신교 혁명은 교회 노래에서 일어난 이 다른 중요한 예전적 혁명과 쌍벽을 이루었습니다. 루터의 시편 46편 "내 주는 강한 성이요"는 그가 쓴 작품의 한가지 예입니다. 마찬가지로 마틴 부처(Martin Bucer)는 개혁파 예배를 옹호하는 그의 기념비적인 저서 『근거와 원인(*Grund und Ursach*)』(1524)에서 "우리는 성경에 근거하지 않은 노래나 기도를 사용하지 않는다"라고 설명했습니다.[38]

더욱이 개혁파 개신교도들 사이에서는 시편(psalms) 전체와 시편찬송집(psalter) 전체를 노래해야 했습니다. 왜 노래해야 했을까요? 시편이 노래하도록 쓰였기 때문입니다. 그것도 문맥 안에서 노래하도록 말입니다. 종교개혁자들이 인용한 성경 구절들, 이 장에서 이미 언급한 것과 같은 구절들은 초대 교회가 시편을 노래했고 신약이 그것을 노래하라고 명령했음을 보여줍니다. 이 사실은 앞서 이 장에서 인용한 초대 교회 교부들의 증언에 의해 더욱 강화되었습니다. 시편은 단순히 낭송할 시를 모아 놓은 모음집이 아닙니다. 시편은 노래이며,

---

37 Jeremy S. Begbie, *Resounding Truth: Christian Wisdom in the World of Music* (Grand Rapids: Baker Academic, 2007), 104.

38 Martin Bucer, *Grund und Ursach*. 본문은 O. F. Cypris, *Basic Principles: Translation and Commentary of Martin Bucer's Grund und Ursach,* 1524 (Dissertation: Union Theological Seminary of New York, 1971), 208 안에 포함되어 있음.

각각 완전하고 고유한 특성을 가진 노래로서 불려야 합니다. 폴 웨스터마이어(Paul Westermeyer)는 "시편을 그냥 말하는 것도 가능하지만, 시편은 자신을 노래해 달라고 소리친다"라고 말합니다.[39] 시편은 그 자체로 음미할 가치가 있습니다. C. S. 루이스는 "시편은 시이며, 노래하도록 의도된 시"라고 덧붙입니다.[40]

칼빈은 그의 『시편집 서문(Preface to the Psalter)』(1543)에서 종교개혁자들이 시편에 대해 가졌던 특별한 사랑을 더 자세히 설명합니다. 그는 시편이 성령의 노래라고 주장했습니다.

> 성 아우구스티누스가 말한 바와 같이, 하나님으로부터 받지 않고서는 아무도 하나님께 합당한 것들을 노래할 수 없다. 그러므로 우리가 철저히 살펴보고 여기저기 찾아보아도, 우리는 다윗의 시편보다 더 나은 노래나 더 적합한 노래를 찾지 못할 것이다. 성령께서 그를 통해 말씀하시고 만드셨다. 더욱이 우리가 시편을 부를 때, 우리는 하나님께서 친히 우리 안에서 노래하시어 그분의 영광을 높이시는 것처럼 이것들을 우리 입에 넣으신다는 확신을 갖게 된다.[41]

---

39 Westermeyer, 25.

40 C. S. Lewis, *Reflections on the Psalms* (London: Geoffrey Bless, 1958), 2. 시편은 단순히 읽기 위해서가 아니라 노래하기 위해 작성되었다. 이를 노래하는 것은 하나님께서 우리에게 주신 본래의 의도를 기리는 행위이다(Lawrence C. Roff, *Let Us Sing* [Atlanta: Great Commission Publica- tions, 1991], 65).

41 Calvin, *Preface to the Psalter*, 1543. "Les Pseaumes mis en rime francoise par Clément Marot et Théodore de Béze. Mis en musique a quatre parties per Claude Goudimel. Par les héritiers de Francois Jacqui"(1565)의 복사본에서 가져 왔다. 이 작품은 Pierre Pidoux가 로잔 대성당 콘서트 협회(La Société des Concerts de la Cathédrale de Lausanne)의 후원으로 출판되었고 프랑스어로 편집되었으며, 콘라드 아멜른(Konrad Ameln)은 이 작품을 독일어로 출판하였다(Kassel: Baeroenreiter-Verlag, 1935). http://www.fpcr.org/blue_banner_articles/calvinps.htm (accessed August 3, 2010).

존 위트블리트(John D. Witvliet)는 종교개혁 시대에 불렀던 시편찬송의 두드러진 특징 중 하나가 "중세 미사에서 사용된 짧은 구절 (versicles) 대신 개별 시편의 전체 또는 큰 부분을 노래하는 것"이었다고 지적합니다.[42] 종교개혁자들은 그들의 시대에서 수년간 실질적으로 사용된 유일한 것이었던 "짧은 구절들" 또는 시편의 단편들 (fragments)에 만족하지 않았을 것입니다. 이는 지난 세기 장로교 찬송가집들(예: 『장로교 찬송가(The Prebyterian Hymnal) [1933]』, 『찬송가(The Hymn Book) [1955]』, 『삼위일체 찬송가(Trinity Hymnal) [1961, 1980]』)에서 발견되는 부분적인 시편 모음(65-80개의 시편 설정)과 휴즈 올드가 "너무 까다롭다"고 부르는 것으로서 그 찬송집들의 편찬자들이 그 속에 포함된 시편을 지나치게 깔끔하게 편집한 것에도 해당될 것입니다. 이 편찬자들은 "다윗의 보물을 정리하려는 노력을 하는 가운데 지나치게 멀리 가버렸습니다."[43] 또한 종교개혁자들은 특정 시편 구절들을 분리하여 "성경 노래(Scriopture songs)"로 부르는 관행에도 만족하지 않았을 것입니다. 시편을 노래한다는 것은 시편집을 노래하는 것입니다. 각 시편은 고유한 주제적 완전성을 가지고 있습니다. 시편집 전체는 신학적, 기독론적, 경험적 완전성이라는 특징을 가지고 있습니다. 성령께서는 시편집을 주실 때, 각 시편들이 모였을 때 강력한 힘을 발

---

42 John D. Witvliet, "The Spirituality of the Psalter: Metrical Psalms in Liturgy and Life in Calvin's Geneva," *Calvin Theological Journal*, 32 (1997): 296; John D. Witvliet, *Worship Seeking Understanding: Windows into Christian Practice* (Grand Rapids: Baker Academic, 2003), 203-229에도 나와 있다. 228을 보라.

43 Hughes O. Old, "The Psalms as Christian Prayer: A Preface to the Liturgical Use of the Psalter," 미출판 원고 1978, 18.

휘하는 완전한 모음집으로 주셨습니다. 애가(laments)가 찬양과 분리
되지 않고, 저주의 시가 죄의 고백과 분리되지 않으며, 이 모두가 함
께 있습니다. 전체 그리스도에 대한 전체 복음이 전체 시편집 안에서
발견됩니다. 따라서 종교개혁자들은 예전 개혁(liturgical reform)의 시작
으로서 노래를 부르기 위한 시편 모음집부터 만들었던 것입니다. 루
터가 95개 조 논제를 게시한 지 불과 8년 후인 1525년에 발간된『스
트라스부르 독일어 예배서(Strasbourg German Service)』에는 운율 시편 모음
이 포함되어 있었습니다. 이 시편 모음에서 숫자가 더 증보된 것이
1526년의『스트라스부르 시편집(Strasbourg Psalter)』과 이것의 후속판(1530,
1537)입니다. 휴즈 올드가 "개혁파 예전 역사에서 가장 중요한 기념
물 중 하나"라고 부르는 1540년의『콘스탄츠 찬송가집(Constance Hymn
Book)』에는 츠빙글리, 레오 유드(Leo Jud), 루터, 볼프강 카피토(Wolfgang
Capito), 볼프강 무스쿨루스(Wolfgang Musculus) 등의 찬송가가 포함되어
있었습니다.[44] 그러나 이 시편 모음집의 절반은 운율 시편이었습니
다.

제네바 시편찬송은 1539년의『프랑스 복음 시편집(French Evanglical
Psalm Book)』으로 시작되어 1542년의『제네바 시편찬송집(Geneva Psalter)』
으로 발전했고, 마침내 1562년의『제네바 시편찬송집(Geneva Psalter)』에
이르러 150편의 시편 전체를 노래용으로 운율화하고 대부분의 시편
에 구별되는 고유한 곡조를 붙인 완전한 시편집이 되었습니다.

시편을 노래하는 것은 개혁파 개신교회의 가장 분명한 특징 중 하

---

44 Old, *Worship*, 44.

나가 되었습니다. 제네바 시편은 스페인어, 네덜란드어, 독일어, 영어를 포함하여 총 24개 언어로 번역되었습니다. 영어판은 잉글랜드 국교회와 스코틀랜드 교회에서 모두 발전하고 진화했습니다. 제네바에 대규모로 유입된 프랑스 난민들도 즉시 시편찬송을 받아들였습니다. 이전 세대의 주요 찬송학자인 루이스 벤슨(Lewis F. Benson)은 1909년 『장로교 역사 협회지(Journal of the Presbyterian Historical Society)』에 "존 칼빈과 개혁교회들의 시편찬송(John Calvin and the Psalmody of the Reformed Churches)"이라는 제목의 학술 논문 시리즈를 썼습니다.[45] 이 논문들에서 그는 프랑스 망명자들이 『제네바 시편집』을 처음 접했을 때 이것이 그들에게 끼친 영향에 대해서 논의했습니다. "성 베드로 성당에 모인 큰 회중들이 작은 시편 책을 손에 들고, 익숙한 프랑스어로 하나님을 찬양하는 큰 목소리, 거룩한 말씀을 전하는 엄숙한 멜로디, 노래하는 사람들의 열정과 영적 고양 등, 이 모든 것이 시편을 처음 접한 프랑스 망명자들의 감정을 깊이 움직였습니다."[46]

이 난민들이 프랑스로 드나들면서, 제네바에서 배운 시편에 대한 사랑도 함께 프랑스로 가져갔습니다. 1553년에는 프랑스의 모든 개신교회는 『제네바 시편(Geneva Psalms)』을 불렀습니다. 그리고 1559년에 이르러 시편은 프랑스 개혁파 교회의 공식 "찬송가집"이 되었습니다.[47] 벤슨에 따르면, 이 시편들은 "프랑스에 제네바 교리를 퍼뜨리

---

45 Louis F. Benson, "John Calvin and the Psalmody of the Reformed Churches," *Journal of the Presbyterian Historical Society*, 5, 1 (March 1909): 1-21; 5, 2 (June 1909): 55-87; 5, 3 (September 1909), 107-118.

46 Ibid., 57.

47 Ibid., 67.

는 데 큰 역할을 했습니다."[48] 1562년에 첫 완전판이 출판되었을 때, 그것은 즉시 소비되어 출판 첫해에 25판을 찍었습니다.[49] 시편에 대한 열렬한 헌신의 시기 동안, 프랑스 교회는 놀라운 속도로 성장했습니다. 1555년에는 프랑스에 5개의 지하 교회가 있었습니다. 1559년이 되었을 때 그 수는 100개 이상으로 급증했습니다. 1562년까지는 프랑스에 약 2,150개의 교회가 설립되었고 약 3백만 명이 예배에 참석한 것으로 추정됩니다.[50] 위트블리트는 "운율 시편찬송이 종교개혁의 주역이었다"고 주장합니다.[51] 미리암 크리스만(Miriam Chrisman)에 따르면 시편찬송은 개혁파 경건을 대중화했고, "평신도들에게 성경을 열어주었습니다."[52] 위트블리트는 설교와 교리문답과 함께 시편찬송이 "영적 형성의 주요 수단"이 되었다고 말합니다.[53]

1562년 『제네바 시편』이 완성되었는데, 이는 하나님께서 프랑스 개신교도들을 향해 베푸신 섭리에 따라 공급되던 것이었습니다. 왜냐하면 로마와 프랑스 왕실과의 화해 시도가 실패하고 그 해에 내전이 발발했기 때문입니다. 벤슨은 이렇게 말합니다. "그들은 그 안에서 사막의 우물을 발견했다. 그들은 이 우물에서 박해, 때에는 위로

---

48 Ibid., 69.

49 Ibid., 71. 1563년에 15판, 1564년에 11판, 1565년에 13판이 출간되어, 출판 후 첫 4년 동안 총 64판이 발행되었다. 위트블리트는(Witvliet)는 급속히 판매된 이 시편집을 '그때까지 출판된 것 중 가장 거대한 사업'이라고 묘사한 것을 긍정적으로 인용한다(274).

50 Frank A. James, III, "Calvin the Evangelist" in *RTS: Reformed Quarterly, fall* 2001, 8; ed. W. Sanford Reid, *John Calvin: His Influence in the Western World* (Grand Rapids: Zondervan Publishing House, 1982), 77.

51 Witvliet, "Spirituality of the Psalter," 296.

52 Witvliet, "Spirituality of the Psalter," 297에 인용됨.

53 Witvliet, "Spirituality of the Psalter," 296.

를, 그들의 신앙의 대적들에 대항하여서는 용감하게 저항할 힘을 펴올렸고, 하나님이 그들을 위해 싸우고 계시다는 확신과 함께 (덧붙이자면) 그들의 적들에 대한 복수도 있을 것이라는 확신을 얻었다."[54] 벤슨에 따르면, 프랑스 개신교도로 알려진 위그노들에게 "시편을 아는 것은 기본적인 의무"가 되었습니다.[55] 시편을 노래하는 일에는 강력한 매력이 있었기에 "시편찬송은 일상생활의 한 부분이 되었고 공예배의 한 부분이" 되었습니다.[56] 사람들은 가정에서의 가족들, 직장이나 일상적인 일에 종사하는 남녀들이 시편을 노래하는 소리를 우연히 들었기 때문에 그들을 프랑스 개신교도로 인식하게 되었습니다. "시편찬송집은 그들에게 영적 생활의 안내서가 되었습니다."[57] 더욱이 벤슨은 "시편찬송집이 가진 특징은 위그노들의 특징 속에 깊이 새겨졌고, 위그노가 현재의 모습을 갖도록 하는데 큰 역할을 했다"고 말합니다.[58] 위그노들에게 있어서 "자신이 믿는 원칙을 위해 싸우고 고난을 받으라는 부름을 받았을 때, 시편을 노래하는 습관은 하나님께서 그들을 준비시키기 위한 섭리의 결과였습니다."[59] 벤슨은 이에 대해서 다음과 같이 자세히 설명합니다. "시편은 조용하고 고독한 시간에 그에게 확신과 힘을 주었고, 압제로부터는 피난처가 되었다. 종교 전쟁에서 시편은 개신교 진영의 노래요, 행진을 위한 노래가 되었

---

54 Benson, "John Calvin and Psalmody," 77, 78.
55 Ibid., 73.
56 Ibid.
57 Ibid.
58 Ibid.
59 Ibid.

고, 전장에서는 영감이 되었고, 순교자의 화형 기둥에서는 죽음에 대한 위로가 되었다. 프랑스 종교개혁의 역사를 기술하면서 시편찬송에 큰 공을 돌리지 않고 기술하는 것은 불가능하다."[60]

스코틀랜드 장로교도들에 대해서도 이와 비슷하게 말할 수 있습니다. 1550년대 후반 존 녹스(John Knox)와 대륙에 망명했던 다른 개신교 난민들이 스코틀랜드로 돌아왔을 때, 그들은 『제네바 시편찬송집』에 상응하는 영어 시편집을 만들고자 하는 열정도 함께 가지고 왔습니다. 그 결과 1564년, 다음으로 1635년, 그리고 마지막으로 1650년에 각각 『스코틀랜드 시편찬송집(Scottish Psalter)』이 발간되었습니다. 이 중 마지막 것이 스코틀랜드인들의 표준 시편찬송집이 되었고 밀러 패트릭(Millar Patrick)이 그의 『스코틀랜드 시편찬송 4세기(Four Centuries of Scottish Psalmody)』에서 말한 대로 이 시편찬송집은 "곧바로 일반 성도들의 사랑을 받았습니다."[61] 그는 이 시편찬송집을 "하늘이 내린 선물"이라고 말했습니다. 또한 이 시편찬송집은 학살의 시대(Killing Time, 1668-88)라는 엄청난 고통의 시기가 오기 몇 년 전에 출판되었는데, 그때 이미 "그것은 사람들의 마음속에 자리를 잡았고, 그 구절들이 그들의 기억 속에 깊이 새겨져 있어서 그들은 그들의 감정을 이 주어진 언어로 표현하였습니다. 이것이 바로 우리가 이 위대한 시기에 그들의 입술에서 발견하는 것입니다."[62] 그가 말한 것에 주목하십시오. 그들이 자신들의 경험을 해석하고 표현하는 데 사용한 언어는 그들

60 Ibid.
61 Millar Patrick, *Four Centuries of Scottish Psalmody* (London: Oxford University Press, 1949), 115.
62 Ibid.

이 노래한 시편의 언어였습니다. 패트릭은 계속해서 이렇게 말합니다. "당신은 시편찬송집이 그들에게 어떤 의미였을지 상상할 수 있다. 그 당시에는 책이 거의 없었다. 그러므로 성경이 그들에게 첫 번째였다. 그리고 시편집이 그 다음으로 존중받았다. 시편찬송집은 그들의 변함없는 동반자였고, 개인 경건의 책이자 교회 예배의 지침서였다. 경건한 가정에서는 가정 예배에서 시편집을 통독하는 것이 관습이었다."[63]

그는 그들의 시편에 대해서 이렇게 말합니다. 그들은 "불안과 위험의 시간에 그들의 영혼을 지탱하기 위해" 시편으로 돌아갔고, 시편에서 "힘과 위로의 언어를 끌어냈습니다."[64] 그는 계속해서 말하기를 "그들이 시편에서 그 어둡고 잔인한 세월을 견디게 한 신앙, 인내, 용기, 희망의 목소리를 찾았다"고 합니다.[65] 또한 스코틀랜드 운율 시편에 대해서도 그는 이렇게 말합니다. "시편은 순교자들의 피로 얼룩져 있다. 그들은 양심에 충실하고 조국의 자유를 패배로부터 구하기 위해 고난과 희생으로 자신들의 생명을 아끼지 않았다."[66]

시편을 노래하는 것은 회중교회와 침례교회를 포함한 모든 개혁파 개신교회의 "힘과 위로"의 중요한 부분이었으며, 300년 동안이나 지속되었습니다. 1540년에 네덜란드인들 사이에서 초기 운율 시편 모음집이 출판되었습니다. 1568년 페터 다테누스(Peter Dathenus, c.

---

63   Ibid.
64   Ibid.
65   Ibid.
66   Ibid., 116.

1531-1588)는 프랑스어 시편집을 네덜란드어 번역한 것을 출판했는데, 버틀러의 설명에 따르면 "제네바 가사와 멜로디를 신중하게 본떠 만들어졌고, 다음 두 세기 동안 네덜란드 개신교의 공식적인 칼빈주의 찬송집이 되었습니다."[67] 마찬가지로, 암브로시우스 롭바서(Ambrosius Lobwasser, 1515-1585)의 작품인 독일어판『제네바 시편찬송집』이 1573년에 출판되었습니다. 그 결과 오늘날에도 제네바 시편은 프랑스, 스위스, 네덜란드 개혁교회 찬송의 핵심을 이루고 있습니다.

미국의 개혁교회와 장로교회들은 청교도 시대부터 잭슨 대통령의 시대까지 거의 200년 동안 전적으로 시편만 불렀으며, 이는 회중교회와 침례교회도 마찬가지였습니다. 북미에서 출판된 첫 번째 책은 바로 시편집이었습니다. 엄청난 인기를 얻은『베이 시편집(Bay Psalm Book)』(1640)은 미국 청교도주의의 찬송가집이었으며, 1773년에는 70판까지 거듭 인쇄되었습니다.[68] 하지만 결과적으로 스코틀랜드-아일랜드 이민자들이 선호한『스코틀랜드 시편찬송집』(1650)이『베이 시편집』의 인기를 능가하게 되었는데, 이는 또 다른 시편집이라고 불리는 아이작 와츠(Isaac Watts)의『모방된 다윗의 시편(The Psalms of David Imitated)』(1719)에 의해서였습니다.[69] 아이러니하게도 와츠의 찬송가와 시편을 의역한 찬송은 개신교 공예배에서 찬송가(hymns)가 받아들여지게 된 주요 수단이 되었지만, 18세기와 19세기 초반 당시에는 상

---

67 Butler, "Hymns" in the Oxford Encyclopedia of the Reformation, 2: 294.

68 *The Bay Psalm Book: Being a Facsimile Reprint of the First Edition in 1640, with an introduction by Wilberforce Eames* (New York: Dodd, Mead & Company, 1903), *ix.*

69 Ibid. 뉴 잉글랜드 교회는 1750년대에 와츠의 찬송으로 바꾸는 투표를 시행했다.

당한 논란이 있었습니다. 그럼에도 불구하고, 19세기 중반이 되자 대중적인 사용에 있어서 찬송가가 시편을 앞지르기 시작했습니다.[70]

장로교인들, 회중교인들, 침례교인들 외에도 성공회와 감독교회는 처음 스턴홀드와 홉킨스의 『구판(*Old Version*)』(1547, 1557)으로, 그리고 그 다음으로 테이트와 브래디의 『신판(*New Version*)』(1696, 1698)을 통해 시편만을 노래한 지 300년이라는 역사를 자랑합니다. 1861년 『고대 및 현대 찬송가(*Hymns Ancient and Modern*)』라는 찬송집이 출판되기 전까지는 찬송가는 성공회의 예전에 들어가지 못했습니다.

B. R. 버틀러(Butler)는 "칼빈주의 시편찬송의 놀라운 성공"에 대해 말하며, 특히 사람들에게 미친 영향에 대해 이렇게 말합니다. "신실한 자들에게 그것은 그들이 노래할 특권을 가진 하나님의 말씀이었고, 또한 그것은 그들의 가장 깊은 인간적 필요와 열망에 대해 말했다. 시편은 그들의 정체성을 보여주는 표지가 되었고, 프랑스, 저지대 국가들, 독일의 많은 지역, 그리고 다른 곳에서 권력이나 생존을 위해 투쟁하는 하나님의 백성의 깃발이 되었다."[71]

---

70 Louis F. Benson, *The English Hymn: Its Development and Use in Worship* (London: Hodder & Stoughton, 1915), 161-218.

71 Butler, "Hymns," in *the Oxford Encyclopedia of the Reformation*, 2: 297.

쇠퇴

미국 개신교에서 찬송가가 운율 시편을 대체하는 과정은 점진적으로 진행되었습니다. 1620년부터 1800년까지는 운율 시편찬송이 미국 교회 현장을 지배했습니다. 청교도 조상들은 『에인스워스 시편찬송집(*Ainsworth Psalter*)』을 가지고 미국에 도착했는데, 우리가 언급했듯이 이 시편찬송집은 미국 청교도주의의 시편집인 『베이 시편집』(1640)에 자리를 내주었습니다. 장로교인들은 1650년의 『스코틀랜드 시편집』을 가지고 노래했고, 성공회 교인들은 『스테인홀드와 홉킨스』(1562) 또는 테이트와 브래디의 『신판』(1696)으로 노래했습니다. 1750년대에 뉴잉글랜드와 그 너머의 교회들은 와츠의 『의역(*Paraphrases*)』(1719)을 채택하기 시작했는데, 그의 찬송가와 함께 이 시편찬송집의 인기는 억제할 수 없었습니다.

1800년까지 공예배에 찬송가를 포함시키는 것에 대한 논쟁은 대부분 보는 관점에 따라 싸워서 이기거나 졌습니다. 이후 65년 동안 찬송가집들에는 시편과 찬송가가 모두 포함되어 있었으며, 일반적으로 시편으로 구성된 큰 섹션으로 시작되었습니다. 예를 들어, 1843년 신학파(New School) 장로교 찬송가집인 『교회 시편찬송자(*Church Psalmist*)』와 1843년 구학파(Old School) 찬송가집인 『시편과 찬송가(*Psalms and Hymns*)』는 모두 150편의 시편 전체의 여러 다양한 버전으로 시작하며, 이는 『교회 시편찬송자』의 40%, 『시편과 찬송가』의 50% 이상을 차지했습니다.[72] 시편과 찬송가의 구별은 분명히 유지되었습니다. 1863년에도 신학파 총회는 "배열에 있어서 하나님의 영감을 받은 경건의 노래와 인간의 영감을 받은 노래 사이의 구별을 지우는" 찬송가집을 승인하지 않았습니다.[73] 그러나 1866년 『장로교회 찬송가(Hymnal of the Presbyterian Church)』의 출판과 함께 이 구별은 사라졌고, 시편도 거의 사라졌으며, 그 시편들을 추적할 성경 색인조차 없어졌습니다.[74] 1866년에 발간된 책은 북부에서 신학파와 구학파가 재결합한 이후 발간된 첫 번째 찬송가집인 1874년 판 『장로교 찬송가(The Presbyterian Hymnal)』에 의해 대체되었습니다. 다시 한번, 여기서도 시편을 발견할 수 없었습니다. 주의 깊게 찾아보면 몇 개를 찾을 수 있겠지만, 그것들은 잘 숨겨져 있고 거의 식별되지 않았습니다.[75] 1895년 찬송가와 1911년 개정판에도 마찬가지였는데, 여전히 시편을 찾을 수 있는 성경 색인은 없었습니다.[76] 남장로교인들(The Southern Presbyterians)은 1901년에 『새 시편과 찬송가(The New Psalms and Hymns)』를 출판했는데, 상당한 수의 시편 선집이 포함되어 있었지만, 시편찬송은 흩어져 있고 잘 식별되지 않았습니다.[77] 이는 벤슨의 관찰대로 "이름만 시편과 찬

---

72 *Church Psalmist; or Psalms and Hymns for the Public, Social and Private Use of Evangelical Christians*, 5th ed. (New York: Mark H. Newman, 1845); *Psalms and Hymns Adapted to Social, Private, and Public Worship in the Presbyterian Church in the United States of America* (Philadelphia: Presbyterian Board of Publications, 1843).

73 Benson, *English Hymns*, 386, n.69.

74 *Hymnal of the Presbyterian Church Ordered by the General Assembly* (Philadelphia: Board of Education, 1866).

75 *The Presbyterian Hymnal* (Philadelphia: Presbyterian Board of Publication and Sabbath School Work, 1874).

76 *The Hymnal* (Philadelphia: The Presbyterian Board of Publications & Sabbath School Work, 1911).

77 *The New Psalms and Hymns* (Richmond: Presbyterian Committee of Publications, 1901).

송가"였던 것입니다.[78] 1927년 남장로교회(Southern Church)의 『장로교
찬송가(*The Presbyterian Hymnal*)』가 나올 때쯤에는 시편이 완전히 사라졌습
니다.[79] 이 찬송가집에도 시편을 추적할 수 있는 성경 색인이 없었고,
심지어 의무적이라고 할 수 있었던 "온 땅의 백성들아(All People That
on Earth Do Dwell)"(시 100편)도 빠져 있었습니다. 1933년 북장로교회(The
Northern Church)의 『찬송가(*The Hymnal*)』에는 시편 100편과 23편이 있었
지만, 그 외에는 거의 없었고, 역시 성경 색인은 없었습니다.[80] 주류
교회에서 시편찬송을 사용하는 사람들의 숫자는 최저점에 도달했습
니다. 20세기에 시편찬송을 유지하는 일은 더 작은 개혁교회와 장로
교 교단들에게 맡겨졌습니다. 연합장로교회(UP), 조합개혁장로교회
(ARP), 북미개혁장로교회(RPCNA), 컴벌랜드장로교회(CPC)가 운율 시
편을 지속적으로 사용하여 찬송했습니다.

회중교회와 침례교회의 상황도 이와 비슷했습니다. 코네티컷
협회(The Connecticut Association)는 예일 대학 총장인 티모시 드와이트
(Timothy Dwight)에게 와츠의 시편을 개정하고 완성하도록 의뢰했고,
여기에 263개의 찬송가 모음을 추가하여 1801년에 『다윗의 시편(*The
Psalms of David*)』으로 출판했습니다. 드와이트의 작품과 사무엘 워체스
터(Samuel Worcester)의 1819년 판 『시편과 찬송가(*Psalms and Hymns*)』(1823년
과 1834년에 개정되고 자주 재인쇄됨)는 "와츠와 선집(Watts and Select)"으로 친
숙하게 알려져 있으며, 남북 전쟁 시대까지 와츠의 시편찬송과 찬송

---

78 Benson, *English Hymns*, 256.

79 *The Presbyterian Hymnal* (Richmond: Presbyterian Committee of Publications, 1927).

80 *The Hymnal* (Philadelphia: Presbyterian Board of Education, 1933).

가의 우위를 공고히 했습니다.[81] 그 이후 시편은 회중 찬송가집에서 빠르게 사라졌습니다. 예일 대학의 시드니 알스트롬이 말하듯이, 실제로 남북전쟁 이후 복음성가 전통의 출현과 함께, 이 새로운 찬송가는 "아이작 와츠의 많은 부분"과 더불어 "더 오래된 개혁파 '시편'을 사람들이 사용하지 않게 하고 잊도록 만들었습니다."[82]

이와 같이 19세기 후반에 시편찬송은 전례가 없이 쇠퇴하였습니다. 우리가 보았듯이, 시편은 교부 시대부터 시작하여 중세 전체, 종교개혁과 종교개혁 이후 시대, 그리고 근대 초기에 이르기까지 교회에서 지배적으로 불렸던 노래였습니다. 결국 20세기 초에 이르러, 교회는 1800년 이상 찬양을 표현해 왔던 목소리를 잃어버린 것입니다.

부흥

우리 시대에 시편찬송이 부활하는 것을 기대할 수 있을까요? 운율 시편찬송은 고전적 찬송가와 복음 성가뿐만 아니라 성경 구절 노래와 찬양 밴드와 더욱 치열하게 경쟁해야만 하는 형편입니다. 하지만 몇 가지 희망적인 징후들도 있습니다. 우리는 먼저 소규모의 개혁교회들에 주목해야 합니다. 19세기에 여전히 시편만 부르는 교단이었던 연합장로교회는 1871년 『시편집(Book of Psalms)』을 출판하며 하향세를 역전시키려 노력했습니다. 제 생각에는 이 노력이 영어권 세

---

81 Benson, *English Hymns*, 161-68; 373-75; 388-89를 보라.

82 Sydney Ahlstrom, *A Religious History of the American People* (New Haven and London: Yale University Press, 1972), 846.

계에서 시편찬송이 발전하는 데 공헌을 했습니다. 이전에 볼 수 없었던 훨씬 더 다양한 운율을 제공했기 때문입니다. 이는 1912년 발행된 『시편찬송집(The Psalter)』의 기초를 제공했는데, 이 시편찬송집은 대체로 1871년에 발간된 책과 비슷했지만, 미국과 캐나다의 장로교-개혁파 계열 9개 교회가 협력하여 만든 작품이었습니다. 그들은 50년간의 쇠퇴 후에 다시 시편을 노래하는 가치를 재발견하기 시작했던 것입니다. 자유개혁교회(FRCNA), 유산개혁교회(HRC), 개신개혁교회(PRC), 네덜란드개혁교회(NRC) 등 몇몇 개혁파 교단들은 오늘날도 여전히 1912년판 『시편집』을 사용하고 있으며, 많은 독립교회들도 마찬가지입니다.[83] 1912년판 『시편집』의 여러 가사들이 1955년 『찬송가집(Hymnbook)』에도 실렸는데, 이는 미국장로교회(PCUS), 미국장로교회(PCUSA), 연합장로교회(UP), 조합개혁장로교회(ARP), 미국개혁교회(RCA)의 협력 작품이었습니다. 비슷한 수의 시편이 1961년 정통장로교회(OPC)의 『트리니티 찬송가(Trinity Hymnal)』에서도 발견됩니다.[84] 시편찬송의 부흥이 한창 진행되고 있었습니다. 이 두 출판물은 시편을 시편으로 명확히 식별했고 그것들을 찾는 데 도움이 되는 색인을 제공했지만, 시편들은 여전히 찬송집 전체에 흩어져 있었습니다. 『찬송가집』의 편집자들은 "다섯 교단의 특성이 서로 얽혀 있어 운율로 된 많은 시편들을 포함하게 되었다"고 자랑했으며, 이는 "제네바와 스코

---

83 *The Psalter* (Grand Rapids: Reformation Heritage Books, 1999.)

84 *The Hymnbook* (Richmond, Philadelphia, New York: PCUSA, UPCUSA, RCA, 1955); *Trinity Hymnal* (Philadelphia: The Committee on Christian Education, Inc., The Orthodox Presbyterian Church, 1961).

틀랜드 전통의 위대한 힘의 원천 중 하나를 행복하게 회복한 것"이라고 설명했습니다.[85] 다음 세대의 찬송가집인 기독교개혁교회(CRC)의 『시편찬송가(*Psalter Hymnal*)』(1987)[86]와 미국장로교회(PCUSA, 재통합된 북부와 남부 주류 교회들)의 『찬송가, 시편, 신령한 노래들(*Hymns, Psalms, and Spiritual Songs*)』(1990)[87]은 시편을 다시 고유한 섹션으로 복원했고 150편 전체(CRC)나 거의 전체(PCUSA)의 선집을 제공했습니다. 개정된 『트리니티 찬송가(*Trinity Hymnal*)』(1990)[88]는 시편을 별도의 섹션에 배치하지 않고 제공하는 시편 선집을 확대했습니다. 한편, 북미개혁장로교회(RPCNA)는 『시편찬송집(*Book of Psalms for Singing*)』(1973)[89]을 출판했는데, 이는 주로 스코틀랜드와 제네바 전통, 그리고 1912년 『시편찬송집』의 선집들을 혼합한 것이었습니다. 『트리니티 시편찬송집(*Trinity Psalter*)』(1994)은 이 작품을 찬송가를 사용하는 교회들을 위해 작은 책자로 압축했습니다.[90] 이 책은 출판 이후 4만 부가 판매되었습니다. 캐나다와 미국의 개혁 교회들은 『찬양의 책: 앵글로-제네바 시편찬송집(*Book of Praise: Anglo-Genevan Psalter*)』으로 제네바 전통을 유지하고 있습니다. 이는 1972년에 처음 출판되었으며, 16세기 제네바 곡조로 부를 수 있는 영어 운율 버전의 시편을 처음으로 제공했다는 점에서 중요합니다.[91]

---

85 *The Hymnbook*, 5.
86 *Psalter Hymnal* (Grand Rapids, Michigan: CRC Publications, 1987).
87 *Hymns, Psalms, and Spiritual Songs* (Louisville, Ky.: Westminster/John Knox Press, 1990).
88 *Trinity Hymnal* (Norcross, Ga.: Great Commission Publications, Inc., 1990).
89 *Book of Psalms for Singing* (Pittsburgh, Penn.: The Board of Education and Publication, Reformed Presbyterian Church of North America, 1973).
90 *Trinity Psalter* (Pittsburgh, Penn.: Crown & Covenant Publications, 1994).
91 *Book of Praise: Anglo-Genevan Psalter* (Winnipeg: Premier Printing, Ltd., 1984).

혜택

설득의 힘을 과소평가해서는 안 됩니다. 시편찬송 옹호자들은 교회를 향해 왜 시편을 불러야 하는지를 설명하기 위한 상당한 자료를 가지고 있습니다.

1. 시편찬송은 성경적입니다. 이는 성령께서 정경인 시편을 노래하도록 주셨다는 것을 의미합니다. 더욱이 우리는 시편을 노래하라는 명령을 받았고 신약 교회들이 그것들을 노래한 예들이 우리에게 주어져 있습니다.

2. 시편찬송은 역사적입니다. 이는 교부들이 증언한 대로 초대 교회의 관행이었고, 중세 수도회의 관행이었으며, 종교개혁자들과 19세기 중반까지 사실상 모든 개신교도들의 관행이었습니다. 칼빈 스타퍼트(Calvin R. Stapert)의 말대로 "시편이 기독교인들이 노래한 가사들 중 가장 널리 사용되고 보편적으로 사랑받은 가사였다는 것에는 의심의 여지가 없습니다."[92] 시편은 보편적이면서도 장로교와 개혁교회 개신교도들이 사용했던 특징적인 형태의 교회 노래입니다.

---

92 Stapert, *New Song for an Old World*, 151.

3. 시편찬송은 정서적으로 만족스럽습니다. 시편찬송에 포함된 신학적, 기독론적, 경험적 풍성함은 하나님의 백성들에게 삶의 변천을 이해하고 표현할 수 있는 언어를 제공합니다. 특히 노래로 부를 때 시편만큼 하나님 백성들의 마음을 울리는 것은 없습니다. 칼빈은 시편을 "영혼의 모든 부분의 해부도"라고 불렀습니다. 그는 여기서 "성령께서 모든 슬픔, 근심, 두려움, 의심, 희망, 걱정, 당혹감, 요컨대 사람들의 마음을 흔들어 놓는 모든 혼란스러운 감정들을 생생하게 그려내셨다"라고 말합니다. [93]

4. 시편찬송은 성화시키는 능력이 있습니다. 단순히 찬송가나 시편 단편이 아닌 전체 시편집을 단순히 시로 낭송하는 것이 아니라 노래하는 행위는, 각 시편의 주제적 완전성과 시편집 전체 안에 하나님께서 주신 균형 잡힌 내용을 고려할 때, 성경적인 경건을 형성하고 만들어내는 독특한 능력을 가지고 있습니다. 시편을 노래함으로써 그리스도의 몸이 건강과 활력을 얻는 데 특별한 도움을 얻습니다.

다시 한번 우리는 복음주의자들(evangelicals)이 잊어버린 것을 주류 개신교인들이 이해하고 있음을 발견합니다. 휴즈 올드는 시편을 노

---

93 John Calvin, *Commentary on the Book of Psalms, trans. James Anderson* (Edinburgh: The Calvin Translation Society, 1845), xxxvii.

래하는 것에 대해 열정적으로 말합니다.[94] 로널드 바이어스(Ronald P. Byars)도 마찬가지입니다. 그는 시편에 있는 균형을 다음과 같이 칭찬합니다. "시편은 하나님의 위엄뿐만 아니라 인간의 필요성도 묘사한다. 시편은 인간의 강점을 무시하지 않지만, 우리보다는 하나님께 중심을 둔다… 시편은 하나님의 신실하심과 우리의 필요 사이의 균형을 올바르게 잡는다… 시편찬송은 하나님을 매우 진지하게 다루기 때문에 그 속에는 어떤 중요성이 있다… 시편찬송의 미덕은 가사가 성경에서 나왔다는 것이다."[95] 아마도 우리는 그리스도의 교회 생활에서 시편을 정당하고 탁월한 위치로 회복시킬 부흥이 진행 중이라고 감히 희망할 수 있을 것입니다. 최근 몇 년 동안 호주에서 새로운 시편집(『노래를 위한 완전한 시편집(The Complete Book of Psalms for Singing』, 1991)이 만들어졌고, 가장 최근에는 스코틀랜드 자유교회에서 (『시편 노래하기: 시편집의 새로운 운율 버전(Sing Psalms: New Metrical Versions of the Book of Psalms』, 2003)이 나왔습니다.[96] 또한 1912년 『시편찬송집』과 기독교개혁교회(CRC)의 1934년과 1957년 『시편찬송가』를 편집한 『시편찬송집(Psalter)』이 1997년에 출판되었습니다.[97]

정통장로교회(OPC)와 북미개혁장로교회(RPCNA) 모두에서 이전의 모든 좋은 점들을 결합하고 최근의 구약 학계의 혜택을 통합한 시편

---

94 Old, *Worship*, 92ff.

95 Ronald P. Byars, *What Language Shall I Borrow?: The Bible and Christian Worship* (Grand Rapids: Eerdmans, 2008), 28-30.

96 *The Free Church of Scotland, Sing Psalms: New Metrical Versions of the Book of Psalms* (England: Cambridge University Press, 2003).

97 *Psalter* (Grand Rapids: International Discipleship and Evangelization Associates; I.D.E.A. Ministries, 1997).

집을 출판하려는 새로운 노력들이 진행 중입니다. 열정을 가진 이들의 노력이 더 큰 기독교 공동체에서 결실을 맺을지 지켜보기를 바랍니다.

제4장
시편찬송집, 찬송가, 예배 전쟁, 그리고 미국 장로교 경건

D. G. 하트(D. G. Hart)

크리스마스 전야에 드리는 예배에서 부르기에 적절한 시편은 무엇일까요? 미국의 많은 장로교인들은 이 질문이 무슨 의미인지 알지 못합니다. 그리고 그들이 알지 못하는 이유는 회중 찬송에 대해 그들이 가지고 있는 가정(assumptions)과 기대 속에 스며들어 있는 그들의 예배 감각에 대해 많은 것을 시사합니다. 한편으로 시편만 부르는 많은 장로교인들과 개혁주의 개신교인들은 교회력을 준수하지 않습니다. 따라서 구약의 시편이 기본적인 회중 찬송인 상황에서는 크리스마스 시기에 적절한 시편을 찾기 위해 수고할 필요가 없습니다. 반면에, 비록 교회력을 완전히 준수하지는 않지만, 12월에 성육신을 주제로 예배를 인도하는 교회들도 크리스마스 시기에 적합한 노래를 찾을 걱정을 할 필요가 없습니다. 왜냐하면 20세기 찬송가들 속에는 크리스마스를 위해 특별히 만든 캐롤과 찬송이 많이 들어 있기 때문입니다. 그 결과 그리스도의 탄생과 개혁주의 개신교인들의 전통적인 노래 사이는 더 멀어지게 되었습니다.

이 사고 실험(thought experiment)을 통해서 얻을 수 있는 교훈이 시편찬송과 크리스마스 예배 사이에 불균형적인 관계가 존재한다는 사실이라면, 그 교훈은 스코틀랜드를 거쳐 제네바로 거슬러 올라가는 예배 전통을 가진 교회들 사이에서 발생하는 찬송가의 부상과 예배에서 시편찬송만을 사용하는 전통의 몰락을 이해하는 데에도 유용할 수 있습니다. 개혁주의 예배는 전통적으로 상호 보완적인 신념과 관행의 복합체였습니다. 시편만을 찬송하는 관습이 1740년 이전 개혁주의 예배의 유일한 특징이라고 할 수는 없습니다. 그때 이미 찬송가가 장로교인들 사이에서 인기 있는 대안이 되었기 때문입니다. 시편찬송과 함께 안식일 준수, 아침과 저녁 예배, 그리고 교회력 거부가 있었습니다. 결과적으로, 대서양 양쪽의 장로교인들이 찬송가를 실험하기 시작했을 때, 그들은 단순히 한 형태의 노래를 다른 형태의 것으로, 인간의 작품을 성경의 것으로 대체한 것이 아니었습니다. 찬송가를 예배에 도입하려 한 장로교인들은 예배의 본질과 기독교 경험에 대한 다른 기대와 가정도 함께 가져왔던 것입니다.

장로교 예배에 찬송가를 도입한 것이 개혁주의 예배에 대한 확신이라는 진영 아래에 나타난 첫 번째 분열이었는지에 대한 여부는 이 글에서 다루는 문제가 아닙니다. 그러나 찬송가와 시편이 서로 경쟁한 이유는 장로교 예배와 경건의 역사에 뿌리 깊게 자리 잡고 있으며, 현대 장로교인들이 역사적 개혁주의 예배의 경건과 경외를 회복하기를 희망한다면 시편찬송만을 부르는 관습에서 시작하는 것이 가장 좋을 것이라는 사실을 시사합니다. 그럼에도 불구하고 시편찬송

자체가 장로교 예배를 고칠 수 있는 마법의 지팡이라고 할 수는 없습니다. 왜냐하면 시편찬송은 개혁주의 예배라는 복합체 중 하나의 요소일 뿐이기 때문입니다. 다시 말해, 시편찬송은 전체 개혁주의 관행이 자리 잡은 환경에서만 어울리는 것입니다.

다윗 왕에서 아이작 와츠까지

미국 장로교인들은 1831년에 이르러서야 찬송가를 만들었으며, 개혁주의 전통에서 찬송을 만든 최초의 교단 중 하나였습니다.[1] 다시 말해, 신세계(New World)에서 장로교 역사가 125년밖에 되지 않았을 때, 개신교 종교개혁에 속한 개혁파라는 가지(branch)가 공식적으로 찬송가를 받아들였습니다. 그때까지 미국 장로교인들은 분명히 잃어버린 시간을 만회해야 할 필요성을 느꼈고, 19세기의 나머지 기간에 9개의 다른 찬송가집을 만들어냈습니다. 20세기에 8개가 더해져, 미국 장로교인들은 17개의 교단 후원 찬송가를 만들었습니다. 놀랍게도 이는 거의 10년마다 새로운 찬송가를 만든 셈입니다.[2]

---

1 아래에 제시된 사항의 일부는 "Twentieth-Century American Presbyterian Hymnody," in D. G. Hart, *Recovering Mother Kirk: The Case for Liturgy in the Reformed Tradition* (Grand Rapids: Baker Academic, 2003), 16장에서 각색된 내용이다. 이 에세이에서 다루는 장로교도들은 1706년 필라델피아에서 설립된 첫 번째 장로회와 직접적인 연관이 있는 이들이다. 이 장로회는 결국 주류 교회인 미국장로교회(PCUSA)로 성장했으며, 1936년에 정통장로교(Orthodox Presbyterian Church), 1972년에 미국 장로교(Presbyterian Church in America)를 탄생시켰다. 미국 내 스코틀랜드 장로교 분파들, 즉 주류 장로교도들보다 오랫동안 시편을 노래한 언약도(예: Reformed Presbyterian Church of North America)와 분리파(예: Associate Reformed Presbyterian Church)는 이 이야기에 포함되지 않는다.

2 장로교 찬송가 역사에 대해서는 Louis Fitzgerald Benson, *The English Hymn: Its Development and Use* (Philadelphia: Presbyterian Board of Publication, 1915), 177-95, 372-89를 보라. 이것은 사실상

찬송가를 만드는 데 서두른 이유는 종교개혁 이후 개신교인들 사이에서 찬송가의 전망이 좋지 않았기 때문일 수 있습니다. 특히 개혁주의자들 사이에서 예배의 엄숙함과 신성모독에 대한 두려움으로 인해 장로교인들은 예배의 모든 요소에 대해 조심스러워했습니다. 그 결과 두 가지 입장이 등장했는데, 하나는 울리히 츠빙글리와 하인리히 불링거의 지도 아래 취리히 교회들이 주장한 것이고, 다른 하나는 존 칼빈이 이끄는 제네바의 교회들이 표명한 것입니다. 츠빙글리는 개혁자들 중에 아마도 가장 뛰어난 음악가였지만, 부분적으로는 음악의 파괴적인 힘 때문에, 또한 예배에서 노래할 성경적 근거를 찾지 못했기 때문에 예배에서 노래를 제거했습니다. 츠빙글리는 바울이 그리스도인들에게 노래하라고 가르쳤다는 것을 알고 있었지만(예: 골 3:16), 이 지시가 반드시 공동 예배에 대한 것은 아니라고 반박했습니다. 사실, 바울이 말한 의미는 신자들이 "그들의 마음으로" 노래하는 것이지, 반드시 입으로 노래하는 것은 아니었습니다. 결과적으로, 취리히 교회에서 오르간을 제거하는 것 외에도, 츠빙글리는 한 걸음 더 나아가 노래를 완전히 배제했습니다. 이와 같은 예배에 대한 관점은 불링거가 작성한 제2스위스 신앙고백서에 가장 분명하게 나타나 있는데, 여기에 보면 회중 찬송은 선택 사항으로 기록되어 있습니다. "만약 좋은 방식으로 신실한 기도를 하는 교회가 있다면, 노래가 없

모든 개신교 찬송의 전통에서 비할 데 없는 것이다. James Rawlings Sydnor, "Sing a New Song to the Lord: An Historical Survey of American Presbyterian Hymnals," *American Presbyterians* 68 (1990): 1-13와 Morgan F. Simmons, "Hymnody: Its Place in Twentieth-Century Presbyterianism," in Milton J. Coalter, et al., *The Confessional Mosaic: Presbyterians and Twentieth-Century Theology* (Louisville: Westminster/John Knox, 1990), 162-86를 보라.

더라도 그들이 비난받는 일은 없을 것입니다. 모든 교회가 성스러운 음악의 이점과 기회를 가지고 있지는 않기 때문입니다"(23장).[3]

제네바에서는 예배의 미학이 그렇게 엄격하지 않았습니다. 츠빙글리처럼 칼빈도 오르간을 제거했지만, 이는 음악을 경멸해서가 아니라 그 매력과 남용 가능성을 이해했기 때문입니다. 그러나 칼빈은 노래에 대한 바울의 글을 영적으로 해석하는 츠빙글리의 견해에 동의하지 않았습니다. 신자들은 정말로 노래해야 하며, 목소리와 마음으로 노래해야 한다고 봤습니다. 그렇다면 문제는 무엇을 노래할 것인지였습니다. 칼빈의 대답은 간단했습니다. 바로 시편입니다. 그는 이것이 회당 예배 관행을 이어받은 초대 교회의 패턴이라고 믿었습니다. 또한 칼빈은 노래의 기능이 예배에서 드려지는 기도의 한 형태라고 생각했습니다. 하나님께 기도할 때 하나님께서 영감을 주신 말씀보다 더 좋은 말이 과연 있겠습니까? 노래에 대한 이와 같은 칼빈의 이해로 말미암아 제네바 교회는 더욱 서둘러 클레망 마로(Clement Marot)에게 시편집 제작을 의뢰했습니다. 테오도르 베자가 가사를 제공했고, 루이 부르주아가 곡을 썼습니다.[4]

---

3 찬송가 발전에 대한 종교개혁의 영향에 대해서는 Paul Westermeyer, *Te Deum: The Church and Music* (Minneapolis: Fortress Press, 1998), 141-60를 츠빙글리와 취리히의 영향에 대해서는 특별히 149-52와 Rochelle A. Stackhouse, "The Language of the Psalms in Worship: American Revisions of Watts's Psalter," *Drew Studies in Liturgy*, no. 4 (Lanham, Md.: Scarecrow Press, 1997), 29–70 그리고 Erik Routley, *The Music of Christian Hymnody* (London: Independent Press Ltd., 1957), 2-4장을 보라.

4 Westermeyer, *Te Deum*, 153-58. 제네바 시편가는 칼빈 생애 동안 7번의 판본을 거쳤으며(1539, 1541, 1543, 1545, 1551, 1554, 1562), 마지막 판본에서는 150개의 시편 전부가 포함되었고, 125개의 선율과 110개의 다양한 박자가 있었다. Westermeyer는 칼빈의 예배 방식이 초대 교회의 방식과 더 가까웠으나, 제네바의 예배는 가사와 음악적으로 더 제한적이었다는 점에서 차이가 있다고 인정한다. 초대 교회는 시편에 국한되지 않았으며, 그들은 성가를 불렀는데, 칼빈은 이를 제네바의 신자들에게 이해하기 어렵다고 여겼다.

츠빙글리보다는 칼빈을 더 따르는 장로교인들과 개혁주의 개신교인들에게 예배에서 노래하는 방법은 시편찬송집을 가지고 노래하는 것이었습니다. 실제로 17세기에 잉글랜드 국교회, 스코틀랜드 장로교회, 또는 비국교도 개신교 교회들 모두는 칼빈의 규범에서 거의 벗어나지 않았습니다. 국교회 신자들의 경우, 에드워드 6세 통치 기간에 만들어진 스턴홀드와 홉킨스의 시편집이나 1696년에 출판된 테이트와 브래디의 버전이 공예배에서 사용이 허가된 유일한 시편집이었습니다.[5] 스코틀랜드 교회는 1564년에 시편집을 만들었고, 그 후 안드로 하트(Andro Hart)가 1615년에 또 다른 시편집을 발행했으며, 이는 1635년에 재발행되고 업데이트되었습니다.[6] 18세기에 장로교인들이 교단을 만들 만큼 많은 수로 북미로 이주했을 때, 그들은 시편집도 가지고 왔습니다. 사실, 1741년 미국 장로교의 첫 번째 분열로 이어진 구파와 신파(Old Side–New side) 사이에 벌어진 논쟁의 주제는 조지 휫필드의 순회 전도, 신학 교육, 신조에 대한 서명과 같은 주제도 있었지만, 서로 경쟁하는 시편집에 관한 것도 있었습니다. 보수적인 구파는 1643년에 준비된 프랜시스 라우스(Francis Rous)의『영어 운율의 다윗의 시편(The Psalms of David in English Meter)』을 사용했습니다. 라우스는 장로교인이었다가 독립파가 되어 웨스트민스터 총회의 일원이 되었습니다. 또는 다른 청교도인 윌리엄 바톤(William Barton)의『운율로 된 시편집(Book of Psalms in Meter)』(1644)을 사용했습니다. 부흥에 대해 열려있

---

5 Robert Stevenson, *Patterns of Protestant Church Music* (Durham: Duke University Press, 1953), 120.
6 Routley, *Music*, 42.

는 신파는 테이트(Tate)와 브래디(Brady)를 선호했습니다.[7]

새로운 유형의 노래를 도입한 것도 식민지 장로교 분열에 기여하였습니다. 이 새로움의 원천은 1729년 벤자민 프랭클린이 출판했던 아이작 와츠의『모방된 다윗의 시편』미국판 초판이었습니다. 물론 와츠의 노래들은 그가『찬송가와 영적인 노래』(1707)를 위해 쓴 것들처럼 완전한 찬송가는 아니었습니다. 그 책에 있는 노래들은 성경적 사상과 신약성경에 근거한 작품이었습니다. 시편집을 모방한 와츠는 단순히 시편을 "현대 복음 예배에 맞게" 제시하려 했을 뿐입니다.[8] 그럼에도 불구하고, 와츠가 시편을 기독교화한 것은 칼빈 이후 장로교인들과 개혁주의 사이에서 우세했던 운율 시편 전통과는 명백하게 단절하는 것이었습니다.[9]

와츠의 시편찬송은 조지 휫필드(George Whitefield) 등이 연관된 부흥의 시기 동안 식민지 장로교인들 사이에서 서서히 교두보를 마련했습니다. 1729년 와츠의 초판은 2판이 나왔던 1741년까지 기다려야 했습니다.[10] 휫필드를 지지했던 신파는 와츠의 복음 시편(gospel psalmody)을 구매하는 경향을 보였습니다. 1746년 무렵, 뉴버리포트의

---

7 식민지 장로교 발전에 대해서는 Westermeyer, *Te Deum*, 179-80, 252-53와 Benson, *English Hymn*, 177-95를 보라.

8 Benson, *English Hymn*, 101. Stevenson, *Patterns*, 107에서는 시편을 기독교적으로 해석한 Watts의 작업에 대해 의문을 제기하는데, 그 이유는 이 찬송가 작가의 그리스도의 신성에 대한 견해가 '특이하고' '위험하다'고 여겨졌기 때문이다.

9 Benson, *Hymnody*, 88에서 Watts에 대해 이렇게 쓴다. "당시의 상황을 고려할 때, 그의 작업은 너무도 눈에 띄게 독창적이었다. ... 나는 점점 더 우리가 그의 작업을 더 넓게 바라볼수록, 그것이 칼빈주의적 정착을 무너뜨리고 루터의 사상을 재확인한 것에 불과하다는 느낌을 받게 될 것이라고 생각한다."

10 Westermeyer, *Te Deum*, 204.

횟필드 지지자들이 와츠의 시편찬송을 사용하기 시작했고, 곧이어 보스턴의 회중교회도 그렇게 했습니다.[11] 횟필드 자신도 와츠의『찬송가』와『시편』을 크게 존중하였을 뿐만 아니라 적극적으로 장려하였습니다. 심지어 헨리 와일더 푸트(Henry Wilder Foote)는 횟필드가 조나단 에드워즈로 하여금 노스햄프턴 교회의 공예배에 와츠의 시편찬송을 도입하도록 촉구했다고 주장했습니다.[12] 남부에서는 사무엘 데이비스(Samuel Davies)가 1752년 무렵 버지니아에서 순회 전도자로서 와츠의 시편뿐만 아니라 그의 찬송가도 소개했습니다. 데이비스가 신파에 뿌리를 두고 새롭게 설립된 뉴저지 대학의 총장이 되기 위해 버지니아를 떠났을 때, 그의 후임자인 존 토드(John Todd)는 노회에 와츠의 시편과 찬송가 사용을 승인해 줄 것을 청원했습니다. 그 이유는 교회들이 "그 작가의 탁월한 곡들, 특히 그의 성찬 찬송을 통해 큰 유익을 얻었기" 때문이었습니다.[13]

구파 장로교회가 1741년부터 1758년까지 17년 동안 신파와 분리되어 사역했던 동안, 와츠의『모방된 시편』은 구파 장로교회에서 전혀 교두보를 마련하지 못했습니다. 구파는 주로 스코틀랜드계 아일랜드인으로 구성되었기 때문에 라우스 버전의 시편에 헌신되어 있었고 이와 같은 혁신에 대해서는 저항할 만반의 준비가 되어 있었습니다. 스코틀랜드계 아일랜드인들은 새로운 노래를 아주 강경하게 반

---

11 Benson, *English Hymn,* 180.
12 Henry Wilder Foote, *Three Centuries of American Hymnody* (Cambridge, Mass.: Harvard University Press, 1940), 147, 148.
13 Benson, *English Hymn,* 182.

대하였기 때문에 1756년 뉴욕의 "스코틀랜드 교회"는 신파의 조직인 뉴욕 대회(Synod of New York)에서 탈퇴하여 스코틀랜드 교회에서 분리된 교인들로 구성된 조합 노회(Associate Presbytery)와 연합했습니다. 1765년, 구파와 신파의 재결합 이후에도 이 문제는 별로 해결된 것이 없었습니다. 물론 와츠를 금지하는 것은 불가능했지만 말입니다. 회중 찬송에 대한 논쟁에서, 뉴욕과 필라델피아 대회(Synod)는 "성경의 영감된 시편"이 "그들의 본래 의도와 기독교 교회의 관행에 따라 신성한 예배에서 부르기에 적합한 내용"이라고 판결했습니다. 동시에 대회는 "시편을 모방한 것을 사용하도록 판단하는 성향을 가진 사람들을 금지하는 것도 거부"했습니다.[14]

그래서 1765년부터 1831년까지 미국 장로교인들은 회중 찬송에 대해 많은 갈등을 겪었습니다. 와츠는 자신의 작품이 더 새롭고 더 나은 판으로 나오면서 인기를 얻었습니다. 동시에 라우스의 찬송에 대한 애착을 가진 장로교인들도 많았습니다. 교단이 승인한 찬송가는 1831년에 가서야 나왔지만, 미국장로교회(PCUSA)는 첫 번째 총회(1789)에서 첫 번째 『하나님에 대한 예배 지침서』를 발간함으로써 이 긴장을 해소했습니다. 이 지침서의 초안에서는 "그리스도인의 의무는 시편을 노래함으로써 하나님을 공개적으로 찬양하는 것"이라고 했으나, 총회(General Assembly)는 공적 찬양에 "시편과 찬송가"가 포함된다고 결정했습니다[15] 새로운 나라의 장로교인들에게 "찬송가(hymns)"

---

14 Ibid.
15 Ibid., 191.

와 "와츠(Watts)"라는 단어는 동의어로 인식되었기 때문에, 루이 벤슨의 말을 빌리면 와츠의 "찬송가"는 "미국 장로교인들의 첫 번째 찬송가"라고 불릴 수 있습니다.[16] 1831년까지는 와츠와 라우스가 만든 곡들이 장로교인들이 공동 예배에서 사용하는 주요 텍스트였습니다.[17]

1831년의 첫 공식 장로교 찬송가는 이 이중적인 헌신을 반영했습니다. 모든 시편을 담고 있는 운율 시편찬송집으로 시작하여 531개의 찬송가가 이어졌는데, 그중 199개가 와츠의 작품이었습니다.[18] 숫자는 변했지만, 이후의 장로교 찬송가들은 시편과 와츠의 비율이 이와 유사하게 높았습니다. 이런 현상은 주류와 비주류 장로교인들 간의 신학적 차이를 고려하더라도 마찬가지입니다. 장로교인들이 그레샴 메이첸(Gresham Machen)에 동조하든 아니면 유진 카슨 블레이크(Eugene Carson Blake)에 동조하든 상관없이, 그들의 찬송가는 장로교 증조부모들의 음악적 유전자를 반영합니다. 20세기의 신학적 갈등과 교회 분열에도 불구하고, 미국의 장로교인들은 다윗 왕이 지은 실제 시편의 운율 버전에 와츠의 모방을 추가하는 패턴을 따랐습니다.

아이작 와츠에서 찰스 웨슬리 그리고 그 이후로

개신교 교회음악에 관한 그의 책에서, 로버트 스티븐슨(Robert

---

16 Ibid., 193.

17 이러한 발전에 대해서는 Foote, *Three Centuries*, 152-56을 보라. 18세기와 19세기 미국 장로교 예배에 대한 좋은 배경 자료를 위해서는 *Julius Melton, Presbyterian Worship in America: Changing Patterns Since* 1787 (Richmond: John Knox Press, 1967), *chaps.* 1-3를 보라.

18 Sydnor, "Sing a New Song to the Lord," 4.

Stevenson)은 장로교인들이 가장 좋아하는 작사가는 아이작 왓츠였고, 감리교인들은 찰스 웨슬리(Charles Wesley)를, 국교회 신자들은 고교회파인 존 메이슨 닐(John Mason Neale)을 가장 좋아한다는 사실을 발견했습니다. 스티븐슨의 진술 방식은 장로교 찬송가의 실제 내용을 약간 잘못 표현했지만, 그의 감각만큼은 정확했습니다. 와츠가 장로교 찬송가에 가장 많이 포함되는 작가라는 사실은 의심의 여지가 없습니다. 20세기에 제작된 8권의 찬송가 중 와츠의 곡은 155개가 실렸으며, 장로교 전체 찬송가에는 295개의 곡이 있습니다(총 4,871개 찬송의 6%에 해당). 와츠에 이어 찰스 웨슬리의 곡이 모든 찬송가 중 총 137곡이 실려있고, 캐서린 윙크워스(Catherine Winkworth)가 번역한 독일 찬송은 119곡, 닐의 번역과 찬송은 109곡, 그리고 스코틀랜드 자유교회 목사인 호레이셔스 보나(Horatius Bonar)의 곡은 80개로 전체 5위에 해당합니다. 다른 말로 하면, 평균적인 20세기 장로교 찬송가에는 와츠의 찬송 37개, 웨슬리와 닐의 찬송 각 17개, 윙크워스의 찬송 15개, 보나의 찬송은 10개가 있다고 할 수 있습니다.[19]

　이 숫자는 20세기에 와서 와츠의 인기가 다소 떨어졌음을 나타냅니다. 예를 들어, 1834년에 독일 개혁교회의『시편과 찬송가(Psalms and Hymns)』에서 와츠는 이 찬송가의 3분의 1을 차지했습니다. 19세기 말에 750개의 다른 찬송가를 조사한 결과, 인쇄된 찬송의 5분의 2를 와츠의 곡이 차지한 것으로 나타났습니다. 그리고 7년 후, 32개의 가장 인기 있는 영어 찬송곡에 대한 연구에는 와츠의 찬송곡 5개가 포함

19　Stevenson, *Patterns*, 139.

되었습니다. 이 통계는 20세기 첫 두 장로교 찬송가의 구성에 대해서 설명합니다. 이 두 찬송가집은 남장로교회의『새 시편과 찬송가(*New Psalms and Hymns*)』(1901)와 1911년에 개정된 북장로교회의『찬송가(*The Hymnals*)』(1895)입니다. 남장로교인들은 127개의 와츠 찬송을 포함했던 반면, 북장로교인들은 49개만을 포함했습니다. 그레이트 커미션 출판사(Great Commission Publication)가 1990년에 PCA와 OPC의 대부분 회중이 선택했던『트리니티 찬송가(Trinity Hymnal)』를 개정했을 때 와츠의 곡은 여전히 36개가 포함되어서 강세를 유지했지만, 같은 해 주류 미국장로교회(PCUSA)의 찬송가에는 와츠의 곡이 13개 곡밖에 없었습니다.

20세기 동안 와츠의 찬송곡에 대한 인기가 쇠퇴한 명백한 이유 중 하나는 기독교 찬송의 다양성에 대한 인식이 높아지고 회중 찬송에서 에큐메니컬한 자세를 반영하려는 교단의 노력이 있었기 때문입니다. 20세기 내내 와츠의 찬송은 지속적으로 감소했음에도 불구하고, 그는 여전히 예배에 대한 장로교 저자들로부터 가장 호의적인 평가를 받고 있습니다. 휴즈 올리펀트 올드에 따르면, 와츠는 "개혁주의 송영 전통(doxological tradition)을 가장 잘 보여줍니다."[20] 그의 "찬송은 시편찬송에서 나오며" 그 "경건한 특성"은 "타의 추종을 불허합니다."[21] 이와 같은 올드의 평가는 주목할 만합니다. 왜냐하면 올드

---

20 다른 개혁교회, 루터교, 성공회 찬송가들을 표본으로 조사한 결과는 장로교가 와츠(Watts)를 선호했다는 스티븐슨(Stevenson)의 주장을 지지한다. 다른 교단의 찬송가에서는 닐(Neale)이 가장 인기 있으며, 한 찬송가당 평균 18곡이 포함되었다. 그 다음으로는 웨슬리(Wesley)가 평균 17곡, 와츠가 16곡, 윙크워쓰(Winkworth)가 15곡, 보나(Bonar)가 7곡씩 포함되었다.

21 Hughes O. Old, *Worship That Is Reformed According to Scripture* (Atlanta: John Knox Press, 1984),

의 평가는 지난 150년 동안 제기된 역사적 개혁주의 예배에 대한 가장 사려 깊은 주장 중 하나로 꼽히는 책에 있는 내용이기 때문입니다. 그러나 우리는 이 아이러니를 놓치지 말아야 합니다. 그것은 예배 전통주의자들 사이에서 한때 혁신적인 실천(practices)으로 여겨졌던 것들이 이제는 현대 예배 속에 있는 새로움(novelties)에 저항하도록 하는 최선의 위치를 제공한다는 현실을 의미합니다. 예배 전통주의자들(worship traditionalists)이 와츠에 호소하는 현상을 호튼 데이비스(Horton Davies)의 저작도 추가적으로 지지하고 있습니다. 청교도 예배에 대한 데이비스의 기념비적인 연구에서, 그는 흥미롭게도 와츠를 청교도 시편찬송의 정점으로 제시합니다. "신약 시대의 유익을 위해 구약시대(Old Dispensation)의 노래를 의역할 권리(right to paraphrase)를 용감하게 변호함으로써," 와츠는 "청교도들을 문자주의자들의 성경숭배에서 해방시켰습니다." 데이비스는 심지어 와츠의 찬송과 시편의 의역이 "청교도 경건의 가장 아름다운 꽃"이라고까지 말합니다.[22] 대부분의 칼빈주의자들 사이에서 와츠가 지지를 얻는 데 얼마나 오랜 시간이 걸렸는지를 고려하면, 영어 찬송의 아버지를 운율 시편찬송이라는 마차에 연결하려는 데이비스의 시도는 논란의 여지가 있을 수 있습니다. 그러나 2세기 동안의 장로교 회중 찬송 후에는 와츠와 역사적 개혁주의 회중 찬송 관행을 구별하는 것이 거의 불가능해졌습니다.[23]

55.

22 Horton Davies, *The Worship of the English Puritans* (1948; Clear Spring, Md.: Soli Deo Gloria, 1997), 178, 179.

23 예를 들어, James Rawlings Sydnor, *The Hymn and Congregational Singing* (Richmond, Va.: John Knox Press, 1960), 28–29를 보라. 제임스는 와츠를 역사적인 개혁파 예배와 연결시킨다. 반면

이 사실을 고려하면 스티븐슨이 다음과 같이 신랄하게 말한 이유가 설명됩니다. "우리 시대에는 교회음악에 대한 칼빈의 교훈은 그것이 준수되는 것보다 준수되지 않음으로써 더 존중받고 있습니다."[24] 루이 F. 벤슨은 이보다 더 온화한 방식으로 이를 적절하게 표현했습니다. "한때 그(와츠)의 방식을 논박했던 교회들 가운데 이 혁신가의 찬송이 정통성과 보수주의의 표지와 상징이 되었다는 것은 비교의 대상을 찾기 힘든 개인적 영향력의 예시입니다."[25]

데이비스와 올드의 평가는 18세기 찬송에 대한 특정한 편견을 반영하고 있을 수 있지만, 찬송가에 대한 최고의 연구자이자 장로교인인 벤슨은 장로교인들에 대한 와츠의 중요성을 인정할 충분한 근거를 제공합니다. 벤슨은 와츠의 찬송을 항상 최고로 여기지는 않았고, 사실 잉글랜드 독립파의 인기가 장로교 찬송의 발전을 저해했을 수 있다고 주장했습니다. 예를 들어, 19세기 초 부흥 운동이 "신선하고" "새로운 유형의" 찬송을 낳았을 때, 장로교인들은 와츠에 매달려 있었고, 벤슨에 따르면 이는 "한 걸음 뒤처진 것처럼 보였습니다."[26] 그럼에도 불구하고 당시에 와츠의 공헌은 "너무나 눈에 띄게 독창적"이어서 벤슨은 그를 교부시대 찬송 작가들, 심지어 루터와 칼빈과 같은 반열에 올려놓았습니다. 벤슨은 다음과 같이 요약했습니다, "의무든, 신중함이든, 관습이든 무슨 이유이든지 교회의 노래를 성경의

에 James Hastings Nichols, *Corporate Worship in the Reformed Tradition* (Philadelphia: Westminster Press, 1968), 125-26은 와츠를 경건주의와 부흥주의와 연결시킨다.

24   Stevenson, *Patterns*, 13.

25   Louis F. Benson, *Studies of Familiar Hymns* (1903; Philadelphia: Westminster Press, 1921), 129.

26   Benson, *English Hymn*, 195-96.

문자에 그토록 가깝게 붙들고 있던 족쇄는 영어권 기독교인들의 마음과 습관 속에서 마침내 와츠 박사에 의해서 끊어졌습니다."[27] 다시 말해, 여러분의 관점에 따라, 와츠는 장로교인들 사이에서 배타적으로 시편만을 사용하던 찬송의 전통을 뒤엎은 공로나 비난을 받을 만합니다. 벤슨에 따르면, 와츠가 만든 찬송의 수준이 다른 저자들만큼 좋지 않았을 수는 있지만, 그는 찬송을 정당화시키는 최고의 공로자가 되었습니다. 특히 운율 시편만 불렀던 공동체들을 위해 회중 찬송의 새로운 시대를 열었기 때문에 더욱 그렇습니다.

그러나 와츠의 인기는 웨슬리 형제들, 특히 찰스가 가진 매력에 방해물이 되지 못했습니다. 찰스의 찬송은 20세기 장로교 찬송가에도 자주 등장하여 와츠만큼이나 인기를 누렸습니다.[28] 와츠를 사랑하는 사람들이 설명하는 웨슬리의 인기 비결 가운데 하나는 찬송작가들이 와츠보다 웨슬리의 찬송을 찬송가집에 포함할 기회가 더 많았을 수 있다는 것입니다. 왜냐하면 웨슬리는 6천 개 이상의 찬송을 썼

---

27 Benson, *Hymnody*, 88, 93.

28 사실, 지난 한 세기 동안 발행된 모든 장로교 찬송가에 수록된 10개의 찬송가 중, 찰스 웨슬리 (Charles Wesley)가 작성한 찬송가의 숫자는 와츠의 두 배였다. 장로교도들 사이에서 가장 인기 있었던 웨슬리의 찬송가는 "Christ, Whose Glory Fills the Skies", "Hark! The Herald Angels Sing", "Come, Thou Long Expected Jesus", "Ye Servants of God, Your Master Proclaim", "Rejoice, the Lord Is King", "Love Divine, All Loves Excelling"이었다. 모든 찬송가에 수록된 와츠의 찬송가는 "O God, Our Help in Ages Past", "Joy to the World, the Lord Is Come", "When I Survey the Wondrous Cross" 세 곡이다. 20세기 장로교의 가장 많이 사용된 10개의 찬송가 목록을 완성하는 것은 호레이셔스 보나의 "Here, O My Lord, I See Thee Face to Face"였다. 거의 모든 장로교 찬송가에 수록된 찬송가로는 와츠가 두 곡을 썼는데, 그 곡은 "Alas! And Did My Savior Bleed"와 "From All That Dwell Below the Skies"였고, 웨슬리는 "O for a Thousand Tongues to Sing" 한 곡이 있다. 거의 모든 장로교 찬송가에 수록된 세 번째 인기 그룹에는 웨슬리의 "Jesus, Lover of My Soul", "Soldiers of Christ, Arise", "Jesus Christ Is Risen Today", "Lo! He Comes, with Clouds Descending"이 포함되었다. 이 목록에는 와츠의 "Jesus Shall Reign"과 Bonar의 "Blessing and Honor and Glory"도 추가되었다.

는데, 이는 와츠가 쓴 총 700개의 찬송과 시편 모방(psalm imitations)에 비해 훨씬 많습니다.[29]

그럼에도 불구하고, 장로교인들이 웨슬리의 찬송을 사용하는 것은 신학적이고 예배적인 측면에서 볼 때 낯선 현상임에도 불구하고 이에 대한 충분한 논의는 이루어지지 않았습니다. 특히 찰스 웨슬리의 많은 찬송은 기독교인의 삶이라는 범주에 속하는 것으로서 성화에 관한 것인데, 이 지점은 개혁주의 개신교인들과 웨슬리주의자들 사이에서 일치하지 못하는 중요한 지점이었음에도 말입니다. 벤슨은 웨슬리의 찬송이 19세기에 걸쳐 점진적으로 받아들여진 것은 감리교 운동 자체의 성장 때문이라고 주장합니다. 와츠가 "영국 비국교도의 사회적 고지대(social uplands)에서 움직였다면" 웨슬리는 "울타리 뒤에서" 일했기에 감리교인들은 "분열주의자들", "열광주의자들", "감상주의자들", "선정주의자들"로 여겨졌습니다.[30] 벤슨에 의하면, 감리교와 감리교의 찬송이 너무나 고립되었기 때문에, 웨슬리의 찬송이 19세기에 나타나기 시작했을 때, 찬송가 편집자들은 종종 그 찬송들을 익명으로 인쇄하거나 다른 저자들의 것으로 표기했습니다. 심지어 존 메이슨 닐과 같은 숙련된 찬송 연구자조차 "천사 찬송하기를 (Hark! The Herald Angels Sing)"이라는 찬송을 찰스 웨슬리가 아닌 필립 도드리지(Philip Doddridge)의 작품으로 표기했습니다.[31] 벤슨은 "찰스 웨슬

---

29 와츠와 웨슬리가 쓴 찬송가의 숫자를 추정하기 위해서는 Benson, English Hymn, 114-16, 245를 보라.

30 Ibid., 258.

31 Ibid., 259-61.

리와 그의 작품에 대하여 일반적으로 잘 알려지지 않았었다"고 설명했는데, 아마도 이는 그가 장로교도들에게 지나치게 온정적인 입장을 가졌기 때문으로 평가됩니다. 그럼에도 불구하고 다른 개신교인들이 웨슬리가 기여한 공헌의 크기를 이해하게 되자, "모든 교회가 공통으로 가지고 있는 기독교 진리와 기독교적 감정의 넓은 영역"도 역시 인정했다고 벤슨은 덧붙여 말했습니다.[32]

그러나 이러한 에큐메니컬한 해석으로는 벤슨 자신이 인식했던 웨슬리 찬송이 가진 경험적 특성 속에 있는 긴장을 극복할 수 없었습니다. 여기서 말하는 긴장이란 장로교 교리와 웨슬리의 경건이 혼합될 때 생기는 불안정한 복합물을 가리킵니다. 예를 들어, "내 주를 가까이 하게 함은(Jesus, Lover of My Soul)"에 대해 논하면서 벤슨은 "이렇게 부드럽고 깊이 느껴지는 서정시를 공예배에서 사용해야 하는지 아니면 개인 기도용으로 남겨두어야 하는지"를 물을 수밖에 없었습니다. 그는 계속해서 이러한 감정들을 "크고 다양한 사람들이 모였을 때 부르게 하는 것"은 "말로 표현할 수 없이 충격적"이라고 생각한 영국인 주교의 말을 인용했습니다. 벤슨은 심지어 "실제 조사"에서 이 찬송이 "영국인 부랑자들"이 가장 좋아하는 세 곡 중 하나라는 것을 발견했다고 언급했습니다. 주님의 품에 누웠던 사도 요한이 이 구절들을 썼을 수 있다는 방어적인 반응에 대해, 벤슨은 "우리 모두가 성 요한은 아니다"라고 대답했습니다.[33]

---

32 Ibid., 261.
33 Benson, *Studies of Familiar Hymns*, second series (1923; Philadelphia: Westminster Press, 1926), 43.

이러한 비판은 웨슬리가 만든 "감리교 부흥의 찬송"에 대한 전반적인 평가와 일치했습니다. 와츠와 달리 시편찬송의 지배를 뒤엎었던 웨슬리의 주요 공헌은 두 가지였습니다. 첫째, 그는 "오늘날 우리가 사용하는" 복음 성가(evangelistic hymn)라는 장르를 도입했습니다.[34] 이 찬송들은 "교회에 다니지 않고 구원받지 못한 사람들을 복음의 소식 안으로 데려오고" 그들을 회심으로 이끌기 위해 고안되었습니다. 벤슨에 따르면, 이는 원래 감리교 찬송 모음집의 첫 번째 섹션의 제목이 "하나님께 돌아오라고 권면과 간청"이었던 이유를 설명합니다. 둘째, 웨슬리는 찬송을 기독교 체험이라는 방향으로 돌렸습니다. 사실, 벤슨은 웨슬리가 찬송을 주로 "영적 훈련의 교본"으로 생각했다고 보았습니다. 웨슬리가 제시한 경험이라는 것은 종종 자신이 경험한 것이었습니다. 그래서 벤슨은 감리교 찬송의 자전적 성격에 대해 유보적인 태도를 취했습니다. 벤슨은 저자의 체험이 "일반적인 기독교 체험의 규범으로 삼기에 적합한지" 아니면 웨슬리의 가사를 부르는 것이 예배자를 "종교적 불성실"의 죄를 짓게 하는 것인지에 대해 궁금하게 생각했습니다. 그럼에도 불구하고 벤슨은 웨슬리의 찬송이 "마음속에서 성령의 역사"의 전체 범위를 "분명하고 정확하게" 그려냈다고 결론지었습니다.[35]

벤슨이 웨슬리를 평가한 것은 장로교 신념을 바탕으로 연구했다기보다는 벤슨 자신의 찬송 연구 관점에서 평가했던 것이지만, 그

---

34 Benson, *English Hymn*, 252, 248.
35 Ibid., 248, 249, 250, 249.

가 유보했던 사항들은 장로교인들에게 웨슬리가 인기를 얻었던 비결을 설명할 수 있습니다. 식민지 시대 구파와 신파 장로교인들의 분열 이후, 미국의 장로교인들은 그 부흥을 새로운 회심자들에게 다가가고 오래된 회심자들을 활성화하는 가치 있는 수단이라고 생각했습니다.[36] 다시 말해, 미국의 장로교인들은 웨슬리 찬송에 포함된 전도의 목적이나 경험적 경건에 대한 원칙에 대해 본질적인 의미에서는 반대가 없었습니다. 장로교인들은 그의 작품을 찬송가에 포함시키는 데 시간이 좀 걸렸습니다. 그러나 그들의 신앙고백과 교리문답이 기독교인의 주관적 경험보다는 기독교의 객관적 성격에 더 초점을 맞춘 경건을 표현했다 하더라도, 장로교회는 역사가 흐르는 동안 장로교인들 가운데 웨슬리의 찬송에 자주 표현된 친밀하고 영혼을 꿰뚫는 경건을 선호하는 취향(tastes)이 자라도록 했습니다.[37]

동시에, 와츠는 아마도 웨슬리가 경작할 땅을 미리 준비했던 인물일 것입니다. 실제로 와츠의 "하나님의 사랑(divine love)"이라는 찬송가는 많은 동시대인들과 후대의 평론가들이 전례 없이 불쾌하다고 여

---

36 18세기 미국 장로교회에 대한 부흥주의의 중요성에 대해서는 Leonard J. Trinterud, *The Forming of an American Tradition: A Re-examination of Colonial Presbyterianism* (Philadelphia: Westminster, 1949)과 Leigh Eric Schmidt, *Holy Fairs: Scottish Communions and American Revivals in the Early Modern Period* (Princeton: Princeton University Press, 1989)를 보라.

37 웨슬리와 와츠에 대한 다른 평가를 위해서는 Bernard L. Manning, *The Hymns of Wesley and Watts: Five Informal Papers* (London: Epworth Press, 1942)와 J. Ernest Rattenbury, *The Evangelical Doctrines of Wesley's Hymns* (London: Epworth Press, 1941)와 Harry Escott, Isaac Watts, *Hymnographer* (London: Independent Press, 1962)와 *Rochelle A. Stackhouse*, "Changing the Language of the Church's Song circa 1785," *Hymn* 45 (July 1994): 16-19와 E. K. Simpson, "Isaac Watts: A Rounded Life," *Evangelical Quarterly* 21 (1949): 190–202를 보라. 장로교가 와츠와 웨슬리의 감성적 찬송가를 수용한 태도는 오늘날 일부 교회들이 찬양곡과 후렴송 장르를 환영한 이유를 설명할 수 있으며, 이는 현대 예배 논쟁에서 "전통주의자"들이 "표준" 찬송가를 옹호하는 입장을 곤혹스럽게 한다.

길만한 방식으로 인간의 마음의 문제를 파고들었습니다. 예를 들어, 자기 동생이 지은 "예수님, 내 영혼의 사랑(Jesus, Lover of My Soul)"을 감리교 찬송 모음집에서 제외했던 존 웨슬리는 와츠가 "이전에 영어로 출판된 어떤 것보다 더 심각한 방식으로 자신을 불쾌하게 했다"고 썼습니다. 그는 특히 와츠가 "영적 찬송(spiritual hymns)"에 "거친 표현"을 삽입한 것을 비난했습니다. 웨슬리는 이렇게 불평했습니다. "훌륭한 시구 중간에 얼마나 자주 앞뒤의 시구를 모욕하는 구절들이 삽입되었는지 모르겠군."[38] 로버트 스티븐슨은 와츠가 그리스도의 "달콤한 입술"과 "천상의 눈빛"을 언급하며 "나의 입맞춤과 사랑을 구한다"고 표현한 것과 같은, 영국 비국교도의 시가 가진 애정 어린 특성을 주목했습니다. 스티븐슨은 또한 와츠가 "죽다"라는 단어를 사용한 것도 살펴보았는데, 이는 신자가 그리스도의 팔에 녹아드는 것을 "파도가 파도 뒤에 밀려와 해안에 키스하고 죽는 것"에 비유한 것으로, 18세기 낭만시의 맥락에서 건전하지 못한 의미를 가졌다는 사실을 발견했습니다.[39]

와츠와 웨슬리의 인기에는 훨씬 미치지 못하지만 미국 장로교인들이 가장 좋아하는 찬송 작가들 중 유일한 장로교인은 호레이셔스 보나(Honatius Bonar, 1808-1889)였습니다. 그는 스코틀랜드 자유교회의 목사로, 처음에는 켈소(Kelso)에서, 나중에는 에든버러에서 사역했습

---

38 Stevenson, Patterns, 105에 인용된 John Wesley, *The Works of the Rev. John Wesley* (New York, 1856), 2:443.

39 Stevenson, Patterns, 106에 인용된 Watts, *Horae Lyricae, Poems Chiefly of the Lyric Kind* (London, 1706), 80, 83.

니다. 적어도 벤슨은 보나가 "스코틀랜드 최고의 찬송 작가"라고 생각했습니다.[40] 또한 벤슨에 따르면 그는 장로교인들이 지속적인 가치가 있는 찬송을 쓰지 않았다는 비난에 대해 반박할 수 있는 유일한 인물이었습니다.[41] 그러나 마찬가지로 가능성이 있는 것은 보나가 쓴 가사가 지닌 정서적 특성입니다. 벤슨에 따르면, 한 잉글랜드 국교회 주교는 보나의 찬송이 "'주관적 찬송' 또는 '내적 경험의 찬송'으로 알려진 부류에 속한다"고 생각했습니다.[42] 벤슨 자신은 보나가 다른 어떤 그룹보다 "복음주의 부흥의 작가들"과 더 비슷하다고 결론지었습니다. 동시에, 보나의 전천년설은 그의 찬송에서 순례라는 주제가 지배적으로 나타나는 이유를 설명할 수 있습니다. 예를 들어, 보나의 찬송 중에 가장 인기 있는 찬송인 "내 주의 음성 들리니(I Heard the Voice of Jesus Say)"에서, 그리스도는 지친 순례자에게 안식과 물과 빛을 제공하는 위안의 원천입니다. 따라서 세상 그 자체에는 기쁨이 없으며, 하나님도 자신의 자녀들의 필요를 충족시키기 위해 자신의 창조를 통해서 역사하지는 않으십니다. 대신, 보나의 경건이 집중하고 있는 것은 바로 이생의 수고와 단조로움과 어둠으로부터의 탈출이라고 할 수 있는 그리스도의 직접적인 사역입니다. 벤슨은 보나의 가사

---

40 Benson, *Studies of Familiar Hymns,* second series, 209.

41 Ibid., 218. Benson은 주목할 만한 장로교 찬송가 작가 명단에 다음 인물들을 추가한다. 스코틀랜드에서는 "브루스, 로건 모리슨, J. D. 번스, 노먼 맥클라우드, 매티슨, 보스윅 씨(Miss Borthwick), 파인드 레이터 씨(Mrs. Findlater), 브라운리(Brownlie), 커즌 씨(Mrs. Cousin), 그리고 아가일(Argyll) 공작", 캐나다에서는 "로버트 머리", 미국에서는 "데이비스 J. W. 알렉산더, 더필드(Duffield), 던, 헤이스팅스, 프렌티스 씨, 울프 씨, 하퍼 씨, 마치 씨, 스미스 씨 그리고 반 다이크씨(Mrs. Prentiss, Wolfe, Hopper, March, Mrs. C. L. Smith, 그리고 van Dyke)"(219).

42 Ibid., 216.

가 너무 현실 도피적이어서 한 "고교회 부인"은 그의 찬송을 중세 시대의 것으로 여겼다고 결론지었습니다.[43]

와츠, 웨슬리, 보나의 인기가 긍정적인 지표라면, 반대로 부흥주의는 장로교 찬송에 엄청난 영향을 미쳤습니다. 와츠와 웨슬리가 제1차 대각성 운동의 부흥을 위해 찬송 가사를 썼던 것뿐만 아니라, 부흥이 장려하는 헌신의 형태, 곧 영혼을 뒤흔드는 새로운 탄생과 거룩함에 대한 열정으로 특징지어지는 기독교인의 삶은 오직 시편만을 찬송하는 관습으로는 따라갈 수 없는 회중 찬송의 형태를 육성했습니다. 제1차와 제2차 대각성 운동이 없었다면 미국 장로교인들이 여전히 칼빈이 규정한 노래를 부르고 있을 것이라고 주장하는 것은 과장일 것입니다. 그러나 미국 장로교인들이 보수파와 자유파 구분 없이 모두 영으로 충만한 기독교 형태(예: 오순절주의와 은사주의 운동)가 의문시되던 시기에 개혁주의 시편찬송 패턴을 회복하기 위해서 진지한 노력을 기울였다는 사실은 우연이라기보다는 섭리적이라고 하는 것이 더 맞을 것 같습니다.[44]

---

43 Ibid., 211. Bonar는 역사 문헌에서 큰 주목을 받지 못했으나, Kenneth R. Ross의 'Calvinists in Controversy: John Kennedy, Horatius Bonar and the Moody Mission of 1873-1874' (*Scottish Bulletin of Evangelical Theology*), 1991-1992: 51-63)은 Bonar의 부흥주의에 대한 견해를 설명하는 데 유익하며, 이를 통해 찬송가와 복음주의적 신앙심을 연결하는 또 다른 고리를 제공한다.

44 21세기 시편찬송의 회복에 대해서는 Bertus Frederick Polman, "Church Music and Liturgy in the Christian Reformed Church of North America" (University of Minnesota: Ph.D. dissertation, 1980)와 Emily R. Brink, "Metrical Psalmody in North America: A Story of Survival and Revival," *The Hymn* 44, 4 (*Oct.* 1993): 21을 보라.

결론: 찬양 노래의 시대에 하나님을 찬양하며 노래하기

시편을 부르는 공동체가 예전적(liturgical)이라고 알려지지는 않지만, 개혁주의 예배의 전통적인 요소와 순서의 일부로서 시편만을 찬송으로 사용하는 것은 사실상 개혁주의 기독교의 예전이며, 시편집이 교회의 기도서 역할을 한다고 주장할 수 있습니다. 존 녹스가 기도서를 거부할 생각을 하지 않았음에도 불구하고 스코틀랜드 장로교인들이 기도서를 거부한 이유가 무엇이든, 예전적 예배와 시편만을 찬송하는 것은 본질적으로 상충되지 않습니다. 대륙의 개혁교회의 관행이 이를 분명히 보여줍니다. 1560년 제네바의 존 칼빈에서 1930년 그랜드 래피즈의 기독개혁교회(CRC)에 이르기까지, 예배에서 예식서(forms)를 사용하는 것은 시편만 부르는 것과 온전히 양립할 수 있었습니다. 결과적으로, 언약도들과 분리교회 성도들(Seceders)이 기도서와 예전을 거부했음에도 불구하고, 시편만을 사용하는 것이 예전 자체를 배제하는 것이 아니듯 그들의 관행이 필수적인 것은 아닙니다.

이 장은 찬송의 기원에 대해 충분한 의문을 제기하여 개혁교회의 역사적 관행으로서, 그리고 신자들이 공동 예배에서 하나님을 찬양하는 최선의 방법으로서 시편에 대한 재고를 촉구합니다. 실제로 미국의 개혁주의 예배에 접근하는 것을 방해하는 현대의 장애물 중 하나는 장로교인들이 미국 문화의 공통된 관행에 대해 분별력을 발휘하지 못한 것입니다. 영국의 종교 사회학자인 데이비드 마틴(David Martin)에 따르면, 미국 문화는 본질적으로 웨슬리적입니다. "미국과 영국의 차이점은 형식(form)과 사생활(privacy)보다는 신실함(sincerity)과 개방성(openness)에 대한 미국인들의 고집이다. 미국의 전체적인 스타일은 그때나 지금이나 '감리교적'인 강조점을 가지고 있는 반면에, 영국에서는 문화적으로 권위 있는 스타일이 여전히 성공회적이었다. 즉, 모든 종류의 '열정', 즉 종교적, 문화적, 개인적 열정이 미국에서는 만연하게 되었으나, 영국에서는 열정이 간헐적으로 남아 있었고 약간의 가벼운 호기심의 대상에 불과하게 되었다."[45]

물론 미국의 많은 장로교인들의 저교회적 스타일은 마틴이 만든 형식/비형식 스펙트럼에서 장로교의 위치를 정하기 어렵게 만듭니다. 그럼에도 불구하고, 개혁주의 예배가 열정적인 감정보다는 경건과 경외를 그 특징으로 한다면, 미국 장로교인들은 예배 관행에서 널리 유행하는 미국 개신교의 표현방식을 사용하는 데 있어 지금까지보다 더 분별력 있게 행동해야 합니다.

이 더 큰 분별력을 가진다는 것은 부분적으로는 장로교인들이 개혁주의 예배에서 웨슬리적 경건에 포함된 은사주의적 흔적에 특별히 주의를 기울인다는 의미입니다. 현대 예배에 관한 책의 서문에서, 남침례교의 찬송 학자인 도널드 후스타드(Donald P. Hustad)는 어떤 예배 전통에도 적용되지만, 특히 장로교인들이 마음에 새겨야 할 매우 의미 있는 경고를 했습니다. "은사주의 신자들은 그들 자신의 신학과 해석에 맞는 그들만의 예배를 발전시킬 권리가 있으며, 그들은 이를

---

45   David Martin, *Tongues of Fire: The Explosion of Protestantism in Latin America* (Cambridge, Mass.: Blackwell, 1990), 21.

잘 해왔다. 비은사주의자들은 같은 방식으로 같은 '지성소'에 들어가기를 기대하지 않는 한, 은사주의자들의 예배 공식을 무심코 복사하거나 모방해서는 안 된다. 대신, 비은사주의자들은 성경적 이해에 기초하여 그들의 예배 근거를 발전시킨 다음, 그들 자신의 신학에 맞춰 노래해야 한다."[46]

후스타드의 말이 옳다면, 장로교인들과 개혁주의 개신교인들은 현대 교회의 많은 예배를 특징짓는 새로움, 감정의 과잉, 무질서에 저항할 수 있는 귀중한 해결책을 가지고 있다고 할 수 있습니다. 바로 시편찬송집으로 돌아가는 것입니다. 물론 이 방법을 사용한다고 해서 십대들이 갑자기 예배에 집중하게 되고, 또 새로운 예배 형식을 시행하고 싶어 하는 예배 위원회의 실험 욕구가 사라지게 되는 것은 아닙니다. 그러나 시편만을 찬송하는 관습은 많은 도시에서 사소한 악덕에 대한 법을 집행함으로써 중대한 범죄를 줄인 깨진 유리창 정책과 같은 기능을 할 수 있습니다. 장로교인들이 예배에서 올바른 노래를 부르기 위해 열심히 노력한다면, 규제 원칙에 대한 논쟁이나 자발성에 대한 질문, 그리고 지루해하는 아이들과 혼란스러워하는 방문객들에 대한 걱정이 실제로 제자리를 잡을 수 있을 것입니다.

---

46 Donald P. Hustad, foreword to Barry Leisch, *The New Worship: Straight Talk on Music and the Church* (Grand Rapids: Baker Book House, 1996), 10.

제2부

성경에 나타난
시편찬송

SING A NEW SONG

제5장
시편찬송과 성경

로랜드 S. 워드(Rowland S. Ward)

이 장에서는 특별히 신약성경을 중심으로 성경에 나타난 시편찬송에 대해 살펴보겠습니다.

구약시대의 배경

초기 히브리인들은 노래와 서정시를 흔히 사용했고, 종교적인 노래든 아니면 비종교적이든 상관없이 찬양(song)을 부르는 것을 적절하다고 여겼지만, 다윗 시대에 이르러서야 찬양의 봉사(song service)가 예배의 중심에 자리하게 되었습니다. 구약성경은 하나님의 종이자 왕인 다윗의 시대에 찬양의 봉사가 하나님의 명령으로 지정되었다는 사실을 강조합니다(대상 6:31-48; 25:1-31; 대하 29:25 참조). 이 예배가 종종 쇠퇴하기는 했지만, 그것이 개혁될 때마다 그 개혁의 근거를 찾았던 곳은 바로 다윗을 통해 하나님께서 주신 율법이었습니다. 이 개혁은 기원전 835년(대하 23:18), 기원전 715년경(대하 29:30), 기원전 622년

(대하 35:15)의 개혁과 기원전 537년경 제2성전의 기초를 놓을 때(스 3:10), 그리고 기원전 434년경 예루살렘 성벽 봉헌식(느 12:45-46)에서 볼 수 있습니다. 위의 성경 본문들은 성전에서 이루어진 예배 찬양(songs of worship)이 단순히 인간이 고안한 것으로 여겨지지 않았음을 보여줍니다. 기도의 내용에 관해서는 자유롭게 할 수 있었지만, 찬양의 내용은 자유롭게 정할 수 없었습니다. 구약성경에 나오는 중앙 집중적 예배의 원칙은 그 목적을 위해서 인정받은 영감된 찬양들입니다. 다윗의 마지막 말은 "여호와의 영이 나를 통하여 말씀하시며 그의 말씀이 내 혀에 있었도다"(삼하 23:2)였습니다.

물론 신약 시대의 유대교에는 상당한 다양성이 있었습니다. 사해 사본을 만든 에세네파 계열의 집단(Essene-like group)은 시편집을 광범위하게 사용했지만, 그들이 사용한 시편찬송집의 후반부(시편 90편 이후)의 순서는 고정되지 않았고, 그들만의 독특한 시편도 몇 편 있었습니다(1QH와 11QPs). 기원전 48년 폼페이우스의 죽음 이후 어느 시기에 쓰인 18편의 시편 모음인 『솔로몬의 시편(Psalms of Solomon)』은 유대인에 속한 또 다른 부분에서 제공되는 추가적인 예입니다. 그러나 이러한 작품들이 이스라엘의 중앙 집중적 예배에 사용되었다고 볼 근거는 없습니다.[1]

현재 우리의 지식으로는 이 시편집이 최종 형태에 이르는 과정에 거쳤던 연속적인 단계를 추적할 수가 없습니다. 전통적으로 기원전

---

[1] 물론 『솔로몬의 찬송(Odes of Solomon)』도 그렇게 사용되지 않았다. 이 42개의 노래는 빨라야 기원후 1세기 말에 처음 시리아어로 쓰였으며, 기독교의 영향을 받은 에세네파와 유사한 집단에서 기원한 것으로 보인다.

430년경 에스라 시대에 완성된 것으로 봅니다. 히브리어 성경은 기원전 200년경에 헬라어로 번역되었고(70인역), 신약성경에 광범위하게 인용된 예에서 보듯이 널리 사용되었습니다. 히브리어로 시편은 "세페르 테힐림"(찬송 혹은 찬양의 책)이라고 불리며, 헬라어로는 "프살모이"(시편)라고 합니다.

성전 밖에서 시편집이 얼마나 사용되었는지에 대해서는 많이 알지 못하지만, "이스라엘의 노래하는 자"(삼하 23:1)의 작품들이 널리 사용되었을 것이라고 보는 것이 매우 자연스럽습니다. 사용할 수 있는 구약 자료가 강조하는 것은 시편과 개인 또는 회당 예배와의 연관성보다는 중앙 집중적 성전 예배와의 연관성입니다. 회당(synagogue)은 신구약 중간기에 조직된 형태로 시작되었다고 여겨집니다. 예수님 시대에는 팔레스타인과 당시에 알려진 세계 전역에 널리 설립되어 있었습니다(참조: 행 15:21). 본질적으로 회당은 성경 교육과 기도를 위한 모임이었으며, 거기서 찬양을 불렀다는 결정적인 증거는 없습니다. 결국 시편집은 일차적으로 개인을 위한 것이 아니라, 하나님의 종이면서 왕이신 분(God's Servant-King)에게 소망을 두는 공동체를 위한 것입니다. 이는 왜 성가대 지휘자를 향하여 말하는 많은 시편들이 처음에는 순수하게 개인적인 관심사를 가지고 있는 것으로 보이는 노래인지를 설명해줍니다.

시편을 단순히 그리스도를 예언하는 것으로 보거나, 시편 2편이나 22편과 같은 몇몇 주목할만한 시편만을 메시야적 시편으로 보는 것은 충분하지 않습니다. 실제 상황은 이와 매우 다릅니다. 간단히 말해, 예수 그리스도는 우리가 시편의 음정을 올바르게 조율하는 데 사용하는 음차(tuning fork)입니다. 우리는 단지 몇몇 시편이 아니라 모든 시편에서 여러 가지 방식으로 그분을 발견할 것입니다. 진정한 다윗이신 그리스도와 신자의 연합이 시편이라는 보물을 여는 열쇠입니다. 이 노래들이 신약 교회에서 특별한 위치를 차지하고, 자주 인용되는 이유는 바로 이 때문입니다.

신학적 방향

성경에 있는 예배에 대한 어떤 논의도 그리스도 중심이어야 합니다. 요한복음에서 예수님은 이 논의의 배경을 설정해 주십니다. 예수님의 사역은 유월절에 하셨던 성전 정화와 자신을 참 성전으로 선언하는 것으로 시작됩니다(요 2:12-22). 그분은 성전 예배와 유월절과 같은 절기를 가진 시대를 넘어, 자신의 죽음과 부활을 통해 하나님과 인류 사이의 소통이 이루어질 것임을 바라보십니다. 땅에 속한 것은 하늘에 속한 실재에 자리를 내주어야 하므로, 그분은 니고데모에게(요 3장) 하늘의 실재를 이해하고 하나님 나라에 들어가려면 위로부터 오는 성령으로 말미암은 중생이 필요하다고 말씀하십니다.

마찬가지로 요한복음 4장에서 예수님은 사마리아 여인에게 하나님의 약속이 사마리아 역사가 아닌 유대 역사를 통해 성취되는 것과, 참된 예배자들이 아버지께 "영과 진리로" 예배할 때가 왔다고 말씀하십니다(23-24절). 이 구절에서 예수님이 말씀하시는 것은 하나님이 진실한 예배를 원하시는 것은 바로 지금부터라는 말이 아닙니다. 그렇다고 장소는 더 이상 중요하지 않다는 말씀도 아닙니다. 하나님은 언제나 마음에서 우러나오는 예배를 요구하셨고, 어디에 있든 진실하게 그분을 부르는 자들에게 항상 가까이 계셨습니다. 오히려 예수님은 참된 예배는 성령의 영역에 따라 이루어지며, 그래서 위로부터의 출생으로 알게 되는 하늘의 실재에 따라 이루어진다고 확언하고 계십니다. 더 간단히 말하면, 장소와 하나님께 나아가는 것은 모두 주 예수님 안에서 발견할 수 있으며, 그분은 우리를 위해 생명을 주시는 성령을 얻으시어, 우리가 그리스도와 믿음으로 연합을 이룰 때 우리가 영적 성전의 산돌들이 되게 하십니다. 중요한 것은 물리적 위치가 아니라 길이요 진리요 생명이신 그리스도 안에 있는 장소입니다.

성전과 시편집을 비롯한 성전에 관련된 모든 것들이 참된 의미에서 실현되는 장소는 예수 그리스도입니다. 그리고 우리의 대제사장이신 그리스도께서 우리를 위해 하늘에 나타나신다면, 그분이 다윗을 통해 하신 기도는 그분 안에 있는 모든 이들의 기도로 남아 있습니다. 서로 다른 각 개인을 위한 별도의 노래가 있는 것이 아니라, 그리스도 안에 있는 공동체, 즉 그분이 죽어주실 만큼 사랑하셨던 하나의 교회를 위한 하나의 노래만 있습니다. 그분이 우리를 위해 기도하신 하나의 노래만 있고, 우리가 그분 안에서 기도하는 하나의 노래만 있습니다.

따라서 시편찬송이 그리스도 이전의 것이라거나, 더 나아가 그것이 그리스도인에게 부적합한 내용을 담고 있다는 주장은 기독교 예배에 시편집을 사용하는 것을 반대하는 논거가 될 수 없습니다. 예수님은 그분의 삶과 가르침 속에서 시편을 사용하셨고, 최후의 만찬에서도 시편을 부르셨으며, 십자가에서조차 시편을 인용하셨고, 시편의 말씀을 입에 담고 돌아가셨으며, 부활 후 가르침에서 그 시편의 의미를 알려주셨습니다(눅 24:44). 신약성경에서 시편이 광범위하게 사용되고 있는 것은 시편이 그리스도로 가득 차 있다는 사실을 초대 교회 신자들도 인식하고 있었다는 사실을 보여줍니다.

신약성경에 있는 노래부르기

초대 교회에 있었던 노래부르기(singing)에 대한 추가적으로 고찰하기 위해서는 다음 사항들을 논의해야 합니다. (1) 신약성경의 노래부르기에 대한 구체적 언급, (2) 신약성경 본문에 실제 존재하는 노래들, (3) 신약성경 본문에 포함된 찬송의 단편들.

구체적 언급

신약성경에서 노래부르기에 대하여 구체적으로 언급하는 내용은 매우 적습니다. 마태복음 26장 30절과 마가복음 14장 26절은 성찬을 제정할 당시에 찬송을 부른 것을 가리킵니다. 이는 노래부르기에 대해서 복음서가 언급하는 유일한 장면입니다. 주후 200년경 편찬된 유대교 미쉬나(페사힘 10)에 따르면, 유월절 날 가정에서는 대할렐(Great Hallel, 시 114/5-118)의 일부를 불렀다고 합니다. 물론 예수님 시대에도 이와 같았다고 절대적으로 확신할 수는 없지만, 예배 관행이 일반적으로 보수적이고 천천히 변하는 경향이 있어서 대체로 받아들이는 견해입니다. 앤드류 브런슨(Andrew Brunson)은 많은 독자들이 그 문맥, 특히 시편 118편의 인용구를 담고 있는 마태복음 23장 39절의 예수님 말씀을 통해서 마태가 암시하고 있는 것이 할렐(Hallel)이라는 사실을 알아차렸을 것이라고 주장합니다.[2]

바울과 실라가 빌립보 감옥에서 한밤중에 행한 "찬양"(행 16:25)에 시편찬송집의 시편이 포함되지 않았다고 상상하기는 어려울 것입니다. 신약성경에 찬송의 단편들(hymn fragments)이 있다고 주장하는 랄프 마틴(Ralph Martin)은 다음과 같이 주장합니다. "바울과 실라가 빌립보 감옥에서 부른 찬송의 장르를 알 방법은 없지만, 우리가 곤경과 시련을 만나게 될 때 인간의 영혼은 본능적으로 익숙하고 잘 알려진 것을 향한다고 추론한다면, 구약의 시편이 어두운 감옥에 울려 퍼져 그 선교사들의 동료 수감자들의 관심을 크게 끌었다는 것을 부인할 이유가 없습니다."[3]

야고보서 5장 13절은 즐거워하는 자들에게 시편을 부르라고 권면하는데, 누구도 여기서 시편이 제외되었을 것이라고 제안하지는 않을 것입니다. 어려움에 처한 자들에게 기도하라고 권면한 직후에 야고보가 이렇게 권면한 것은 주의 깊게 살펴볼 만합니다. 이는 성전에서와 마찬가지로, 노래하는 것이 기도와 겹치는 부분이 있기는 하지만 그럼에도 기도와는 구별되는 종교적 의무라는 것을 보여줍니다. 고린도전서 14장 15절에서 바울이 기도와 노래를 구별한 것도 같은 효과가 있습니다. 공예배에 속한 이 두 가지 요소를 통해 바울은 마음(mind)이 다른 이들을 세우는 데 유익하게 되기를 요구합니다. 따라

---

2   Andrew C. Brunson, *Psalm 118 in the Gospel of John* (Tubingen: Mohr Siebeck, 2003), 131.

3   Ralph P. Martin, *Worship in the Early Church* (Grand Rapids: Eerdmans, 1975), 43.

서 (알지 못하는) 방언으로 기도하고 노래하는 것은 이러한 예배 요소의 본질에 어긋나므로 배제됩니다. 방언으로 전하는 두세 개의 메시지는 허용되지만, 반드시 통역되어야 합니다.

고린도전서 14장 26절에서 노래는 이미 언급한 대로 예배의 구별된 요소입니다. 한 회원이 예배에서 노래(시)를 불러서 예배에 기여하고 싶어 한다고 가정해 보겠습니다. 이는 기존 시편집에 있는 곡을 배제하는 것은 아니지만, 이해의 가능성, 교육성, 품위 있는 질서라는 요구 사항을 충족하는 시편집 이외의 것을 가리킬 수도 있습니다. "찬송시(psalm)와… 가르치는 말씀(doctrine)과… 계시(revelation)"를 문맥상 보이는 대로 예언적 발언의 여러 측면으로 생각한다면, 우리는 성령의 영감을 받은 어떤 구성물(composition)을 가지고 있다고 할 수 있지만, 그것이 반드시 시편집에서 나온 구성물이라고 생각할 필요는 없을 것입니다. 물론 시편집에 있는 것도 영감받은 것이긴 하지만 말입니다.

이제 에베소서 5장 19절과 골로새서 3장 16절의 "시와 찬미와 신령한 노래"라는 구절, 특히 '신령한'이라는 형용사의 의미를 생각해 보겠습니다. 바울은 독자들에게 "그리스도의 말씀이… 풍성히 거하게 하라"고 촉구하며, 이는 그리스도의 복음이 그들의 사고를 관통하고 행동을 지도하게 해야 한다는 의미입니다. 따라서 바울은 복음에서 나오고, 주님을 향하지만 믿는 공동체를 가르치고 훈계하는 노래들을 사용하라고 권면합니다. 마찬가지로 에베소서에서 바울은 신자들이 계속해서 성령으로 충만해지기를 바라며, 노래로 서로에게 말하면서 또한 마음으로 주님께 노래하기를 원합니다. 우리는 시편집과 같은 영감된 노래들이나, 시편집을 포함하면서 그리스도의 복음의 진리를 적절한 방식으로 표현하는, 성령이 촉발하는 노래들을 갖게 됩니다.

이 세 용어의 사용에 관한 해석학적 문제는 다음과 같이 요약될 수 있습니다:

1. 세 용어의 의미는 실제 사용에서 구별될 수 없습니다.

이 단어들의 원래 유래를 살펴보면 시(*psalmos*, "뽑다"라는 의미의 "*psallo*"에서 파생)는 하프와 같은 현악기에 맞춰 부르는 노래를, 찬미(*hymnos*)은 하나님을 찬양하는 노래를, 노래(*ode*)는 더 일반적인 단어를 의미한다고 주장할 수 있습니다. 니사의 그레고리(Gregory of Nyssa, 약 380년)가 이 노선을 취했고 칼빈을 포함한 다른 이들은 그를 따랐습니다. 라이트풋(J. B. Lightfoot)과 같이 "시(psalms)"는 성경에서 직접 가져온 노래, "찬미(hymns)"는 독특하게 기독교적인 작품, "노래(songs)"는 자발적이고 성령의 영감을 받은 찬가(odes)를 가리킨다고 구별할 수도 있지만, 사실 그 용례는 이와 반대됩니다. 더욱이 70인역에서 이 세 용어는 시편의 제목에서 발견되며, 시편 76편에는 세 가지가 모두 있습니다. 정도는 덜하지만 같은 특징이 히브리어 본문과 미즈모림(mizmorim), 테힐림(tehillim), 시림(shirim)이라는 단어에서도 발견됩니다. 영어 독자들은 시편 67편과 108편과 같은 여러 시편에서 이를 볼 수 있습니다. 요약하면, 실제로 기원전 1세기와 그 이전 시기에 이 세 용어는 동의어였습니다. 더욱이 신약성경에서 "*psallo*"라는 동사는(약 5:13; 고전 14:15) 단순히 "시편을 노래하다"라는 의미로 사용되며, 악기 반주의 개념은 포함되어 있지 않습니다.

마이어(H. A. W. Meyer)의 주석에 따르면, 1834년 폰 하레스(G. C. von Harless)의 에베소서 주석에서 시작된 것으로 보이는 견해를 제안하는 이들도 있습니다. 이는 세 용어가 시편을 가리키는 것으로 설명하는 것이 가장 좋다는 것입니다. 신약성경에서 "프살모이(psalmoi)"는 주로 헬라적 배경에서 사용되는데, 아마도 헬라어 번역 시편의 제목에서 나온 것 같고, 유대인 환경에서는 "훔노이(humnoi)"나 이와 관련된 형태가 사용되는데, 이는 히브리어 제목인 "테힐림"을 번역한 것이기 때문입니다. 유대인과 이방인이 혼합된 환경에서, 일반적인 용어인 "오데(ode)"와 함께 이 두 용어를 결합하고, 그 전체를 성령에 의해 주어진 노래들을 나타내는 단어로 수식하는 것은 성령에 의해 주어진 모든 작품을 식별하고 포괄하는 포괄적인 표현을 제공하게 됩니다. 이는 신자들에게 권장되는 모든 성령이 주신 노래들을 포함하는 의미를 지닙니다. 우리는 이것들을 구약의 "죄악(iniquity)과 범죄(transgression)와 죄(sin)"나 바울이 "표적(sings)과 기사(wonders)과 능력(mighty deeds)"(고후 12:12)과 같이 동의어를 나열한 것으로 볼 수 있습니다.

2. 이 세 용어가 시편만을 가리킨다는 것이 절대적으로 확실한 것은 아닙니다.

고린도전서 14장 26절에서 "프살모스(psalmos)"가 기존의 시편이 아닌 예언적 발언으로 주어진 노래를 가리키는 것으로 논증될 수 있고, 외경인 "솔로몬의 시편(Psalms of Solomon)"[4]과 같은 당대 문헌에 있

---

4   BC 30년에 히브리어로 작성되었고 AD 50년에 헬라어로 번역됨.

던 종교적 노래를 가리키는데, 이 용어들이 상호 교환이 가능한 용어로 나타난다는 점을 고려하면, 이 용어들이 본질적으로 일반적인 의미를 가진다고 할 수도 있습니다.

3. "신령한"이라는 형용사는 세 용어 모두를 수식하는 것이 거의 확실합니다.

이 세 용어를 구별하는 전통이 유지되는 경우, 통상적으로 "신령한(spiritual)"이라는 단어가 "노래"라는 일반적인 단어를 수식하여 그것이 종교적인 성격을 가져야 한다는 사실을 나타내는 것으로 여겨집니다.[5] 그러나 이미 종교적인 맥락에서 이는 다소 중복된 것으로 보일 수 있으며,[6] 그게 아니면 이에 대한 대안으로 그 노래가 성령에 의해 영감을 받은 것처럼 보이기도 합니다.[7] 오늘날 학자들의 일반적인 견해는 "신령한"이 헬라어 용법에 따라 문법적으로 마지막 명사와 일치하지만, 실제로는 세 명사 모두를 가리킨다는 것입니다. 실제로 바울이 동등한 경건적 가치(devotional value)와 영적 유익을 갖지 않은 작품들을 함께 연결했다고 생각하기는 어렵기 때문에 이 주장은 논리적이라고 볼 수 있습니다. 그렇다면 그 의미는 "성령에 의해 영감을 받은 시와 찬미와 노래"(Lohse) 또는 "성령의 영감을 받은 시와 찬미와 노래"(Martin, O'Brien, Schnackenburg, Lincoln)가 될 것입니다.[8]

---

5 E. Schweizer, *Colossians* (*Minneapolis* 1982), 210와 *Murray J. Harris, Colossians and Philemon* (Grand Rapids, 1991), 169.

6 E. Schweizer에 대한 논박으로 Marcus Barth and Helmut Blanke, *Colossians* (New York, 1994)이 있다.

7 F. F. Bruce, *The Epistles to the Colossians, to Philemon, and to the Ephesians* (Grand Rapids: Eerdmans, 1984), 159.

8 Eduard Lohse는 "'영에 의해 촉발된'(pneumatikais)이라는 형용사적 표현은 실질적으로 세 용

4. 이 구절의 배경은 개인적이지 않고 공동체적이며, 따라서 고린도전서 11장 18-22절과 14장 19, 35절에서 "교회에서"와 "집에서"를 구별한 것이 여기에 적용되어야 합니다.

구약은 중앙집중적 성전 예배를 매우 엄격히 규제했던 것이 분명합니다. 그러므로 우리는 신약도 그리스도 안에 있는 신앙공동체라는 영적인 성전에 관해서 같은 역할을 한다고 주장할 수 있습니다. 교회 간에 존재하는 다양성을 인정하면서도, 우리는 일부 관행의 통일성을 과소평가해서는 안 됩니다(참조: 고전 14:33b-34). "교회에서" 일어나는 일과 "집에서" 일어나는 일은 다소 다를 수 있습니다. 따라서 공예배와 개인 예배를 구분하는 것은 어느 정도 정당화되며, 에베소서와 골로새서의 구절들은 기독교 신자들의 모임에 적용하는 것이 적합해 보입니다.

"신령한"의 의미가 성령의 영감(Spirit-inspired)을 받은 것을 의미한다면, 우리가 부를 수 있는 것은 성령이 주신 노래들로 제한되며, 실제로 이는 성경 본문에서 가져온 노래들을 의미합니다. 만약 그 의미가 성령의 이끌림을 받은(Spirit-prompted) 것을 의미하고 골로새서 1장

어 모두를 지칭한다"고 말한다(*Colossians and Philemon* [Philadelphia: Fortress Press, 1971], 151). 유사하게, R. P. Martin, *Worship in the Early Church* (Grand Rapids: Eerdmans, 1975), 43와 P. T. O'Brien, *Colossians, Philemon* (Waco, Tex.: Word, 1982), 310와 A. T. Lincoln, *Ephesians* (Waco, Tex.: Word, 1990), 346을 보라. R. Schnackenburg, *Ephesians* (Edinburgh: T&T Clark, 1991), 238은 이 형용사가 "회중이 부르는 모든 것을 영에 의해 영감되거나 생성된 것으로 특징짓는다"고 진술한다. 어느 쪽으로도 확정적이지 않은 이들조차 그 가능성을 인정한다(Barth와 Blanke, James D. G. Dunn, *The Epistles to the Colossians and to Philemon* [Grand Rapids: Eerdmans, 1996], 239, Margaret Y. MacDonald, *Colossians and Ephesians* [Collegeville, Minn.: Liturgical Press, 2000], 318, Jerry L. Sumney, *Colossians: A Commentary* [Louisville, Ky.: Westminster John Knox, 2008], 225). 더 오래된 저자들의 경우, 여기서도 대부분이 영에 의해 촉발/기원/영감된 것으로 보는데, Michael Bushell, *The Songs of Zion* (Pittsburgh: Crown and Covenant Publications, 1980), 73-76과 188n110을 참조하라.

9절에서 "신령한"이 이런 의미로 사용되었다면, 복음에서 나오고 또 구약의 성취를 그리스도 안에서 반영하는 노래들을 작곡할 자유는 있는 것입니다. 그리고 당연히 이때 가장 현명한 방법은 성경의 단어들 그 자체에, 혹은 그게 어렵다면 성경의 의미에 가장 가깝게 유지하는 것입니다. 따라서 새로운 노래들이 형식적으로는 정경이 아니지만, 하나님의 진리를 정확히 전달하는 것으로 간주될 수는 있으며, 따라서 성경 본문에 직접적으로 포함된 내용과 함께 신앙적 가치와 영적 유익을 제공합니다.

물론 활기차고 살아있는 신앙은 노래로 표현되지만, 하나님의 백성이 모인 예배에 적합하고 오래 지속되는 경향이 있는 찬송가는 일반적으로 성경 본문에 가장 가까운 것들입니다. 골로새서 1장 28절과 3장 16절의 언어를 비교하면, 교회를 위한 노래는 본질적으로 성경을 설명하는 것이라고 결론지을 수 있습니다. 그리고 하나님께서 항상 그분의 예배에 대해 매우 질투하셨다는 사실을 잊지 말아야 합니다. 그분은 예배의 본질을 정할 권리를 가지고 계시며, 그에 대한 우리의 반응은 그분의 은혜로운 언약의 맥락 속에서 오직 순종하는 것뿐입니다.

신약성경 본문에 있는 노래들

신약성경은 성경 구절들을 가져와 보충하고 그 결과를 새로운 상황에 적합한 형태로 표현한 노래의 여러 예시를 제공합니다. 마리아의 노래(the Magnificat)에는 적어도 9개의 시편에 대한 참조와 암시가 포함되어 있으며, 사가랴의 노래(the Song of Zacharias)에는 적어도 8개가 포함되어 있습니다(눅 1:46-55, 67-79 참조). 이 노래들이 독특한 개인적 상황을 위한 유일무이한 노래라는 것이 너무나 분명함에도, 공예배에서 정기적으로 사용해야 한다고 주장하는 것은 항상 저에게 놀라운 일이었습니다. 하지만 이 노래들은 시편집(Psalter)이 일반적인 경건한 사람들의 영적 삶 속에 깊이 뿌리박혀 있었다는 사실을 분명하게 보여줍니다.

요한계시록에는 세 개의 찬송가(hymns)가 기록되어 있습니다. 이들은 본문의 구조에 분명하게 자리 잡고 있어서 본문과 불가분의 관계임을 보여주므로 찬송 단편(hymn fragments)으로 생각할 수는 없습니다. 그럼에도 불구하고 이들은 시편에는 없는 찬송가입니다. 하지만 이에 대해 너무 많은 의미를 부여해서는 안 됩니다. 왜냐하면 요한계시록은 다양한 문학적 장치를 사용하여 하나님의 목적의 궁극적 성취를 우리에게 그려주고 있기 때문입니다.

요한계시록 5장 9-10절의 새 노래는 하프와 성도들의 기도인 향대접을 가진 이들이 부릅니다. 그 새 노래는 천사들에 의해 메아리치고, 바다의 물고기까지 포함한 모든 피조물이 함께 부르는 것으로 절정에 이릅니다. "새 노래(new song)"라는 표현은 시편 33편 3절, 40편 3절, 96편 1절, 98편 1절, 144편 9절과 이사야 42장 10절에서도 등장합니다. 이는 하나님의 구원 행위로 인해 생긴 새로운 상황을 가리키며, 새 노래는 이를 축하하는 노래입니다. 궁극적으로 모든 신자들, 그리고 오직 그 신자들만이 이 새 노래에 참여합니다(계 14:3).

요한계시록 15장 3-4절에 나오는 "하나님의 종 모세의 노래, 어린 양의 노래"라는 표현은 하나의 노래로서, 하나님이 주신 하프와 함께 부르며, 구약의 말씀을 광범위하게 인용하여 어린 양이 비준한 새 언약의 절정을 보여줍니다. 여기에 암시된 시편으로는 86편 9절, 98편 2절, 111편 2절, 139편 14절, 145편 17절 등이 있습니다. 마찬가지로 요한계시록 19장 6-9절의 결혼 노래에서도 시편의 여러 표현이 인용됩니다(6절–93:1; 97:1; 99:1; 7절–118:24; 96:8).

신약성경 본문에 내장된 노래 단편들

흔히 신약성경 본문에 기독교 찬송가의 단편들이 내장되어 있다는 주장이 있습니다. 이를 위해서 일반적으로 인용하는 구절은 에베소서 5장 14절, 빌립보서 2장 6-11절, 골로새서 1장 15-20절, 디모데전서 3장 16절이며, 때로는 다른 구절들을 제시하기도 합니다. 설령 그들 말대로 이것들이 찬송 단편이라고 하더라도 무엇을 입증할 수 있는지는 분명하지 않습니다. 바울이 이교도 시인을 인용할 수 있었다면(행 17:28), 기독교 시인이 있었다고 가정하면 얼마나 더 인용할 수 있겠습니까! 하지만 위대한 웅변의 기억할 만한 구절들을 찬송으로 오해할 우려는 없을까요? 더욱이 게르하르트 델링(Gerhard Delling)이 지적하듯이,[9] 신약성경에는 헬라 스타일의 운율 찬송을 사용하거나 인용된 구절에서 명확히 식별할 수 있는 법칙을 따르려는 시도를

---

9 G. Kittel and G. Friedrich, *Theological Wordbook of the New Testament* (Grand Rapids: Eerdmans, 1972), 8:500.

발견할 수 없기 때문에, 찬송 단편을 식별하는 일은 가정적이고 그 타당성은 제한됩니다.

이러한 찬송 단편들보다 훨씬 더 명백한 것은 시편에 대한 수많은 인용과 암시입니다. 신약성경의 모든 구약 인용 중 약 3분의 1이 이 한 권의 책에서 나옵니다. 약 40편의 시편이 신약성경에 직접 인용되며, 100-110편이 인용되거나 암시됩니다.[10] 이러한 사실들은 신약 교회에서 시편집(the Psalter)의 중요성을 말해주는 강력한 증거입니다. 초기 기독교인들은 그들이 가지고 있었던 성경에 포함된 찬송가를 매우 진지하게 받아들였던 것 같습니다. 하지만 어떻게 불렀는지에 대해서 알려줄 증거는 많지 않습니다. 에베소서 5장 19절의 "서로 화답하며"라는 구절에서 어떤 종류의 교창(antiphonal)의 관행이 있었다고 추측해 볼 수 있습니다. 또한 우리는 주후 112년경 트라얀(Trajan)에게 보낸 플리니(Pliny)의 편지에서 라틴어 "카르멘 아디케레(carmen adicere, 시를 추가하다)"가 사용된 것을 볼 수 있습니다. 그러나 분명한 사실은 시편집은 당시에 알려져 있었고, 사랑을 받았으며, 광범위하게 사용되었다는 것입니다.

결론

지금까지 시도한 분석의 목적은 공예배에서 시편만을 독점적으로

---

10 이의 예시로 *The Greek New Testament*, 4판 (Stuttgart: United Bible Societies, 1994)의 색인을 참조할 수 있다.

사용해야 한다고 주장하는 것이 아니라, 다음의 두 가지를 보여주기 위한 것입니다. (1) 초기 교회의 공적 모임에서 시편이 아닌 다른 찬송가와 종교적 노래의 사용이 광범위했거나 심지어 존재했다는 것을 시사하는 정보가 부족하다는 점과 (2) 초기 교회의 생활에서 시편이 광범위하게 사용되었다는 사실인데, 이는 시편이 이제 새 언약 신학과 실천에서 중요한 요소로 자리 잡았음을 그들이 인식하고 있었다는 것을 반영합니다.

히브리서 1장은 시편을 꽤 정교하게 사용했던 예를 제공합니다. 여기서 인용문구들은 청중의 마음속에서 이 주장이 확정적일 것이라는 기대와 함께 소개되고 있습니다. 만약 우리가 그렇게 생각하지 않는다면, 그것은 우리가 성경적 기준에서 다소 벗어났음을 시사하는 것일 수 있습니다. 시편 외의 더 넓은 노래의 범위를 수용하는 것을 정당화하는 다른 성경 원칙들이 있을 수 있지만, 시편집에 있는 찬양의 규범을 놓친다면 우리는 매우 심각하게 표류할 가능성이 큽니다. 같은 맥락에서, 오랫동안 불리는 경향이 있는 찬송가는 성경 주제와 언어에 가장 가까운 것들입니다. 찰스 웨슬리가 훨씬 더 많은 작품을 썼음에도 불구하고 상대적으로 더 적은 수의 작품을 쓴 아이작 와츠의 찬송이 현대 찬송가에 웨슬리의 작품에 비해 더 많이 실려있는 것을 보면 이 사실을 알 수 있습니다.

실제 경험이 최고의 논증인 경우가 있습니다. 디트리히 본회퍼(Dietrich Bonhoeffer)는 이렇게 썼습니다. "시편집이 버려지는 곳마다, 다른 것과 비할 데 없는 보물이 기독교회에서 사라집니다. 시편집의 회복과 함께 예상치 못한 능력이 올 것입니다."[11] 이튼(J. H. Eaton)은 이렇게 썼습니다.

> 만약 성경 자체가 교회의 신앙을 먹이고 주님과 대화하는 삶을 이루는 데 독특한 역할을 한다면, 초기부터 전면에 있었던 것으로서 성경의 일부인 시편집(Psalter)도 마찬가지다. 여기서 성경은 평범한 말과 강렬한 이미지로 가르치고, 예언하며, 다가올 좋은 세상의 베일을 벗긴다. 시편집은 예배자들이 강건한 찬양과 감사의 말을 하도록 하며, 고통의 가장 깊은 구덩이로부터 열정적인 간구를 하도록 한다. 우리가 직접 쓴 찬송가는 쉬우며 즐거운 감정을 갖게 한다. 반면에 시편(Psalms)의 많은 부분이 현대인의 상상력에는 원시적이거나 가혹하게 보일 수 있다. 그러나 시편 속에 있는 그런 도전을 받아준다면, 시편에는 현대의 작품들이 거의 도달할 수 없는 능력과 충만함이 있음을 알게 될 것이다.[12]

---

11 Dietrich Bonhoeffer, *Psalms: The Prayer Book of the Bible* (Minneapolis, Minn.: Augsburg Fortress, 1974), 26.

12 J. H. Eaton, *The Psalms: A Historical and Spiritual Commentary with an Introduction and a New Translation* (New York: Continuum International Publishing Group, 2006), 58.

제6장
그리스도의 찬송:
신약 찬송집의 구약 형성

마이클 르페브르(Michael LeFebvre)

성경에서 시편은 전통적으로 욥기와 잠언 사이에 위치하여 구약
의 중앙에 있습니다. 그러나 이러한 중앙 배치는 시편을 구약 시대
중반에 형성된 책으로 잘못 인식하게 할 우려가 있습니다. 사실 시편
은 구약 시대 후기의 산물 중 하나입니다. 구약의 책들을 편찬 날짜
에 따라 배열한다면, 시편을 포로기 이후의 책 중 가장 마지막에 두
어야 할 것입니다. 물론 그 안에 포함된 많은 노래들은 훨씬 오래되
었지만, 우리가 시편이라고 부르는 책으로 히브리어 찬송을 특별히
선별하고 배열한 것은 포로기 이후입니다. 그러므로 시편을 구약의
예배 찬송집으로 보는 것보다는 사실상 신약 예배를 위해 준비된 구
약 성전의 최종 산물로 보는 것이 더 적절할 것입니다.

이 장에서는 시편에서 정점을 이루는 구약 이스라엘의 찬송집 작
성 역사를 탐구하고자 합니다. (때로는 자녀들에 대해 더 잘 알기 위해 그들의
부모를 알아가는 것이 도움이 됩니다.) 시편집(Psalter) 이전의 찬송집에 대해서

는 알려진 바가 적지만, 성경에는 시편(Psalmbook)의 유산을 어느 정도 파악할 수 있는 충분한 힌트가 있습니다. 더욱이 시편은 이전 모음집에서 특정 성전 찬송을 가져와 신중하고 새롭게 배열하여 이를 재현합니다. 시편집을 그 유산 안에 위치시킨 후, 저는 그 특별한 배열의 중요성을 탐구하고자 합니다. 이 장에서 제시된 연구가 이 구약의 시편집이 그리스도 중심의 신약 예배에 매우 적합하다는 점을 새롭게 인식하는 데 기여하기를 바랍니다.

족장들의 찬송?

창세기는 족장 시대에 사용된 예배 노래에 대해 침묵하고 있습니다. 물론 노래는 초기부터 인간 사회의 중요한 부분이었으며, 창세기는 음악적 도구의 발명을 금속 가공 기술과 유목 목축의 도입과 함께 언급합니다(창 4:20-22). 우리는 또한 라반이 야곱을 위해 "즐거움과 노래와 북과 수금으로" 송별 잔치를 열겠다고 말하는 것을 읽고(창 31:27) 노래가 족장들의 세계에서 중요한 요소였음을 알게 됩니다. 그러나 창세기는 족장들이 특별히 예배에서 노래했는지에 대해서는 아무 말도 하지 않습니다.

족장들이 살던 세계에 있던 공동체들, 곧 메소포타미아(아브라함이 온 곳)와 가나안(족장들이 정착한 곳)을 포함한 다른 공동체들은 예배에서 노래를 불렀고 글로 된 찬송 모음집을 가지고 있었습니다. 그러므로 족장들도 예배를 위해 노래를 작곡하고 불렀을 수 있습니다. 7세기의 한 유대교 문서는 하나님께서 아담의 죄를 보시고 그 죄를 용서하신 직후 아담이 찬양을 부르기 시작했다고 주장합니다.[1] 이런 주장에 대한 성경적 근거는 없지만, 창세기의 성도들이 예배의 일부로 노래를 불렀을 것이라고 생각하는 것은 전혀 불합리하지 않습니다. 그러나 예배에 대하여 창세기는 제사와 기도에 초점을 두고 묘사하고 있으며 노래에 대해서는 침묵하고 있습니다.

성막의 찬송집

회중 찬양을 위해 작곡된 노래에 대해 명시적 언급한 내용은 출애굽기 15장에 처음 등장합니다. 모세가 이스라엘 백성을 인도하여 홍해를 건너도록 한 직후, 하나님께서는 바로와 그의 군대를 그 물결 아래에서 멸망시키셨습니다. "이때에 모세와 이스라엘 자손이 이 노래로 여호와께 노래하니"(출 15:1). 이것이 이스라엘 회중이 예배에서 "여호와께 노래"한 것에 대해 명시적으로 묘사한 첫 번째 기록입니다.

노래책(songbook)에 기록된 찬송(hymn)에 대해 성경이 처음으로 언급하는 내용은 모세의 사역 마지막 때인 신명기 31장에 나옵니다. 이 구절은 우리가 고대 이스라엘의 찬송(hymnody)과 찬송집(hymnals)에 대해 이해하는 데에 중요하며, 여기서 우리는 몇 가지 교훈을 얻을 수 있습니다. 신명기 31장에서 우리는 모세가 여호수아에게 지도력을

---

1   아가서 탈굼 1:1은 아담이 시편 92편("안식일을 위한 시 또는 노래")을 지어 첫 안식일에 하나님의 용서를 찬양했다고 주장한다.

넘겨주면서 사역을 마무리하는 시점을 보게 됩니다. 그때 여호와께서는 모세에게 이스라엘을 위해 두 권의 책을 편찬하라고 지시하셨습니다. 바로 율법서와 노래책(a songbook)입니다.

> 모세가 이 율법을 써서... 레위 사람에게 명령하여 이르되... 이 율법책을 가져다가 너희의 하나님 여호와의 언약궤 곁에 두어 너희에게 증거가 되게 하라(신 31:9, 25-26).

> 여호와께서 모세에게 이르시되... 이제 너희는 이 노래를 써서 이스라엘 자손에게 가르쳐 그들의 입으로 부르게 하여 이 노래로 나를 위하여 이스라엘 자손들에게 증거가 되게 하라... 그들의 자손이 부르기를 잊지 아니한 이 노래가(신 31:14, 19-21).

여기에 중요한 점이 있습니다. 이스라엘의 첫 "성경"과 첫 "찬송집"이 동시에 출판되었다는 사실입니다. 또한 이 둘은 동일한 목적으로 출판되었습니다. 율법책은 "너희에게 대한 증거"의 기능을 할 것인데, 이 증거는 곧 각 세대의 이스라엘이 방황할 때 그들을 다시 신실한 백성이 되도록 부르는 책입니다. 그 노래책도 역시 "나를 위하여 이스라엘 자손들에게 대적하는 증거"라고 불립니다. 그러나 율법책과는 달리, 사람들은 이 노래들을 예배에서 사용하는 과정 중에 다 암기하게 되어서, 결국은 백성들의 마음속에 증거를 제공할 것입니다.

사실 모세가 그날 가르친 노래는 두 곡이었습니다. 신명기 32장에 나오는 경고의 노래(a song of warning)와 신명기 33장에 있는 축복의 노래(a song of blessing)입니다. 모세는 특별히 이 중 첫 번째인 경고의 노래를 기록하라는 구체적인 지시를 받았지만, 함께 소개된 축복의 노래도 그 찬송집에 포함되었을 가능성이 큽니다. 모세가 포함한 다른 노래들이 있었는지(예: 출애굽기 15장에 있는 홍해에서의 노래, 시편에 모세의 것으로 기록된 시편 90편) 우리는 말할 수 없습니다. 그러나 이 본문에서 모세가 임명한 이스라엘의 첫 찬송집이 율법책과 동반하는 책이 되도록 설계되었음을 알 수는 있습니다.

이 본문에는 또 다른 주목할 만한 세부 사항이 있습니다. 홍해를 건넌 이후부터는 모세가 친히 이스라엘 백성들이 노래하도록 이끌지만, 이제는 여호수아가 그와 함께 동행하도록 부름을 받습니다. "모세와 눈의 아들 호세아가 와서 이 노래의 모든 말씀을 백성에게 말하여 들리니라"(신 32:44). 마치 여호수아에게 이양하는 지도력에 노래를 인도하는 것도 포함되는 것처럼 보입니다.[2] 곧 보겠지만 실제로 여호수아는 이스라엘의 찬양 인도자가 됩니다. 한편, 모세가 시작한 노래책은 아마도 율법책(law book)처럼 레위인들이 담당하게 되었을 것입니다(참조: 신 31:9).

우리가 방금 살펴본 모세의 노래책 외에도, 성막 시대(tabernacle-era) 내러티브에는 노래가 포함된 책들에 대한 추가적인 언급도 세 차

---

2 왕에게서 왕의 아들로 왕관을 이양하는 내용의 시편 72편은 다윗의 마지막 시편이자 솔로몬의 시편으로 이중적으로 귀속되어 있는 것을 참조하라.

례 등장합니다. 민수기 21장 14–15절은『여호와의 전쟁기(*the Book of the Wars of Yahweh*)』라고 불리는 책에서 복사해 온 한 노래를 소개하고,『야샬의 책(*the Book of Yashar*)』에 포함된 노래들에 대해서도 두 번 언급합니다(수 10:12–13, 삼하 1:17–27).[3]『야샬의 책』(KJV에는 *Jasher*로 표기됨)은 또 다른 성막 시대의 찬송집으로 보이지만, 우리는『여호와의 전쟁기』에 대해 알 수 있는 것을 먼저 살펴보아야 합니다.

『여호와의 전쟁기』는 민수기 21장에 등장하는 이스라엘의 여정 가운데 일부로 언급됩니다. 저자는 이스라엘이 광야를 통과하는 여정에 거친 여러 체류지를 나열한 후 ["이스라엘 자손이... 오봇을 떠나... 이예아바림에... [그리고] 아르논 건너편에 장막을 쳤더라"(10–13절)], 노래를 인용합니다. "그러므로 여호와의 전쟁기에 일렀으되 수바의 와헙과 아르논 골짜기와 모든 골짜기의 비탈은 아르 고을을 향하여 기울어지고 모압의 경계에 닿았도다"(민 21:14–15). 여기 인용이 등장하는 주요 목적은 실제로 "모압의 경계"가 원래 이스라엘 백성들이 머물렀던 그 지점에 있었다는 것을 문서화하는 것입니다. 민수기가 작성될 당시에는 경계가 다른 곳에 있었음이 틀림없어서, 이 인용문은 일종의 각주 역할을 했습니다. 그러나 우리가 흥미로운 이유는 이것은 노래 단편이고 복사된 책의 이름이 언급되어 있기 때문입니다. 하지만 안타깝게도 이 노래는 너무 짧은 단편이고 그 세부

---

3 70인역의 열왕기상 8장 53절은 "노래의 책"(tó biblíon tῆj ῳdῆç)을 언급하는데, 일부 학자들은 이를 히브리어 원문(Vorlage)에서의 음위전환(metathesis) (*yšr* → *šyr*)을 통해 야샬의 책에 대한 세 번째 언급으로 보고 있다. (F. C. Burkitt, "The Lucianic Text of I Kings VIII 53b," *Journal of Theological Studies* 10 [1909], 439–46.)

사항이 너무 평범해서 이 전쟁기가 어떤 종류의 책이었는지를 확실히 알 수는 없습니다. 책의 제목과 이 단편의 성격을 바탕으로, 대부분의 학자들은 이 전쟁기가 이스라엘의 정복 전쟁에서 나온 전쟁 노래 선집이었을 것으로 추측합니다.[4] 예배 찬송집으로 보이지는 않지만, 그 어떤 것도 확실히 말할 수 있는 것은 없습니다.

다른 성막 시대의 노래책인 『야살의 책』은 또 다른 문제입니다. 우리는 성경에서 이 책에 대하여 두 번 언급된 것을 찾을 수 있으며, 둘 다 회중의 참여에 대한 명시적 진술과 함께 하나는 찬양(praise) 가운데, 다른 하나는 애가(lamentation) 속에 등장합니다. 첫 번째는 여호수아 10장에 나옵니다. 아모리 족속에 대한 큰 승리의 기록에 이어서 다음과 같은 내용이 이어집니다. "여호수아가 여호와께 아뢰어 이스라엘의 목전에서 이르되 태양아 너는 기브온 위에 머무르라 달아 너도 아얄론 골짜기에서 그리할지어다 하매 태양이 머물고 달이 멈추기를 백성이 그 대적에게 원수를 갚기까지 하였으니라 야살의 책에 태양이 중천에 머물러서 거의 종일토록 속히 내려가지 아니하였다고 기록되지 아니하였느냐"(수 10:12-13).

두 번째 언급은 사무엘하 1장에서 발견됩니다. 이것도 역시 하나님께서 임명하신 지도자가 백성들에게 가르치는 노래와 관련이 있지만, 이번에는 애가입니다. 사울과 요나단이 블레셋과의 전투에서 죽은 후, "다윗이 이 슬픈 노래로 사울과 그의 아들 요나단을 조상하고

---

4   Duane L. Christensen, "Num 21:14-15 and the Book of the Wars of Yahweh," *Catholic Biblical Quarterly* 36, 3 (1974): 359.

(명령하여 그것을 유다 족속에게 가르치라 하였으니 곧 활 노래라 야살의 책에 기록되었으며)"(삼하 1:17–18; 전체 노래는 19–27절에 있음).

이 노래가 있는 부분들의 특성과 이를 회중의 노래로 사용한 것을 바탕으로, 대부분의 학자들은 『야살의 책』이 초기 국가적 찬송의 모음집이었다고 믿습니다.[5] 이 책에 대한 첫 번째 언급이 여호수아 시대이고 마지막 언급이 다윗 시대라는 사실은 이 책이 성막 시대 전체에 걸쳐 오랫동안 사용되고 확장의 역사를 가진 찬송집임을 시사합니다. 어떤 신비로운 노래책의 사본이 발견되지 않는 한(실제로 수 세기 동안 여러 가짜 발견이 있었음),[6] 우리는 그것에 대해 더 말할 수 없습니다. 그러나 이것은 또 다른 성막 시대의 찬송 모음집으로 보입니다.

지금까지 우리는 성막 시대의 적어도 두 개의 찬송집이 있었을 가능성을 확인했습니다. 모세가 시작한 노래책과 『야살의 책』입니다. 그러나 우리는 지금 실제로는 동일한 찬송집에 대해 이야기하고 있을 수도 있습니다. 즉, 『야살의 책』이 모세의 찬송집의 이름일 수 있다는 의미입니다. "야살"이라는 단어는 "곧은, 정직한, 또는 율법을 지키는"이라는 뜻의 히브리어 형용사입니다. 『야살의 책』은 문자 그대로 "올바른 자의 책"이라는 의미입니다. 신명기 32–33장의 노래들은 이 용어를 이스라엘을 위한 이름으로 여깁니다(정직함으로 부름받은 자들로서). 경고의 노래에서는 이 이름이 다음과 같이 등장합니다. "우

---

5 Duane L. Christensen, "Jashar, Book of," in *Anchor Bible Dictionary* (New York: Doubleday, 1992), 3:646-47.

6 야샤르(Yashar) 위조에 관해서는 다음을 참조하라: Arthur A. Chiel, "The Mysterious Book of Jasher," *Judaism* 26, 3 (1977): 365-74.

180 새 노래로 노래하라

리 하나님께 위엄을 돌릴지어다 그는 반석이시니... 그런데 여수룬 (문자 그대로 하면, 야샬의 명사형으로서 "정직한 자들"이라는 의미)이 기름지매... 자기를 지으신 하나님을 버리고 자기를 구원하신 반석을 업신여겼도다"(신 32:3-4, 15). 마찬가지로 축복의 노래에서는 다음과 같습니다. "여호와께서 백성을 사랑하시나니 모든 성도가 그의 수중에 있으며... 여호와께서 여수룬에 왕이 있었으니 곧 백성의 수령들이 모이고 이스라엘 모든 지파가 함께 한 때에로다... 여수룬이여 하나님 같은 이가 없도다 그가 너를 도우시려고 하늘을 타고 궁창에서 위엄을 나타내시는도다"(신 33:2-3, 5, 26).

이 모세의 노래들이 사용하고 있는 이스라엘을 위한 그 이름이 훗날 여호수아와 다윗이 알고 있던 찬송집의 제목이 된 것은 단순한 우연일 수 있습니다. 또는 모세가 시작한 노래책과 여호수아와 다윗이 추가한 노래책이 실제로 동일한 것일 수도 있습니다. 우리가 최종적인 답변을 하는 것은 불가능하지만, 하나의 찬송집이 있었든 둘 이상이 있었든, 성막 시대의 예배에는 모세가 준비한 율법책과 이스라엘의 통치자들이 때때로 기록하고 확장한 동반 찬송 모음집이 있었던 것은 분명합니다.[7]

---

7 드보라와 바락이 가졌고(삿 5:1) 아마도 사울왕도 가졌을 수 있으며(삼상 10:5b-6, 11), 특히 다윗의 후손들이 가졌을 노래 지도력(각주 8 참조) 노래의 지도력과 비교하라.

제1성전 찬송 모음집

다윗이 왕위에 오르면서 구약의 예배에 중대한 변화가 일어났습니다. 이 사건들은 사무엘의 처음 여러 장 속에 기술되어 있습니다. 다윗의 첫 번째 대관식(2장)은 이스라엘의 새로운 노래 인도자로서 그를 소개(1장)하는 부분에 이어서 등장합니다. 그러나 우리가 이미 보았듯이, 다윗이 만든 첫 번째 국가적 노래는 기존의 성막 이스라엘의 찬송집인 『야샬의 책』에 추가되었습니다. 그러나 곧 다윗은 예배를 예루살렘으로 집중하고 새로운 찬송을 만드는 전혀 새로운 예배 시대를 시작하게 됩니다. 이 모든 것은 하나님께서 다윗과 맺으신 새 언약 때문에 발전했습니다. 잠시 이 다윗과의 새 언약의 중요성에 대해 생각해 봅시다.

여호수아의 죽음 이후(다윗이 새언약을 맺기 거의 5세기 이전부터) 이스라엘은 가나안 족속과의 싸움으로 힘겨워했습니다. 하지만 마침내 다윗은 백성들을 인도하여 이스라엘의 마지막 가나안 대적인 블레셋을 물리치는 승리를 이끌었습니다. 정복하는 부족이었던 이스라엘이 땅에서 "안식"을 누리는 정착 국가로 전환하는 과정의 중요한 이정표를 지나게 되었습니다. 예배를 고정된 수도(capital) 주변으로 집중시킬 때가 되었던 것입니다. 모세는 이미 오래 전에 이에 관한 내용을 지시했었습니다. "너희가 요단을 건너 너희 하나님 여호와께서 너희에게 기업으로 주시는 땅에 거주하게 될 때 또는 여호와께서 너희 주위의 모든 대적을 이기게 하시고 너희에게 안식을 주사 너희를 평안히 거주하게 하실 때에 너희의 하나님 여호와께서 자기의 이름을 두시려고 택하실 그 곳으로 내가 명령하는 것을 모두 가지고 갈지니 곧 너희의 번제와…"(신 12:10-11).

다윗이 가나안의 마지막 적들을 최종적으로 정복한 후(삼하 5장), 그는 언약궤를 새 수도로 가져왔고(6장), 이제 땅이 안식을 얻었으므로 영구적인 성소의 필요성에 대해서 생각하기 시작했습니다. "여호와께서 주위의 모든 원수를 무찌르사 왕으로 궁에 평안히 살게 하신 때에 왕이 선지자 나단에게 이르되 볼지어다 나는 백향목 궁에 살거늘 하나님의 궤는 휘장 가운데에 있도다"(삼하 7:1-2). 다윗은 영구적인 예배 장소를 제공할 때가 왔다는 사실을 이해했습니다. 하지만 그는 하나님께서 그때 그와 놀라운 언약을 맺으실 것까지는 예상하지 못했습니다. "그 밤에 여호와의 말씀이 나단에게 임하여 이르시되 가서 내 종 다윗에게 말하기를… 네 수한이 차서 네 조상들과 함께 누울 때에 내가 네 몸에서 날 네 씨를 네 뒤에 세워 그의 나라를 견고하게 하리라 그는 내 이름을 위하여 집을 건축할 것이요 나는 그의 나라 왕위를 영원히 견고하게 하리라"(삼하 7:4-5, 12-13).

하나님은 다윗의 아들(솔로몬)이 예루살렘에 성전을 짓는 것을 허락하셨고, 더욱이 다윗 왕조가 이스라엘의 왕족으로 영원히 계속될 것이라고 약속하셨습니다. 이 약속으로 말미암아 다윗은 새 성전을 위한 준비를 즉시 시작했습니다. 근데 여기에는 새로운 찬송을 작곡하는 것도 포함되어 있었습니다. 특별히 우리의 관심을 끄는 것은 다윗 언약의 일부로 만들어진 이 새로운 계통의 찬송입니다.

그때부터 하나님의 백성을 다스리는 단일한 왕가와 더불어, 예배에서 찬양을 인도하는 하나의 노래 인도자 가문(song-leading house)이 생기게 되었습니다. 이것이 바로 다윗을 "이스라엘의 노래 잘 하는 자"(삼하 23:1)로 명명한 의미입니다. 이 칭호는 다윗이 뛰어난 음악가였다는 것을 가리키는 것이 아닙니다(물론 그는 매우 능숙했습니다). 이는 "여호와의 영이" 이 노래 인도자를 "통하여 말씀하셨고" "[여호와께서] 그와 영원한 언약을 세우셨다"(2, 5절)는 사실을 강조하는 칭호입니다. 하나님께서 다윗의 보좌가 영원히 그의 백성의 회중을 이끌 것이라고 언약하셨기 때문에, 그는 시온 중심의 예배를 위한 다윗의 시편으로 알려진 새로운 찬송을 시작했던 것입니다.

우리는 현대 교회에서 종종 이스라엘의 왕이 주로 세금을 걷고 군대를 이끄는 등의 역할을 하는 정치적 관리였다고 생각하는 실수를 범합니다. 이스라엘의 왕이 국가의 정부를 이끈 것은 사실이지만, 그는 또한 이스라엘이 드리는 예배의 후원자이자 지도자의 기능도 수행했습니다(참조: 시 110:4). 성일에 성전으로 행진할 때 백성을 이끄는 이는 왕이었고, 이 일에는 찬양을 인도하는 것도 포함되었습니다(예: 대상 15:25-16:3).[8] 이는 아삽과 같은 레위 찬송 작가들의 역할을 무시하는 것이 아닙니다. 다윗은 성전 준비의 일환으로 그런 레위 찬송 작가들을 임명하여 자신을 돕게 했습니다(대상 25:1-8).[9] 다윗의 후계자들도 그 후에 계속 노래를 지었습니다(예: 솔로몬, 시 127편; 히스기야, 사

---

8 예를 들어, 솔로몬(왕상 8:1-66); 아사(대하 15:8-11); 여호사밧(대하 20:18-19); 히스기야(대하 29:20-36; 30:1-27); 요시야(대하 35:1-19)를 들 수 있다. John H. Eaton, *Kingship and the Psalms* (Sheffield: JSOT Press, 1986), 172-77; Aubrey R. Johnson, *Sacral Kingship in Ancient Israel* (Cardiff: University of Wales Press, 1967)를 참조하라.

9 역대상 25장 1-8절에 대한 논의는 Michael LeFebvre, *Singing the Songs of Jesus: Revisiting the Psalms*, 2장을 참조하라.

38:20). 시편이 모두 다윗이 직접 쓴 것은 아니지만, 하나님께서 그의 보좌와 특별한 언약을 맺으셨기 때문에 모두 그의 보좌와 동일시되었습니다. 그래서 역사적으로 시편에 다윗의 시편이라는 제목이 붙었던 것입니다.[10] 고대 이스라엘에서 왕직은 정치적 직분일 뿐만 아니라 종교적으로 성스러운 직분이기도 했습니다.

제1성전에는 이와 같이 왕에게 맡겨진 노래가 많이 있었을 것입니다. 열왕기상 4장 32절에 따르면, 솔로몬 왕 혼자 1,005편의 노래를 지었습니다. 솔로몬의 모든 노래가 예배 찬송은 아니었겠지만, 상당수가 그랬을 것으로 추정하는 것이 합리적입니다. 성경 외의 기록은 다윗이 4,050편의 노래를 작곡했다고 전합니다.[11] 이사야 38장 20절에서 히스기야는 성전에서 불렀던 "나의 노래들"에 대해 말하는데, 그중 하나는 같은 장에 인용되어 있지만 나머지는 지금 사라졌습니다. 또한 시편에 보존된 것들 외에도 구약의 다른 부분에 인용된 여러 성전 시대의 찬송들이 있습니다(예: 합 3:1-19; 사 38:10-20). 그리고 다윗이 시작했던 광범위한 찬송 작사 작업과 성전에서 매일 계속된 레위인 성가대의 노래를 감안하면, 성전 찬송가 장서(library)가 매우 방대했다고 확신할 수 있습니다.

이렇게 방대한 모음집은 정교한 장서목록을 필요로 했을 것입니

---

10 이스라엘의 찬양에서 왕의 역할을 부각시키고 싶지만, 이스라엘 평민들 사이에서의 노래 창작도 간과해서는 안 된다. 사무엘상 2장 1-10절에 기록된 한나의 찬양부터 이사야 65장 8절에서 주님이 언급한 포도 수확꾼들의 노래에 이르기까지, 이스라엘이 풍부한 음악 문화를 누렸음은 분명하다. 그럼에도 불구하고, 구약 성경의 집회적(즉, 회중적) 예배에 대한 언급에서 왕과 왕의 노래의 중심성을 주목하지 않는다면, 우리는 구약 예배의 중요한 주제를 놓치게 된다.

11 11QPs^a col. XXVII, 2-11째 줄.

다. 아마도 우리는 지금 "찬송집"에 대해서라기보다는 제1성전 시대의 "찬송 장서목록"에 대해 이야기하고 있을 것입니다. 이스라엘 성전 부지의 위치가 수세기 동안 무슬림의 성지였기에 지금까지는 그 위치에 대한 고고학적 연구가 불가능했지만, 다른 고대 성전에 대한 고고학적 발견을 통해서 우리는 일부 고대 성소에서는 당시 유지되던 정교한 도서관이 있었다는 사실을 알 수 있습니다. 예를 들어, 우르(Ur)에서는 찬송이 판에 새겨져 선반에 보관되었고, 찬송과 그 적절한 보관 위치를 나열한 찬송 시작구라고 불리는 "색인"이 쉽게 찾을 수 있도록 보관되었습니다.[12] 성경 기록에 따르면, 예루살렘 성전에도 많은 저장실이 있었고(왕상 6:5-6), 이곳에는 예배에 사용되는 레위인들의 다양한 도구뿐만 아니라 성전에 보관된 많은 책들(아마도 두루마리)도 있었을 것입니다(예: 대하 34:14; 삼상 10:25; 느 7:5; 12:23).

제1성전 찬송 모음집에 대해서는 우리가 단순히 대답할 수 없는 많은 질문들이 있습니다. 그러나 몇 가지 사실은 우리도 확인할 수 있습니다. 첫째, 최소한 다윗부터 히스기야까지(아마도 그 이상) 예루살렘의 왕들은 계속해서 이스라엘의 "노래 잘 하는 자"로 봉사하며 회중 노래를 이끌고 레위인 보조자들과 함께 찬송을 작사했습니다. 둘째, 제1성전 예배에 사용된 시편의 정확한 수를 결정하는 것은 불가능하지만, 현재 시편에 보존된 150편의 노래보다는 확실히 많았습니다. 시온 산에 보존된 모음집은 거의 5세기 동안 계속 확장되어 주전

---

12 Gerald H. Wilson, *The Editing of the Hebrew Psalter, Society of Biblical Literature Dissertation Series* 76 (Chico, Calif.: Scholars Press, 1985), 25-26.

587년 예루살렘이 함락되기 전까지는 상당한 규모의 노래 도서관을 이루었을 것입니다.

제2성전 찬송과 시편

주전 587년, 바벨론 사람들이 예루살렘을 약탈하고 성전을 파괴하고 백성을 포로 신세로 전락시켰습니다. 다윗부터 시드기야까지 21명의 다윗 계열 통치자 이후, 유다의 보좌는 비어 있었습니다. 더 이상 시온 산에 다윗 계열의 왕은 없었습니다. 성전 도서관에 보관되어 있던 율법책, 노래책, 기타 문서들에 어떤 일이 일어났는지 우리는 상상만 할 수 있을 뿐입니다. 많은 문서들이 성전 화재로 영원히 사라졌을 수 있습니다. 다른 문서들은 바벨론 군대가 접근하기 전에 급히 동굴에 숨겨졌을 것이고, 일부는 분명히 바벨론으로 가져갔을 것입니다.

어떤 경우든 그 바벨론 제국도 한 세대가 채 지나기 전에 또 다른 왕국인 페르시아에 의해 무너졌습니다. 새로운 페르시아의 통치자들은 유대인들이 예루살렘으로 돌아가서 그 성을 재건할 수 있게 허락하였습니다. 레위 지파 서기관인 에스라는 그 책들을 회수하는 특별한 임무를 부여받았습니다. "이 에스라가 바벨론에서 올라왔으니 그는 이스라엘의 하나님 여호와께서 주신 모세의 율법에 익숙한 학자로서… 에스라가 여호와의 율법을 연구하여 준행하며 율례와 규례를 이스라엘에게 가르치기로 결심하였더라"(스 7:6, 10). 선지자들의 책, 역사적 내러티브, 지혜 문학, 시편에 대해서는 명시적으로 언급되지 않았지만, 모세의 율법과 마찬가지로 이 자료들도 분명히 성공적으로 다시 편찬되었을 것입니다.[13] 에스라는 일반적으로 유대교와 기독교 전통 모두에서 히브리 성경을 우리가 지금 가지고 있는 기본적인 정경 형태로 편찬한 사람으로 여겨집니다. 여기에는 시편도 포함됩니다.[14] 그 일을 한 사람이 에스라일 가능성이 높기에 우리는 이후에 시편 편찬자로 에스라를 언급할 것입니다. 하지만 그가 했는지, 다른 개인이나 집단이 했는지는 중요하지 않습니다.

에스라가 작업했던 이스라엘의 예배 노래에 대하여 우리가 가진 유일한 직접적인 증거는 시편 자체가 제공하고 있습니다. 그리고 포로기 이후의 새로운 찬송집에는 주목할 만한 몇 가지 특징이 있습니다.

첫째, 이스라엘에서 율법책과 노래책 사이의 역사적 관계를 생각한다면, 에스라의 시편과 오경(즉, 에스라가 재편찬한 율법책) 사이에도 동일하게 밀접한 연관성이 있다는 사실은 놀라운 일이 아닙니다. 시편의 서론이라고 할 수 있는 시편 1편은[15] 하나님의 율법을 묵상하라는 권면으로 이 새로운 찬송집을 시작합니다. "복 있는 사람은... 오직

---

13 2 Maccabees 2:13.을 참조하라.

14 일부 학자들은 시편의 완성 시기를 기원후 1세기 정도로 늦게 잡는다. 이는 특정 쿰란 두루마리들이 신약 시대까지 시편의 일부분에 대한 다른 배열을 포함하고 있기 때문이다(예: Gerald H. Wilson, "The Qumran Psalms Manuscripts and the Consecutive Arrangement of Psalms in the Hebrew Psalter," *Catholic Biblical Quarterly* 45 [1983]: 377-88). 그러나 70인역 시편(기원전 200-150년 사이에 번역됨)은 마소라 본문 시편과 전체적으로 동일한 형태를 보여준다. 쿰란 공동체가 1세기까지 그들의 시편 형태를 변경하고 있었다 하더라도, 수용된 버전은 늦어도 기원전 2세기 이전에 완성되어 존재했어야 한다.

15 Wilson, *Editing*, 204–205; "The Structure of the Psalter," 232-33, in Philip S. Johnston and David G. Firth, *Interpreting the Psalms: Issues and Approaches* (Leicester: IVP, 2005).

여호와의 율법을 즐거워하여 그의 율법을 주야로 묵상하는도다"(1-2절). 사실, 마틴 루터가 말했듯이, 이렇게 소개된 시편 전체는 그 자체로 율법에 대한 묵상 모음집입니다.[16] 더욱이, 150편의 시편을 다섯 권으로 배열하여, 제1권(1-41편), 제2권(42-72편), 제3권(73-89편), 제4권(90-106편), 제5권(107-150편)으로 구분한 것은 오래전부터 모세의 율법의 다섯 권 배열과 평행한 것으로 인식되어 왔습니다.[17] 제2성전 시기에 회복되었을 가능성이 높은 많은 찬송 중에서 선택되어 정경의 시편으로 배열된 150편의 시편은 비슷하게 재출판된 율법책(오경)의 동반자로 소개되고 또 그런 모습으로 형식화되었습니다.[18] 성경과 찬송집 사이의 긴밀한 관계는 에스라의 시편에서도 계속됩니다.

새 시편집도 이스라엘의 이전 찬송 모음집의 제왕적 성격을 계속 유지합니다. 표제가 있는 117편의 시편 중 일흔세 편이 "다윗의 시"로 확인됩니다.[19] 또한 두 편은 다윗의 후계자인 솔로몬이 작품으로 여겨집니다. 한 편은 이스라엘의 원래 노래 지도자인 모세가 쓴 시입니다(시편 90편). 나머지 28편은 왕실 임명 하에 일하는 레위인 보조자들에게 귀속됩니다. 더 중요한 것은, 시편 전체에 걸쳐 왕이 말하는 일인칭 대명사인 "나"라고 하는 표현이 자주 등장한다는 점입니다.

---

16 "시편 전체는 제1계명에 근거한 묵상과 훈련이 아니고 무엇인가?" (마틴 루터, 대교리문답 서문). Michael LeFebvre, "Torah-Meditation and the Psalms: The Invitation of Psalm 1," in Johnston과 Firth의 *Interpreting the Psalms*, 213-25를 참조하라.

17 Midrash Tehillim 1:1; Wilson, *Editing*, 207-208; "Structure," 230-31.

18 오경(Pentateuch)의 다섯 권이 노래로 끝나고(신 31-33), 시편의 다섯 권이 율법으로 시작된 다(시 1편)는 점에 주목하라. Patrick D. Miller, "Deuteronomy and Psalms: Evoking a Biblical Conversation," *Journal of Biblical Literature* 118, 1 (1999), 15를 참조하라.

19 이 숫자들은 마소라 본문 시편에 기반한 것이다. 하지만 70인역은 추가적인 표제를 가지고 있어, "다윗의" 시편 수를 14개 더 증가시킨다.

학자들은 시편에서 일인칭 언급 중 얼마나 많은 것을 왕이 말한 것으로 이해해야 하는지에 대해 논쟁하고 있지만, 심지어 보수적인 진영도 시편의 3분의 1가까이를 왕의 시편으로 여깁니다.[20] 포로기 후기 시편집도 신적으로 임명된 통치자의 목소리로 노래를 부르는 역사적 패턴을 계속하지만, 시온 산에 더 이상 왕이 없던 시대에 편찬된 찬송집에서 왕의 목소리가 그토록 중심적 위치를 차지한다는 것은 주목할 만합니다.

포로 후기 시편집의 제왕적 성격에 대한 추가적인 통찰은 그 시편집의 배열에서 발견됩니다. 오늘날 시편 연구의 가장 활발한 최전선 중 하나는 시편의 구성, 즉 개별 시편들이 배열된 순서에 대한 연구입니다. 시편의 "형태(shape)"는 교회의 역사적 관심사였지만,[21] 시편의 순서에 대한 관심이 현대 학계의 우선순위가 된 것은 1980년대 이후입니다. 1985년에 출판된 고(故) 제럴드 H. 윌슨(Gerald H. Wilson)의 『히브리 시편집의 편집(The Editing of the Hebrew Psalter)』은 시편이 무작위로 뒤섞인 찬송의 모음이 아니라 신중하게 배열된 모음이라는 사실을 설득력 있게 입증했습니다. 그 이후로 시편의 형태에 대한 추가적인 통찰을 제공하는 수많은 책, 세미나, 학술지 논문들이 쏟아졌습니다.

---

20 Steven J. L. Croft, *The Identity of the Individual in the Psalms, Journal for the Study of the Old Testament Supplement Series* 44 (Sheffield: Sheffield Academic Press, 1987). 특히 Croft's summary chart on 179-81을 보라.

21 David C. Mitchell, *The Message of the Psalter: An Eschatological Programme in the Book of Psalms, Journal for the Study of the Old Testament Supplement Series,* 252 (Sheffield: Sheffield Academic Press, 1997), 33-48. 시편의 배열에 대한 가장 초기의 연구 중 하나는 4세기에 니사의 그레고리우스가 쓴 *Commentary on the Inscriptions of the Psalms,* Trans. Casimir McCambley (Brookline, Mass.: Hellenic College Press, n.d.)다.

제안된 많은 내용들이 논쟁의 여지가 있으며, 여기서 그것들을 모두 조사하는 것은 불가능합니다. 그러나 이에 대한 학문적 논의에서 나오는 분명한 합의는 시편이 다윗 언약에 초점을 맞추고 있다는 것을 인정합니다.

시편의 형태

제럴드 윌슨(Gerald Wilson)은 시편집과 같은 고대 찬송 모음집의 배열에서 "이음매(seam)" 시편의 중요성을 지적했습니다. 즉, 시편집 안에 있는 다섯 권의 시작이나 끝에 배치된 노래들은 이 시편집의 핵심적이고 주요한 형태를 갖추게 하는 주제를 보여주는 중요한 단서입니다. 이 통찰을 바탕으로 살펴보면, 시편의 처음 세 권은 이제는 무너진 다윗 왕조에 대한 이스라엘의 믿음을 중심으로 구성되었고, 마지막 두 권은 다윗 언약의 회복과 미래의 성취에 대한 희망을 지탱하고 있다는 것이 분명해집니다. 따라서 포로 후기의 시편집이 다윗의 보좌를 이을 후계자를 위해 준비된 찬송집이었다고 결론짓는 것은 적절합니다.

시편 1편이 전체 모음집의 서론 역할을 하는 반면,[22] 시편 2편은

---

22 일부 학자들은 시편 1-2편을 함께 시편 전체의 서문으로 보고 있다. 예를 들어, Gerald T. Sheppard, *Wisdom as a Hermeneutical Construct: A Study of the Sapientializing of the Old Testament* (Berlin: de Gruyter, 1980), 136-44; J. Clinton McCann, Jr., "Psalms," *The New Interpreter's Bible: Volume 4–1 and 2 Maccabees, Introduction to Hebrew Poetry, Job, Psalms* (Nashville, Tenn.: Abingdon Press, 1996), 664-65. 그러나 John T. Willis, "Psalm 1—An Entity," *Zeitschrift für die Alttestamentliche Wissenschaft* 91, 3 (1979), 381-401; Wilson, Editing, 205-206; "Structure," 232-33에서 입증된 바와 같이, 시편 1편이 시편 전체를 소개하고 시편 2편이 제1권을 소개한다고 보는 것이 더 타당할 것이

제1권의 "이음매"의 위치에 자리잡고 있습니다. 이는 대관식 시편으로, 지금 시온 산에 세워지고 있는 그 다윗 계열의 왕(the Davidic king)과 하나님의 언약에 대한 담대한 선포를 노래합니다. "내가 나의 왕을 내 거룩한 산 시온에 세웠다 하시리로다... 내게 구하라 내가 이방 나라를 네 유업으로 주리니 네 소유가 땅 끝까지 이르리로다"(6, 8절). 시편 72편은 시편 2편을 보완하면서 다른 대관식 시편과 함께 제2권의 마지막 "이음매"에 자리 잡고 있습니다. 이번에는 하나님께서 왕의 그 후계자에게 언제나 신실하실 것이라는 확신에 찬 기대를 담고 있습니다. "하나님이여 주의 판단력을 왕에게 주시고 주의 공의를 왕의 아들에게 주소서... 그가 바다에서부터 바다까지와 강에서부터 땅끝까지 다스리리니"(1, 8절). 그다음 제3권은 시편 89편의 애절한 호소로 끝나는데, 이는 먼저 다윗을 비롯해서 그의 아들들과 함께 맺은 하나님의 언약을 되새기고 나서 그 보좌가 땅에 던져지고 전복되었다는 사실에 대해서 탄식합니다. 시편의 1권에서 3권은 하나님께서 여전히 다윗과의 언약을 성취하실 것이라는 절박한 호소로 끝납니다. "여호와여 어느 때까지니이까 스스로 영원히 숨기시리이까... 주여 주의 성실하심으로 다윗에게 맹세하신 그 전의 인자하심이 어디있나이까"(46, 49절). 시편의 4권과 5권은 이 "언약의 위기"에 대한 응답으로 배치되어 있습니다. 이 두 권을 여는 중요한 "이음매" 시편 외에도, 시편을 예전적으로 묶는 것이 여기서 중요한 역할을 합니다.

4권(90-106편)은 시작하는 "이음매"를 "하나님의 사람 모세의 기

다.

도"인 시편 90편으로 시작합니다. 이 시편은 모세의 시편으로서 시편에서 유일하게 다윗 언약 이전에 살았던 저자가 지은 것으로 확인된 시편입니다. 시편 90편 1절("주여 주는 대대에 우리의 거처가 되셨나이다")에서는 하나님의 오래된 신실하심(즉, 다윗보다 훨씬 이전)에 대한 확신이라는 주제가 소개됩니다. 4권의 본문에서 시편 91-92편은 90편의 주제를 계속해서 유지하려는 의지의 표현일 수 있습니다. 그 후에는 분명한 시편 묶음(groups)들이 이어집니다. "여호와께서 왕이시다"는 주제의 시편 묶음(93-100편)은 하늘에 계신 이스라엘 왕의 흔들리지 않는 통치를 반복해서 기뻐합니다.[23] "다윗의"라는 표제를 가진 시편 묶음(101-103편)은 그 다윗 계열 왕의 신실함에 대해 주어진 약속과 예상되는 그 왕의 회복을 소개합니다. 마지막으로, 역사적 시편 묶음(104-106편)은 오경 역사 전체를 살피며, 먼저 창조에서 가운데 드러난 하나님의 신실하심(104편)과 아브라함부터 출애굽까지 보이신 하나님의 신실하심(105편)을 찬양한 다음, 마지막으로 같은 역사를 통해 우리가 신실하지 않다는 사실을 고백하고 회개와 기대되는 회복(106편)을 표현합니다. 마치 수많은 작은 그림들이 더 큰 그림을 형성하도록 배열된 포토몽타주처럼, 4권의 개별 시편들과 시편 묶음들은 하늘에 계신 왕의 범접할 수 없는 통치의 모습을 제공하고 다윗 왕이 기름 부음을 받기 훨씬 이전에 맺어진 아브라함 언약에 대한 그 왕의 신실하심을 기억합니다. 이를 바탕으로, 그들은 큰 기대를 품고 우리를 회개로 인도합니다.

---

23 David M. Howard, Jr., *The Structure of Psalms* 93-100 (Winona Lake, Ind.: Eisenbrauns, 1997).

5권(107-150편)은 시작 "이음매"를 모으심(ingathering)의 시편으로 시작합니다. "여호와께 감사하고… 여호와의 속량을 받은 자들은 이같이 말할지어다… 동서남북 각 지방에서부터 모으셨도다"(1-3절). 5권이 일련의 시편 묶음들을 통해 제시하고 있는 주제는 하나님께서 흩어진 백성을 열방에서 모으신다는 것입니다. 5권에 있는 첫 번째와 마지막 묶음은 "다윗의 시"(108-110편; 138-145편)입니다. 책의 중심에는 애굽의 할렐(Egyptian Hallel, 113-118편)과 하나님의 율법에 대한 사랑을 기념비적으로 선언하는 내용(119편)이 있고, 이어서 성전에 올라가는 노래(120-134편)가 있습니다. 5권 중앙의 이 일련의 묶음들은 107편에서 소개된 순례의 주제를 이어받아, 노래하는 이들을 애굽에서 시내 산으로, 그리고 하나님의 율법을 충실히 받아들이며 시내 산에서 시온 산으로 올라가는 여정으로 인도합니다.[24] 이 순례라는 주제를 소개하는 묶음은 "여호와를 찬양하라" 시편 세트(111-112편)이고, 이 순례 주제 다음 순서로 오는 묶음은 예전적으로 볼 때 시온 산에 위치해(시편 135:1-2) 있으면서, 하나님께서 이스라엘의 위대한 적들인 애굽과 가나안 족속들(135-136편), 그리고 마지막으로 바벨론(137편)을 이기신 것을 찬양하는 하나의 시편 세트입니다. 5권의 전반적인 주제는 디아스포라 성도들이 새로운 출애굽-시내산-시온성 이야기의 성취 속에서 땅끝에서부터 하나님의 백성들이 승리 가운데

---

24 Elizabeth Hayes는 이 세 시편 그룹을 각각 세 가지 성전 절기와 연관 짓는다: 유월절, 오순절, 그리고 초막절("The Unity of the Egyptian Hallel: Psalms 113-18," *Bulletin for Biblical Research* 9 [1999]: 145-56, 145n1). Robert Davidson, *The Vitality of Worship: A Commentary on the Book of Psalms* (Grand Rapids: Eerdmans, 1998), 7를 참조하라.

모이게 될 것을 기쁜 마음으로 기대하는 것입니다.

그런 다음 시편 전체는 적절하게도 "여호와를 찬양하라" 시편들로 이루어진 송영적인 묶음(146–150편)으로 끝납니다. 이 시편들은 모든 나라와 모든 피조물을 향하여 이스라엘에게 특별히 계시된 대로 그분의 율법에 약속된 모든 축복과 심판을 성취하시는 분을 찬양하라고 권면합니다. "호흡이 있는 자마다 여호와를 찬양할지어다 할렐루야"(시 150:6).

학자들은 시편의 구조에 대해 많은 측면(특히 4–5권의 구조)을 계속 논쟁하고 있지만, 1–3권에서 제기된 위기에 대해 4–5권이 답하면서 다윗 언약의 성취를 기대한다는 점은 일반적으로 인정하고 있습니다.[25] 에스라(또는 이 포로 후기 찬송집 작업을 한 사람)는 노래들을 단순히 무작위로 모은 것이 아닙니다. 최종적인 시온 찬양집(the final Zion praise book)를 편찬할 때 진지하고 깊이 있는 계획과 신학적 성찰이 반영되었습니다. 그리고 이 찬양집은 오실 다윗의 자손을 기대하며 신중하게 만들어진 찬양집입니다.

제럴드 윌슨(Gerald Wilson)이 설명하듯이, "정경으로서의 시편의 구조(shape)는 이제… 다윗의 시편을 하나님의 기름 부음 받은 종으로서 다윗의 후손이 하나님의 나라에서 모든 인류에 대한 하나님의 직

---

25 시편의 구조에 대한 동일한 접근법의 다른 변형들에 대해서는 다음을 참조하라. Wilson, *Editing*, 199-228; William L. Holladay, *The Psalms through Three Thousand Years: Prayerbook of a Cloud of Witnesses* (Minneapolis, Minn.: Fortress Press, 1993), 76-80; James Luther Mays, *Psalms* (Louisville, Ky.: John Knox, 1994), 14-19; McCann, "Psalms," 659-65. 다른 접근법들에 대해서는 다음을 참조하라. Walter Brueggemann, "Bounded by Obedience and Praise: The Psalms as Canon," *Journal for the Study of the Old Testament* 50 (1991), 63-92; Nancy L. deClaissé-Walford, *Introduction to the Psalms: A Song from Ancient Israel* (St. Louis, Mo.: Chalice, 2004).

접적인 통치를 세울 것이라는 희망찬 기대로 제시합니다."[26] 제임스 루터 메이스(James Luther Mays)도 이에 동의합니다. "시편의 순서가 약속에서 재난을 거쳐 갱신된 약속과 기대로 나아가기 때문에, 그리고 이 기름 부음 받은 왕에 대한 시편들이 유다의 왕들이 사라진 지 오랜 후에 형성된 시편에 포함되었기 때문에, 그것들은 일종의 예언의 형태로 읽히고 보존되고 포함되었음이 틀림없다... (시편에서) 우리는 메시야가 하나님의 나라에 대해 말씀하시는 것을 듣는다... [그리고] 우리는 이 메시야적 기도와 찬양에 참여하고 동참하도록 초대받는다."[27] 이러한 견해들은 이 분야에 대한 전형적인 생각이며,[28] 시편에 대한 신약의 태도와도 확실히 일치합니다.

---

26 "King, Messiah, and the Reign of God: Revisiting the Royal Psalms and the Shape of the Psalter," in Peter W. Flint, et., eds., *The Book of Psalms: Composition and Reception, Supplements to Vetus Testamentum* (Leiden: Brill, 2005), 404-405에 수록되어 있다. 윌슨(Wilson)의 초기 저작에서는 시편 93-100편에서 그가 인식한 하나님과 인간 간의 "직접적" 관계를 과도하게 강조하여, 최종 시편에서 다윗 계열의 메시야에 대한 기대를 거의 완전히 제거할 정도였다. 여기에 인용된 그의 말은 그의 수정된 입장을 나타내는 것으로, Mitchell. *Message of the Psalter;* Bernhard W. Anderson, *Out of the Depths: The Psalms Speak for Us Today* (Louisville, Ky.: Westminster John Knox, 2000), 208-211과 같은 학자들의 수정과 비평에 기반하여 시편의 메시야적 기대를 확인하고 있다.

27 Mays, *Psalms,* 18.

28 물론 다른 논거들도 있지만, 윌슨(Wilson)과 메이스(Mays)의 인용문들이 이 분야를 대표한다고 볼 수 있다. 현재 유행하는 가장 두드러진 대안적 견해는 시편의 구조가 모든 이스라엘 사람에게 기도와 경건에서 "다윗이 되는 것"을 가르치며, 왕위의 새로운 후계자 없이 다윗 언약이 성취될 것을 기대하도록 한다는 것이다. 베른하르트 앤더슨(Bernhard Anderson)이 이러한 개인주의적이고 민주화된 해석을 비판하며 지적하듯이, "사실 이스라엘의 해석자들은 역사의 가혹한 현실에 직면해서도, 하나님의 대리자로서 통치할 다윗 계열의 장래 군주에 대한 희망을 결코 포기하지 않았다."다시 말해, 만약 시편 편집자들의 목표가 새로운 왕에 대한 기대를 축소하는 것이었다면, 그들의 노력은 비참하게 실패했다고 볼 수 있다. 하나님의 백성들은 시편으로 인해 고조된 열정으로 계속해서 메시야의 도래를 기대했다. 데이비드 하워드(David Howard)가 최근 이 분야의 조사에서 언급했듯이, 이러한 "모든 사람"의 입장("every man" position)이 여전히 존재함에도 불구하고(여러 주석서에서 이를 접할 수 있을 것이다), 시편이 가지고 있는 의도적인 메시야적 성격에 대한 합의는 증가하고 있다. 윌슨이 이 방향으로 다시 돌아선 것이 그 예이다. 각주26 참조) (Anderson, *Out of the Depths,* 209; *Mitchell, Message of the Psalter,* 81; David M. Howard, Jr., "The Psalms and Current Study," in Johnston과 Firth의 *Interpreting the Psalms,* 27).

시편을 노래하며 언젠가 그 시편들을 인격화하고 성취할 제왕적 찬송 지도자(a royal song leader)를 기대하며 자란 신약의 제자들에게 예수님을 만나는 것은 분명히 가슴 벅찬 일이었을 것입니다. 요한복음 2장에는 제자들이 예수님께서 성전의 순결에 대한 왕으로서의 책임(참조: 왕하 23:4-20)을 맡아 돈 바꾸는 사람들을 쫓아내시는 것을 관찰하면서 느낀 이 기쁨이 묘사되어 있습니다. 그들은 즉시 "기록된 바 주의 전을 사모하는 열심이 나를 삼키리라 하심을 기억하였습니다"(요 2:17, 시 69:9 인용). 제자들은 예수님에게서 시편이 기대하던 다윗의 아들을 보았던 것입니다.[29]

여기서 놓치지 말아야 할 점을 강조하고 싶습니다. 오늘날 교회도 시편이 예수님에 "관한" 것이라는 사실을 인식하는 경우가 종종 있습니다. 하지만 시편에 대한 신약의 열정은 그 이상입니다. 예를 들어, 다음 구절들에서 신약의 저자들은 예수님을 시편에서 자신에 "관한" 것들을 성취하는 분으로 인식하는 것을 넘어, "우리를 인도하여 그것들을 부르게 하는 노래 지도자"로 인식하기를 원하고 있다는 점에 주목하십시오.

> 내가 말하노니 그리스도께서 하나님의 진실하심을 위하여 할례의 추종
> 자가 되셨으니... 또 이방인으로... 기록된 바 그러므로 내가 열방 중에

---

29 신약성경에서 시편 속 그리스도를 인식하는 것에 대해서는 다음을 참조하라. Richard P. Belcher, Jr., *The Messiah and the Psalms: Preaching Christ from All the Psalms* (Ross-shire, Scotland: Christian Focus, 2006); James Luther Mays, "'In a Vision': The Portrayal of the Messiah in the Psalms," in James Luther Mays, *The Lord Reigns: A Theological Handbook to the Psalms* (Louisville: Westminster John Knox, 1994), 99-107.

서 주께 감사하고 주의 이름을 찬송하리로다 함과 같으니라(롬 15:8-9, 시 18:49 인용).

(그리스도가) 형제라 부르시기를 부끄러워하지 아니하시고 이르시되 내가 주의 이름을 내형제들에게 선포하고 내가 주를 교회중에서 찬송하리라 하셨으며(히 2:11-12, 시 22:22 인용).

그러므로 주(그리스도)께서 세상에 임하실 때에 (그가) 이르시되 하나님이 제사와 예물을 원하지 아니하시고 오직 나를 위하여 한 몸을 예비하셨도다... 내가 말하기를 하나님이여 보시옵소서 두루마리 책에 나를 가리켜 기록된 것과 같이 하나님의 뜻을 행하러 왔나이다 하셨느니라"(히 10:5-7, 시 40:6-8 인용).

이 각각의 구절에서, 예수님을 따르던 이들은 예수님을 "노래하는 왕"으로 인식합니다. 그리고 시편은 바로 이 예수님을 위해서 순비된 것입니다. 그들은 오래된 성전 노래를 그리스도의 관점에서 "재해석"하고 있는 것이 아닙니다. 이는 이미 그리스도를 기대하며 준비된 찬송집이었기에 교회가 그것을 자신들의 찬송집으로 받아들이는 것은 당연했습니다. 더욱이, 사도행전 4장에서 누가가 사도적 찬양예배의 감동적인 모습을 보여주듯이, 신약의 신자들은 그리스도의 고난에 동참하고 그분의 승리를 신뢰하며, 결과적으로 그분과 함께 그분의 노래를 부르는 자들로서 그리스도에 대한 시편을 불렀습니다

(23–31절). 현대 교회에서 우리가 이보다 더 잘할 수는 없을 것입니다.

<h2 style="text-align:center">결론</h2>

지금까지 정경 시편 이전의 찬송집들의 성격을 평가하려는 노력은 너무 적었습니다. 이 장에서는 그 주제로 들어가서 시편의 구조에 대한 최근의 학문적 성과를 활용하여 교회가 받은 이 위대한 찬송집이라는 영광스러운 선물을 더 잘 이해하고자 노력했습니다. 이 연구에 대하여 요약할만한 몇 가지 실제적인 함의가 있습니다.

첫째이자 제가 이 연구가 보여주는 가장 분명한 함의라고 믿는 것은 교회에서 시편을 노래해야 한다는 것입니다. 시편은 단순히 묵상이나 설교에서 읽혀야 할 책일 뿐만 아니라, 무엇보다 교회가 예배에서 노래해야 할 찬송집입니다. 19세기에 교회에서 시편찬송이 급격히 쇠퇴하게 만든 태도, 즉 시편이 "유대인"의 노래이며 그리스도에 대한 신앙이 부족하다는 생각은 거부되어야 합니다. 대신, 신약의 사도들, 초기 교회, 그리고 종교개혁 교회들이 공유했던 인식을 회복해야 합니다. 곧 시편은 그리스도의 이스라엘을 위해 만들어졌으며, 교회는 그것을 노래해야 한다는 것입니다.

하지만 시편이 요구하는 예배에 대한 태도는 현대 교회에서 우리가 흔히 볼 수 있는 것과는 매우 다릅니다. 오늘날 교회의 회중들은 종종 자신을 하나님께 찬양을 부르는 합창단("연주자들")으로 보고 하나님을 "관객"으로 여깁니다. 시편은 우리에게 이런 관점을 개선하라고 가르칩니다. 시편은 우리를 핵심 "연주자"이신 위대한 독창자(Soloist)와 함께 노래하는 "보조 합창단"이라고 가르칩니다. 아버지께 사랑받는 "노래 잘 하는 자"로 서 있는 분은 다윗의 자손(the Sond of David)입니다. 그리스도 안에서 아버지의 기쁨에 참여하는 우리는 시편을 노래할 때 예수님과 함께 그분의 노래에 동참하는 특권을 누립니다. 우리는 여전히 시편을 우리의 노래로 만들어야 합니다. 하지만 이는 우리의 고난과 승리를 그리스도와 함께 그분의 고난과 승리 속으로 위치시키고, 그분이 우리를 대신하여 우리의 죄책 속으로 들어오셨음을 인정함으로써 가능한 일입니다.[30] 그러므로 우리는 다시 그리스도와 함께 시편을 노래하는 법을 배워야 할 필요가 있습니다.[31]

셋째, 시편이 고대하던 왕이 오셨지만, 시편이 기대하던 다윗 언약의 모든 약속은 아직 성취되지 않았습니다. 다윗의 아들은 지금 하늘에서 통치하시며, 모든 피조물이 의도된 목적으로 인도될 때까지 계속 그곳에서 통치하셔야 합니다. 따라서 우리는 여전히 시편에 제시된 하나님의 백성이 모든 나라에서부터 와서 완전히 모이고, 왕들과 나라들이 그리스도 앞에 경건하게 복종하며, 우리 공동체에서 죄가 제거되고, "호흡이 있는 자마다 여호와를 찬양할"(시 150:6) 마지막 기쁨의 순간을 통해 절정에 이르는 모든 것들이 최종적으로 완성될 것을 기대합니다. 그날은 오고 있지만, 아직 여기에 있지는 않습니다. 따라서 시편 속에는 여전히 기대를 머금은 어조가 있습니다. 그

---

30 회개의 시편에서 그리스도께서 우리와 함께 노래하시는 것에 대해서는 다음을 참조하라. Belcher, *Messiah and the Psalms*, 87-88; LeFebvre, *Singing the Songs of Jesus*, 4장.

31 시편이 우리를 이끄는 그리스도와의 "찬양의 대화"에 대한 더 자세한 논의는 LeFebvre, *Singing the Songs of Jesus*, 3장을 참조하라.

리스도께서 오셨지만, 그분에게 언약된 모든 것의 완성은 여전히 펼쳐지고 있기 때문입니다. 오늘날 우리가 시편을 노래할 때, 우리는 계속해서 옛 성도들이 시편에 새겨 놓은 현재 상태에 대한 고뇌와 미래 상태에 대한 기대를 함께 공유하며, 모두 다 동일한 그리스도 중심의 믿음을 공유합니다.

구약 시대가 어둑어둑 저물어 가던 시기에 품고 있었던 그리스도와 그분의 구속 사역에 대한 임박한 기대는 시편을 구약보다는 신약의 일부로 만듭니다. 현대의 관행인 신약, 시편, 잠언만 포함된 포켓 성경을 인쇄하는 것이 나머지 구약을 소홀히 하는 것처럼 보이지만, 아마도 이 관행에는 시편이 매우 신약적이어서 이런 배치를 정당화한다는 암묵적 인식이 있었을 것입니다. 어쨌든 전통적인 시편의 위치가 구약 정경의 중간에 있다고 해서 신약 예배에 대한 시편의 적합성과 심지어 그 시편의 목적을 간과해서는 안 됩니다.

제7장
기독교적 저주?

데이비드 P. 머리(David P. Murray)

많은 시편들이 우리의 원수들을 저주해 달라고 하나님께 요청하는데 어떻게 우리가 그런 시편을 노래할 수 있을까요? 원수들에게 저주를 내리는 것은 신약의 정신과 말씀 모두에 반대되는 것처럼 보입니다(마 5:43-44). 만약 저주하는 시편들(종종 저주 시편이라고 불림)이 어떤 이들이 주장하듯이 기독교에 부합하지 않거나 기독교 이전의 것이라면, 그리스도인들은 그것들을 전혀 노래해서는 안 될까요? 우리는 오직 "기독교적인" 시편들로만 제한해야 할까요? 이 장에서 저는 저주의 시편들도 올바르게 이해하여 기독교적이고 그리스도인의 찬양에 적합하다는 사실을 보여주고자 합니다. 무엇보다 그 이유는 그 시편들이 우리 구주 그리스도를 가리키고 있기 때문입니다.

많은 사람들이 저주의 시편들을 문제가 있는 것으로 보기 때문에, 그 시편들이 시편집(Psalter)에 포함된 것에 대해 잘못된 설명을 해왔습니다. 먼저, 저는 이러한 저주의 시편 "문제"에 대한 잘못된 해결책 중 일부에 대해 검토할 것입니다. 둘째, 저는 그리스도인들이 저주의 시편들을 노래하는 데 도움이 될만한 10가지 방법을 제안하겠습니다.

시편은 얼마나 광범위하게 저주를 사용하고 있습니까? 전체적으로 저주의 내용을 주로 담고 있는 시편은 세 편입니다(시 35, 69, 109편). 다른 시편들에는 저주하는 구절이 있습니다(시 5, 7, 10, 28, 31, 40, 55, 58, 59, 70, 71, 79, 83, 137, 139, 140편). 150편의 시편 중 90편에서 저주의 언어를 발견할 수 있다고 알려져 있습니다. 그럼에도 불구하고, 저주하는 구절은 비교적 적게 발견되며, 저주는 시편에서 작은 주제에 불과할 뿐이라는 점을 기억하는 것이 중요합니다.

잘못된 해결책

우리가 인식하고 있는 이 문제에 대해 제기된 잘못된 해결책들은 다음과 같습니다.

시대의 변화

일부는 저주의 언어가 구약에서는 괜찮았지만, 신약에서는 그렇지 않다고 말하며, 이 시편들이 성경에 포함된 것은 단지 두 시대가 서로 대조된다는 사실을 보여주기 위해서라고 합니다. 이 해결책은 하나님이 시간이 지남에 따라 자신의 윤리적 기준을 모순되게 만든다고 설명하기 때문에 받아들일 수 없습니다. 또한, 구약과 신약 사이의 대조는 흔히 주장되는 것만큼 극명하지 않습니다. 구약에도 우리의 원수를 사랑하고 복수를 삼가라는 명령이 있고(레 19:17-18; 잠

24:17-18; 25:21-22), 신약에도 저주하는 내용이 포함되어 있습니다(딤후 4:14). 우리는 이를 더 자세히 살펴볼 예정입니다.

죄악된 다윗

일부는 시편의 저주가 죄악된 사람들의 입술에서 나온 죄악된 표현이었기 때문에 우리가 그것들을 우리 입술에 올려서는 안 된다고 주장합니다. 루이스(C. S. Lewis)는 심지어 시편 137편과 같은 시편들이 영감되었다는 사실을 부인하기까지 했습니다. 그는 저주의 시편들을 "악마적", "사탄적", "끔찍한", "경멸할 만한" 것이라고 부르기도 했습니다. 그는 "거기에는 증오가 있다. 그 증오는 곪아터졌고, 다른 사람의 실패를 고소하게 여기고, 노골적으로 표출한다. 그리고 우리가 어떤 식으로든 그런 저주를 용인하거나 승인한다면, 아니면 (더 나쁘게는) 그것을 사용하여 우리 자신에게 있는 유사한 열정을 정당화한다면 우리도 사악한 존재가 되는 것이다"라고 말했습니다.[1]

하지만 우리는 이 설명에 동의할 수 없습니다. 왜냐하면 이 설명은 성경의 영감성에 대해 의문을 제기하기 때문입니다. 다윗은 어떤 조건이나 단서도 없이 자신의 시편들이 하나님의 성령(God's Spirit)으로 영감되었다고 주장했습니다(삼하 23:1-2). 다윗은 단순히 이 시편들의 기록이 영감되었다고 주장하는 것이 아니라, 하나님께서 실제로 말씀을 영감하셨다고 말하고 있습니다. 또한 일부 저주 시편들의 제목을 보면, 그 시편들이 공예배에서 사용되도록 되어 있다는 사실을 나

---

1 C. S. Lewis, *Reflections on the Psalms* (New York: Harcourt, Brace and Company, 1958), 20-22.

타낸다는 점에 주목하십시오. 예를 들어, 시편 69편은 "악장을 위한 것(To the chief Musician)"입니다.

그리고 다윗이 복수심에 가득 찬 성격을 가졌다는 증거가 어디 있습니까? 사울의 미움에 대하여 다윗이 보였던 사랑의 반응과 특히 사울이 죽었을 때 그가 지은 활의 노래(the Song of the Bow)를 보십시오 (삼하 1:17-27). "다윗이 이 슬픈 노래로 사울과 그의 아들 요나단을 조상하고... 이스라엘아 네 영광이 산 위에서 죽임을 당하였도다 오호라 두 용사가 엎드러졌도다... 사울과 요나단이 생전에 사랑스럽고 아름다운 자이러니 죽을 때에도 서로 떠나지 아니하였도다 그들은 독수리보다 빠르고 사자보다 강하였도다"(17, 19, 23절). 반역한 압살롬에 대하여 다윗이 어떻게 대우했으며, 그의 죽음에 대하여 어떻게 반응했는지를 보십시오(삼하 18:32-33). 다윗은 오히려 때때로 정의를 집행하는 데 너무 주저했던 사람이었습니다.

사람이 아닌 귀신들

일부 해석자들은 저주가 사람이 아닌 귀신들의 머리에 임하도록 요청했다고 말합니다. 물론 저주의 시편을 노래할 때 우리가 악한 영들을 염두에 둘 수 있다는 것은 분명한 사실입니다. 그것은 정당한 적용일 것입니다. 그러나 신약은 시편 69편 25절과 109편 6-9절의 저주가 실제 인간인 유다에게도 성취되었다고 우리에게 말합니다(행 1:20).

기도가 아닌 예언

또 다른 흔한 설명은 이 시편들이 미래 직설법, 즉 일어날 일에 대한 표현으로 노래되어야 하며, 명령이나 강한 요청을 전달하는 명령법이 아니라는 것입니다. 저자들은 그들이 원하는 것이 아니라 일어날 일을 말하고 있었다는 것입니다. 그들은 재앙을 위해 기도하는 것이 아니라 예측하고 있었다는 말입니다.

하나님께서 악인을 벌하실 것이라는 것은 분명히 성경의 진리입니다. 그러나 그것이 저주의 성경 구절들의 전부는 아닙니다. 이 저주들은 예언적일 수 있지만, 그것들은 또한 기도이기도 합니다. 사실, 일부 문법학자들은 히브리어가 미래 직설법, 즉 예측적 번역을 허용하지 않는다고 주장합니다.

하나님께서 그의 원수들에게 복수하시는 것을 하늘이 기뻐한다면, 우리가 이렇게 기도하기를 꺼리는 것은 특히 더 이상합니다(계 16:5-6; 18:20). 실제로 하늘은 그것을 위해 기도합니다(계 6:10). 그렇다면 우리도 하나님의 심판을 위해 기도하고 기뻐할 수 없습니까? 로버트 대브니(Robert Dabney)는 이렇게 대답합니다.

> 의로운 보응은 신성한 성품에 속한 영광 가운데 하나다. 하나님께서 그 의로운 보응을 행사하기를 원하는 것이 옳다면, 하나님께서 그 보응을 행사하시기를 하나님의 백성이 원하는 것이 잘못된 일일 수 없다. 하나님이 자신을 위해 보응을 요구하시면서 그들에게는 그 보응을 금하셨고, 따라서 그들이 하나님의 보응에 대해 만족하는 것도 금하셨

다고 반박할 수 있다. 사실은 맞지만, 결론은 타당하지 않습니다. 피조물에 의한 보응이 금지되었기 때문에, 피조물에 의한 보응을 갈망하거나 그 보응으로 말미암아 기뻐하는 것도 금지된다. 그러나 이 보응은 하나님에 의해 의롭게 행해지는 것이기 때문에, 그것은 그분 안에서 옳은 것이어야 하고, 따라서 그분의 손에 있을 때 경건한 자들에게만 족을 주는 적절한 주제(subject)가 되어야 한다.[2]

과장법

일부는 저주가 과장법의 예, 즉 히브리 시에서 자주 사용되는 수사법인 의도적인 과장이라고 말합니다. 그러나 비유적 해석이 "그들의 이를 꺾으소서"와 같은 일부 저주 표현을 이해하는 데에는 도움이 될 수 있지만, 이를 사용하여 저주 시편의 명백한 실체를 설명하려는 것은 너무 과도한 해석입니다.

열 가지 도움

몇몇 사람들이 저주 시편의 문제점이라고 보는 것에 대한 잘못된 해결책들 가운데 몇 가지를 논박했으니, 이제 저주 시편에 대한 우리의 이해를 향상시키고 그것들을 노래하도록 동기를 부여하는 데 도움이 되는 몇 가지 방안을 제안하겠습니다.

---

2 Robert Dabney, *Discussions Evangelical and Theological* (London: Banner of Truth, 1967), 1:715.

첫 번째 복음 약속에 뿌리를 둠

시편의 저주는 창세기 3장 14-15절에서 뱀과 그의 후손에 대한 복음적 저주에 뿌리를 두고 있습니다. 모세는 이를 더 발전시켜 복음이 구원과 저주를 약속한다는 것을 보여줍니다(창 12:3). 시편 저자가 복음을 대적하는 원수들에게 박해받는 문맥 속에서, 그는 기본적으로 저주 시편들을 통해 이렇게 말하고 있습니다. "하나님, 나를 저주하는 자들을 저주하시겠다는 당신의 약속에 신실하소서." 예를 들어, 시편 83편에서 시편 저자는 이스라엘을 대적하는 수없이 많은 완고한 원수들이 이스라엘을 멸절시키려고 음모를 꾸미는 모습을 묘사한 후(1-8절), 하나님을 향해 이전에 하셨던 것처럼 이 나라들을 끊어 버리시기를 간구합니다(9-18절).

다윗의 용서하는 성품

대다수의 저주 시편을 지은 사람은 다윗이었습니다. 그러나 성경 내러티브와 시편은 일반적으로 다윗을 복수심 많은 사람이 아니라, 위에서 언급했듯이, 오히려 자기 원수들을 위해 기도하고 그들에게 선을 행하려고 노력한 사람으로 묘사합니다(예: 시 35:13; 109:4-5).

왕은 하나님을 대표함

왕은 하나님을 대표하는 사람이었기에, 하나님의 명성은 왕의 명성과 관련되어 있었습니다. 하나님의 기름 부음 받은 왕을 모욕하는 것은 하나님을 모욕하는 것과 같았습니다. 제임스 아담스(James Adams)는 다윗이 특별히 기독론적인 방식으로 하나님의 기름 부음을 받은 자였다고 설명합니다.[3] 그는 다윗이 기름 부음을 받기 이전에 불렀던 노래들이 구약 정경에 나타나지 않는다는 점을 상기시킵니다. 그가 하나님의 기름 부음 받은 자가 되었을 때에야 그의 노래들이 하나님의 노래가 되었습니다.

하나님의 기름 부음 받은 왕으로서, 시편 저자는 주로 하나님의 영광과 명성에 관심이 있었고, 주저하지 않고 인간의 복지가 아닌 하나님의 영광을 궁극적인 목적으로 기도했습니다. 예를 들어, 시편 저자가 하나님의 원수들을 완전히 경멸하고 그들을 자신의 원수로 간주하는 것을 보십시오. "하나님이여 주께서 반드시 악인을 죽이시리이다 피 흘리기를 즐기는 자들아 나를 떠날지어다 그들이 주를 대하여 악하게 말하며 주의 원수들이 주의 이름으로 헛되이 맹세하나이다 여호와여 내가 주를 미워하는 자들을 미워하지 아니하오며 주를 치러 일어나는 자들을 미워하지 아니하나이까 내가 그들을 심히 미워하니 그들은 나의 원수들이니이다"(시 139:19-22). 아담스는 마틴 로이드존스(Martin Lloyd-Jones)가 설교에서 이를 어떻게 설명했는지 이야기합니다. "시편 기자를 보십시오. 그 저주의 시편 중 일부를 보십시오. 그것들이 무엇입니까? 그 시편에는 잘못된 것이 아무것도 없습니다. 단지 시편 저자의 열정입니다. 그는 이들이 사람이 마땅히 해야 할 대로 하나님을 공경하지 않기 때문에 슬퍼하고 괴로워합니다. 그것이 시편 기자의 최고의 관심사입니다."[4]

---

3   James Adams, *War Psalms of the Prince of Peace* (Phillipsburg, N.J.: P&R, 1991), 26-27.
4   Ibid., xi.

신약에서 자주 인용되는 시편

보다 더 자주 인용되는 강력한 메시야적 성격을 가진 시편들(시 2, 22, 110, 118편) 다음으로, 대체로 저주적 성격을 가진 시편 35, 69, 109편이 신약에서 가장 자주 인용되는 시편들이며, 이 시편들은 어떤 제한이나 조건 없이 인용됩니다. 해리 멘네가(Harry Mennega)는 이렇게 말합니다. "신약은 구약의 저주 시편에 대해 조금도 당황하지 않는 것 같다. 오히려 반대로 신약은 그 구약의 저주 시편을 어떤 주장을 뒷받침하기 위해 사용할 수 있는 권위 있는 진술로 여기고 그 시편에서 자유롭게 인용한다. 신약은 저주 부분이 있는 시편에서 저주가 아닌 구절들만 인용하지 않는다. 더 주목할 사실은 신약은 저주 자체를 승인하며 인용한다."[5]

신약의 저주

앞서 언급했듯이, 신약에도 자체적인 저주가 포함되어 있습니다. 마태복음 23장 13-29절에서 그리스도께서 유대 종교 지도자들에게 선포하신 일곱 가지 화(woes)를 보십시오. 이것은 참을성 없는 사람이 좌절하여 분노가 폭발한 것이 아니라, 오히려 종교 지도자들이 이러한 하나님의 저주를 당하기 전에 회개하라는 사랑의 경고였습니다. 다음은 신약에 등장하는 저주의 추가적인 예입니다.

---

5 Harry Mennega, "The Ethical Problem of the Imprecatory Psalms" (master's the- sis, Westminster Theological Seminary, 1959), 38.

우리나 혹은 하늘로부터 온 천사라도 우리가 너희에게 전한 복음 외에 다른 복음을 전하면 저주를 받을지어다 우리가 전에 말하였거니와 내가 지금 다시 말하노니 만일 누구든지 너희가 받은 것 외에 다른 복음을 전하면 저주를 받을지어다(갈 1:8-9).

형제들아 내가 지금까지 할례를 전한다면 어찌하여 지금까지 박해를 받으리요 그리하였으면 십자가의 걸림돌이 제거되었으리니 너희를 어지럽게 하는 자들은 스스로 베어 버리기를 원하노라(갈 5:11-12).

구리 세공업자 알렉산더가 내게 해를 많이 입혔으매 주께서 그 행한 대로 그에게 갚으시리니(딤후 4:14).

만일 누구든지 주를 사랑하지 아니하면 저주를 받을지어다 우리 주여 오시옵소서(고전 16:22).

하나님의 공의를 희생하면서 하나님의 사랑을 과도하게 강조하는 시대에, 우리는 구약과 신약의 윤리를 극단적으로 분리하고 대조하려는 시도에 맞서 싸워야 합니다. 많은 사람이 이 중요한 진리를 무시하려고 반복적으로 시도하고 있지만, 하나님의 정의와 사랑은 신구약 성경에 모두 나타납니다. 대브니가 분명히 말했듯이, "신구약 성경의 영감받은 사람들이 악을 행하는 자들에 대해 도덕적인 분노를 느끼고 이를 표현했으며, 하나님의 손에 의해 그들이 적절하게 보응을 받기를 원했다는 것을 정직하고 분명하게 인정해야 합니다."[6]

공의에 기반함

저주 시편의 본질은 공의가 이루어지고 무죄한 의인의 정당성이 입증되는 것인데, 이는 신약의 주제이기도 합니다(눅 18:1-8). 오늘날 사법 정책의 최전선에는 재활(Rehabilitation)과 보상(restitution)이 있고 이들이 성경적 공의의 중요한 구성 요소였지만, 성경적 공의의 기초는 보복(retribution)이었습니다. 바로 눈에는 눈, 이에는 이를 의미합니다. 만약 응보적 공의(retributive justice)의 개념이 상실되거나 평가 절하된다면, 저주 시편을 결코 제대로 이해할 수 없을 것입니다.

주의 나라가 임하옵소서

성경의 저주는 하나님의 나라에 대한 하나님 백성의 열심과 죄와 악에 대한 그들의 열정적인 미움을 반영합니다. "주의 나라가 임하옵소서"라는 기도에도 저주가 암시되어 있습니다. 왜냐하면 하나님의 나라는 경쟁하는 왕국들을 물리치고 파괴함으로써 오기 때문입니다. 하나님의 나라를 사랑하는 사람은 누구나 사탄의 나라를 미워할 것입니다. 마틴 루터는 이렇게 말했습니다. "(주의) 이름이 거룩히 여김을 받으시오며 (주의) 나라가 임하옵소서 (주의) 뜻이 이루어지이다" 라고 기도할 때, "그는 이에 대한 모든 반대를 한 더미에 놓고 이렇게 말해야 합니다. '다른 모든 이름과 다른 모든 왕국에 저주와 악담

---

6   Dabney, *Discussions,* 709-10.

과 수치가 있을지어다. 그것들이 파멸되고 찢기며 그들의 모든 계획과 지혜와 계획이 좌절되기를 바라노라.'"[7] 멘네가가 주장하듯이, "교회의 진보와 승리는 어둠의 왕국의 퇴각과 패배를 의미합니다."[8]

이 말이 진정으로 의미하는 것은 축복과 저주가 동전의 양면이라는 것입니다. 잘못을 행하는 것에 대한 분노가 없다면, 잘못된 자들에 대한 진정한 연민도 존재할 수 없습니다(마 23장). 둘 다 하나님 보시기에 아름다운 자질이며, 하나님은 더 충만하신 성령으로 그것에 대해 보상하십니다(히 1:9).

그리스도인들은 자신의 개인적인 원수는 사랑해야 하고 자신을 저주하고 악의적으로 대하는 자들을 축복해야 합니다. 그럼에도 불구하고, 그들은 동시에 모든 악의 몰락을 바라고 그것을 위해 기도할 것입니다. 존 파이퍼(John Piper)는 이렇게 썼습니다. "죄인에 대한 일종의 미움(도덕적으로 타락하고 하나님께 적대적인 것으로 간주되는)이 연민과 심지어 그들의 구원에 대한 욕구와 공존할 수 있습니다… [그러나] 하나님을 향하여 그토록 장기적이고, 완고하며, 오만한 모습으로 사랑 없이 지내는 지점에 이르면 그것에 대해 저주를 내리는 것이 적절할 수 있습니다."[9]

파이퍼는 저주의 기도가 악에 대한 우리의 첫 번째 반응이 아니라 마지막이어야 한다고 말하고 있습니다. 그러나 동시에 그는 같은 사

---

7 Martin Luther, *Luther's Works, ed. Jaroslav Pelikan* (St. Louis: Concordia, 1956), 21:101.

8 Mennega, "Ethical Problem," 93.

9 John Piper, "Do I Not Hate Those Who Hate You, O Lord?" *Taste & See,* October 3, 2000, http://www.desiringgod.org/ResourceLibrary/TasteAndSee/ByDate/2000/1161_ Do_I_Not_Hate_Those_Who_Hate_You_O_Lord/; (accessed November 30, 2009.)

람을 사랑하고 미워하는 것이 가능하다는 말도 합니다. 우리는 누군가가 옹호하는 것을 미워하고, 또 그가 하나님과 그의 백성을 대적하기 위해 행하는 것도 미워하면서, 동시에 그 사람의 구원을 바랄 수 있습니다. 우리는 그의 영혼을 사랑하면서도 동시에 하나님께서 그가 하나님의 백성을 박해하는 것을 물리쳐 주시기를 기도할 수 있습니다. 이것은 균형을 이루기 매우 어려운 것입니다. 아마 그래서 다윗이 "여호와여 내가 주를 미워하는 자들을 미워하지 아니하오며 주를 치러 일어나는 자들을 미워하지 아니하나이까 내가 그들을 심히 미워하니 그들은 나의 원수들이니이다"라고 기도한 후에 이어서 "하나님이여 나를 살피사 내 마음을 아시며 나를 시험하사 내 뜻을 아옵소서 내게 무슨 악한 행위가 있나 보시고 나를 영원한 길로 인도하소서"(시 139:21-24)라고 기도했을 것입니다.

복수는 하나님의 것

저주는 하나님께서 복수하시기를 구하는 기도입니다. 시편 저자는 자신이 직접 복수하지 않고 상황을 하나님께 맡깁니다. 그는 사실상 "복수는 내 것이 아니라 주의 것입니다, 오 주여"라고 말하고 있습니다. 그는 영적 무기(엡 6:12)를 가지고 영적 전투를 하면서 세속적이고 육신적인 수단을 거부하는데, 이 영적 무기에는 저주 시편이라는 "무기"도 포함됩니다. 아담스는 이 시편들을 통해 나타나야 하는 것은 우리 자신의 분노가 아니라 어린 양의 분노라고 강조합니다. "주의 원수들은 오늘날 이 그리스도의 기도들이 선포되는 것을 들을 필요가 있다. 이 기도는 부주의하고 무정한 폭군의 기도가 아니라,

그에게 무릎을 꿇는 모든 이들의 죄를 위해 하나님의 저주를 짊어지신 하나님의 어린 양의 효과적인 기도다. 시편의 분노는 하나님의 어린 양의 분노로 전파되어야 합니다. 하나님의 나라는 전쟁 중이다!"[10]

많은 서구 그리스도인들은 이러한 "전쟁 중"이라는 감각을 잃어버린 것 같습니다. 하지만 박해받는 그리스도인들은 이 감각을 가지고 있습니다. 그들은 또한 저주 시편을 노래하는 것을 어려워하지 않습니다. 1980년대 후반, 저는 차우셰스쿠의 박해를 피해 헝가리로 도망치는 루마니아 그리스도인들을 섬기는 특권을 누렸습니다. 당시 저는 저주 시편들과 씨름하고 있었고 루마니아인 몇 명에게 그들의 생각을 물었습니다. 그들은 의아한 표정으로 저를 보며 루마니아 그리스도인들이 다른 어떤 시편보다 저주 시편을 더 많이 부르며, 그들은 어떤 거리낌이나 의문 없이 그렇게 한다고 말했습니다!

구원을 목표로 하는 심판

저주 기도의 핵심이 죄인의 유익을 위하는 것일 경우가 종종 있습니다. 왜냐하면 하나님은 종종 심판을 사용하여 죄인들을 자신에게로 이끄시기 때문입니다. 이는 시편 저자의 간구에 요약되어 있습니다. "여호와여 그들의 얼굴에 수치가 가득하게 하사 그들이 주의 이름을 찾게 하소서"(시 83:16). 이는 느부갓네살의 구원(단 4장)과 엘루마 마술사에 대한 하나님의 심판이 서기오 바울의 구원으로 이어진 예(행 13:9-12)를 통해서 볼 수 있습니다. 루터는 이렇게 말합니다.

---

10   Adams, *War Psalms*, 34.

우리는 우리의 원수들이 회개하여 우리의 친구가 되기를 기도해야 한다. 그렇지 않다면, 그들의 행위와 계획이 실패하고 성공하지 못하며 복음과 그리스도의 나라가 아니라 그들의 인격이 멸망하기를 기도해야 한다. 따라서 성스러운 순교자로서 부유하고 고귀한 로마 귀부인이었던 아나스타시아(Anastasia)는 우상 숭배자이자 그리스도인들을 끔찍하게 파괴했던 사람인 자신의 남편을 대항하여 기도했다. 그는 그녀를 끔찍한 감옥에 던져 넣었고, 그녀는 그곳에서 머물며 죽어야 했다. 그곳에서 그녀는 누운 채 성 크리소고누스(Chrysogonus)에게 그녀의 남편을 위해 열심히 기도해 달라고 편지를 썼다. 가능하다면 그가 회개하고 믿게 되기를, 그렇지 않다면 그가 자신의 계획을 수행할 수 없게 되고 속히 그의 파괴행위가 끝나기를 위해서 기도해 달라고 했다. 그래서 그녀는 그의 죽음을 위해 기도했고, 그는 전쟁에 나가 집으로 돌아오지 않았다. 우리도 마찬가지로 우리의 분노한 원수들을 위해 기도한다. 하나님께서 그들의 길에서 그들을 보호하고 강화하시기를, 우리가 그리스도인들을 위해 기도하는 것처럼, 또는 그분이 그들을 도우시기를 기도하는 것이 아니라, 그들이 회개할 수 있다면 회개하기를, 또는 그들이 거부한다면 하나님께서 그들을 대적하시고, 그들을 멈추시며, 그들이 해와 불행을 당함으로 그 게임을 끝내시기를 기도한다.[11]

---

11 Martin Luther, *What Luther Says* (St. Louis: Concordia, 1959), 1100.

그리스도를 가리킴

마지막이지만 가장 중요한 것이 남았습니다. 바로 저주 시편은 우리를 그리스도께로 인도한다는 사실입니다. 『종교개혁의 정신 스터디 바이블(*Spirit of the Reformation Study Bible*)』은 이렇게 말합니다.

> 저주, 또는 저주를 포함하는 시편들조차도 그리스도 안에서 성취를 이룬다. 이 시편들은 의인을 옹호하고 악인에게 하나님의 심판이 임하기를 외친다(예: 시 69:22-29). 그러한 기도들은 이스라엘 백성이 하나님의 심판을 위한 도구로서 수행하는 거룩한 전쟁에 대한 소명을 반영한 것이었다. 하나님의 심판을 짊어지신 그리스도의 오심으로, 하나님 백성이 하는 전쟁의 본질이 바뀌었다. 이제 그 전쟁은 더 강렬해졌지만, 무엇보다도 "하늘에 있는 악의 영들"을 대적하는 전쟁이다(엡 6:12). 그리스도께서 영광중에 재림하실 때, 자비의 시간은 끝나고 시편의 저주(저주들)가 하나님의 모든 원수들에게 성취될 것이다.[12]

제임스 아담스는 더 나아갑니다. 그는 우리가 이 시편들을 들을 때, 그리스도께서 노래하고 기도하시는 것으로 들어야 한다고 말합니다.

> 주 예수 그리스도께서 이 복수의 기도를 하고 계신다. 시편 저자가 원

---

12   *Spirit of the Reformation Study Bible* (Grand Rapids: Zondervan, 2003), 805.

수들이 완전한 파멸을 당하게 해 달라고 외치는 기도들은 오직 우리 주 예수님의 사랑의 입술에서 나오는 소리로 들을 때만 이해될 수 있다. 이 기도들은 여전히 왕이신 예수님의 원수인 모든 이들을 향한 경고의 신호다. 그분의 기도는 응답될 것이다! 하나님의 진노가 그리스도를 반대하는 모든 이들에게 나타난다. 그리스도의 십자가에 있는 하나님의 용서의 방법을 거부하는 사람은 누구든지 하나님의 끔찍한 저주를 짊어질 것이다... 우리가 이 자비롭고 거룩한 죄인의 구주께서 기도하고 계신다는 것을 이해할 때, 우리는 더 이상 이 기도들을 부끄러워하지 않고 오히려 그것들을 영광스럽게 여길 것이다. 그리스도의 기도는 우리로 하여금 하나님께 지금 영광과 신뢰를 드리게 한다. 왜냐하면 우리는 하나님께서 그분의 기도에 응답하신다는 것을 알기 때문이다. 따라서 우리는 악의 세력이 무너지고 하나님만이 영원히 통치하실 것이라는 확신을 가진다![13]

이는 우리가 악인의 일시적인 승리와 경건한 자의 고난에도 불구하고 하나님께서 자신의 약속을 성취하실 때까지 인내심을 가지고 기다릴 수 있다는 것을 의미합니다.

---

13 Adams, *War Psalms*, 33, 35.

결론

우리는 저주 시편이 성경에서 이해하기 가장 어려운 부분 중 하나라는 것을 인정해야 합니다. 이에 대한 모든 것을 설명하고 모든 반론에 답하는 것은 어렵습니다. 믿음이 필요합니다. 스펄전은 이를 다음과 같이 잘 요약했습니다. "진실로 이것은 성경의 어려운 구절 중 하나이며, 영혼이 떨며 읽어야 하는 구절이지만, 그것에 대해 판단을 내리는 것은 우리의 일이 아니라 주께서 우리에게 말씀하시는 바에 귀를 기울이는 것이다."[14] 또한 순수한 동기와 의로운 분노로 이러한 기도를 하는 것도 어렵습니다. 그러나 우리는 그리스도께서 완전한 거룩함으로 이 시편들을 노래할 수 있었다는 것을 믿어야 합니다. 심지어 십자가 위에서도, 그분은 자신의 백성을 위해 "저들을 용서하소서"라고 기도하면서 동시에 자신의 원수들을 대적하여 이러한 기도를 묵묵히 하고 계셨습니다.

청교도 윌리엄 로메인(William Romaine)은 교회에서 시편찬송이 쇠퇴하는 것에 대해 경각심을 가지고 주목했고, 그 원인이 시편과 예수 그리스도의 관계를 보지 못하는 데 있다고 말했습니다. 많은 이들이 다시 시편, 심지어 저주 시편에서도 그리스도를 전파하기 시작하여 새로운 세대의 시편 노래자들에게 영감을 준다면 교회에 얼마나 큰 축복이 되겠습니까!

---

14   C. H. Spurgeon, *Treasury of David* (Grand Rapids: Zondervan, 1966), 2a:436.

제8장
시편찬송(Psalmody) 옹호론:
기독교 예배를 위한 시편집의
충분성에 관하여

말콤 H. 와츠(Malcolm H. Watts)

하나님을 향한 예배란 무엇입니까? 예배는 하나님의 지고한 가치를 인정하고 그 가치에 대해 보이는 우리의 합당한 반응으로서 존경과 공경을 표하는 것입니다. 청교도 존 오웬(John Owen)은 예배를 "신적 본성에 마땅히 드려야 할 경의를 표하는 것"이라고 정의했습니다.[1] 또 다른 청교도인 스티븐 차녹(Stephen Charnock)은 예배를 "경외하는 마음으로 하나님을 기억하는 것"이라고 기록했습니다.[2]

---

[1] John Owen, *The Works of John Owen* (London: The Banner of Truth Trust, 1966), 6:65.
[2] Stephen Charnock, *The Complete Works of Stephen Charnock* (Edinburgh: James Nichol, 1864), 1:318.

　　성경은 특정한 예배의 행위들이 있다고 가르칩니다. 이것들은 하나님께서 친히 엄격하게 규제하신 것으로서, 각각의 행위는 하나님의 기록된 말씀이 명백하고 분명하게 보증하는 것이어야 합니다. 구약에서 주님은 자기 백성이 예배를 드릴 때 인위적인 방식을 택하지 말라고 하십니다. "너는 스스로 삼가 네 앞에서 멸망한 그들의 자취를 밟아 올무에 걸리지 말라... 내가 너희에게 명령하는 이 모든 말을 너희는 지켜 행하고 그것에 가감하지 말지니라"(신 12:30, 32, 참조: 신 4:2, 대하 8:13, 29:25, 스 3:2, 4; 렘 7:31). 신약도 역시 동일한 성경적 권위를 주장하며, 우리 주님은 서기관들과 바리새인들에 대하여 다음과 같이 분명하게 말씀하셨습니다. "너희는 어찌하여 너희 전통으로 하나님의 계명을 범하느냐... 사람의 계명으로 교훈을 삼아 가르치니 나를 헛되이 경배하는도다"(마 15:3, 9, 참조: 마 28:20, 고전 11:2, 23, 골 2:20-23). 예배를 위한 유일한 규칙은 언제나 하나님의 계시된 뜻이었습니다. 따라서 인간이 고안한 어떤 것도 배제되며, 하나님은 오직 하나님께서 친히 정하신 것을 준수하는 것만을 받아들이시고 그것만이 효력이 있을 것입니다.

　　하나님께서는 개인과 가정 예배뿐만 아니라 공예배에 대한 내용도 지정하실 독점적 권리가 있으시므로, 우리는 그분의 집에 속한 합법적인 규례들이 무엇인지 주의 깊게 살펴보아야 합니다. 우리는 안식일에 가지는 정기적이고 엄숙한 모임(출 20:8-11, 레 23:3, 사 58:13-14, 요 20:19, 26, 행 20:7, 고전 16:2)에 하나님의 기록된 말씀을 읽는 것(신

31:11-12, 느 8:1-3, 행 13:14-15, 17:11, 골 4:16, 계 1:3), 간구와 중보와 감사를 드리는 기도(마 6:9-13, 행 2:42, 엡 6:18, 딤전 2:1-8), 찬양을 부르는 것(시 22:22, 25, 마 26:30, 행 2:46-47, 골 3:16), 하나님의 말씀을 설교하고 가르치는 것(느 8:7-8, 행 15:21, 딤전 4:11, 6:2, 딤후 3:16-17, 딤후 4:2, 벧전 4:11), 엄숙한 축도나 축복을 선포하는 것(민 6:22-27, 고후 13:14, 딤후 4:22, 계 22:21)이 포함되어 있다는 것을 알게 될 것입니다. 물론 두 성례인 세례와 성찬을 시행하고 또 성도들이 이를 받는 것도 포함될 것입니다(마 28:19-20, 막 14:22-25, 행 2:41-42, 고전 11:23-28).

그러나 아더 힐더삼(Arthur Hildersam)이 올바르게 관찰한 바와 같이, "이러한 외적인 것들이 아무리 지속적으로 행해진다고 하더라도, 마음의 내적이고 영적인 예배가 없다면 하나님을 기쁘게 할 수 없으며 우리에게도 아무런 유익이 없습니다."[3] 더 나아가서 그는 이렇게 말합니다. "하나님에 대한 예배의 모든 부분은 영적이며, 거기에는 사람이 행하는 외적이고 신체적인 행위와 주님 자신이 행하시는 내적이고 영적인 역사가 있다."[4] 이 두 가지 진리가 가장 중요합니다(시 51:6, 17, 요 4:23-24, 출 20:24, 고전 3:16-17). 힐더삼은 예배의 내적 측면과 외적 측면을 모두 강조하며 이렇게 기록합니다. "그것들을 지킴으로써 우리는 하나님께 경의(homage)를 표하고 그분께 우리의 순종(obedience)을 보인다."[5]

확실히 주님의 백성들은 이러한 수단을 통해 예배하며, 신성한 지

---

3 Arthur Hildersam, *CLII Lectures upon Psalm, LI* (London: J. Rayworth, 1642), 532.
4 Ibid., 539-40.
5 Ibid., 534

시에 순종하고 명령된 바를 지키는 것은 맞습니다. 그러나 더 구체적으로 말하면, 성경 읽기와 성경을 듣는 일을 통하여 그들은 자신들의 마음과 삶에 대한 하나님의 주권적이고 정당한 권위를 인정합니다(단 10:21). 기도를 통해 그들은 그리스도를 위해 좋은 것을 베푸실 수 있는 하나님의 완전한 충족성과 예비하심, 그리고 그분의 능력과 의지를 선언합니다(욥 10:12; 행 17:25; 약 4:6). 찬양에서 그들은 다양하고 무수한 축복을 전달하시는 그분의 위대한 선하심과 자비와 은혜를 알립니다(시 30:4-5; 31:19; 63:3-4). 설교를 전하고 들을 때, 그들은 그분을 진리의 하나님이요 유일하신 지혜로운 하나님으로 경외합니다(신 32:4; 딤전 1:17). 축도에서 그들은 그들의 하나님이 그들 가운데 계시며, 자신을 나타내시고 기쁨과 평화를 베푸신다는 것을 믿고 선포합니다(시 3:8; 133:3; 롬 15:13; 히 13:20). 마지막으로, 세례와 성찬이 시행되는 이유는 그리스도 안에 계신 하나님이 언약의 약속들에 신실하시다는 사실을 보여주시고, 또 그의 백성들에게는 세례와 성찬으로 상징되는 연합과 교제의 유익을 주신다는 사실을 나타내기 위한 것입니다(롬 6:3-4; 고전 10:16-17).

'찬양(Praise)'의 의미

찬양은 하나님 예배의 한 부분을 차지합니다. 그렇다면 찬양이라는 단어가 정확히 의미하는 바는 무엇입니까? 토마스 보스턴(Thomas Boston)은 이를 "하나님께서 자신의 말씀과 행위로 나타내신 바와 같이 하나님의 영광스러운 탁월하심을 인정하고 선포하는 것"이라고 설명합니다.[6] 찬양은 참으로 신적 탁월하심에 대한 반응입니다. 찬양은 실제로 하나님의 탁월하심을 분명히 드러내며, 심지어 하나님의 초월적 탁월함 또는 그분의 뛰어난 영광 전체를 나타냅니다. 이것이 하나님을 영화롭게 한다는 의미입니다. 인간은 하나님의 본유적(essential) 영광(하나님이 자신 안에 계신 그대로의 모습[출 3:14; 욥 35:7; 롬 11:25, 36])에 어떤 것도 더할 수는 없지만, 노래를 통해 그분의 선언적(declarative) 영광(하나님이 알려지신 대로의 모습 [시 89:1; 96:3, 7, 8; 사 44:23])을 드러낼 수는 있습니다. 토마스 아담스(Thomas Adams)는 이 점을 강조하면서 이렇게 기록합니다. "찬양이 하나님의 영광에 무엇을 더할 수 있는 것도 아니요, 신성모독이 그 영광을 손상할 수 있는 것도 아니다... 마치 태양이 새들의 노래로 더 좋아지거나 개들의 짖음으로 손상되지 않는 것과 같다. 그분은 너무나 무한히 위대하시고 한결같이 선하셔서, 그분의 영광은 더하거나 덜할 수 없다. 그러나 우리가 그분의 이름을 더 크게 만들 수는 없어도 더 크게 보이게 할 수는 있다. 그리고 비록 우리가 그분의 영광을 확장할 수는 없지만, 그분의 영광에 대한 표현을 확장할 수는 있다."[7]

은혜를 통해, 그리고 그 결과로 생기는 믿음의 행사를 통해, 주님의 백성들은 그분의 모든 속성이나 완전하심 가운데 하나님을 분별하고 심지어 그 하나님을 느낄 수 있게 됩니다(히 11:27; 벧전 2:3). 이렇게 묵상을 통해 하나님을 경험하는 가운데 그들은 영예롭고 합당한

---

6 Thomas Boston, *The Whole Works of the Late Reverend Thomas Boston* (Aberdeen: George and Robert King, 1849), 5:591

7 Thomas Adams, *The Works of Thomas Adams* (Edinburgh: James Nichol, 1862), 3:11.

찬양을 통해 자신을 표현하게 됩니다(대상 29:10-13; 시 63:3). 그러므로 참된 찬양의 내용을 제공하시는 분은 초월적 광채 가운데 계신 주님입니다. 그래서 성경은 하나님을 "네 찬송"이나 그의 성도들의 찬송이라고 부르는 것입니다(신 10:21; 렘 17:14).

성경은 때때로 찬양, 축복, 감사를 바르게 구별하는 경우가 있습니다. 예를 들어, 토마스 맨튼(Thomas Manton)은 이 용어들이 때로 "무분별하게"(또는 구별 없이) 사용된다는 점을 인정하면서, 종종 "개념의 구별"이 나타난다는 사실을 관찰하였고, 그런 경우에 찬양은 "우리가 낯선 사람의 뛰어난 자질을 칭찬할 수 있는 것처럼 그분의 탁월하심에 관련된다"고 주장합니다(시 145:3; 148:13). "축복은… 우리에게 유익한 하나님의 역사(works)를 존중합니다"(시 26:11-12; 66:8-12 - "하나님의 축복(blessing)은 역사하시는(operative) 것이고, 우리의 축복은 선언하는(declarative) 것입니다"[8]). 그리고 "감사는… 축복뿐만 아니라 유익에도 관련됩니다"(시 116:12, 17; 147:7-9).[9] 엄밀히 말해서, 찬양은 살아계시고 참되신 하나님 안에 있는 모든 놀라운 완전하심을 기념하는 것입니다.

하나님은 자신이 행하시는 모든 일에서 항상 자신의 속성이나 특질(qualities)을 계시하는 것을 목적으로 삼으셨습니다(사 48:11; 롬 11:36). 창조세계와 피조물들은 일반적으로 하나님의 영광에 속한 어떤 것을 나타낼 수 있으며("그의 영원하신 능력과 신성"[롬 1:20]), 그들이 계속해서

---

8 Thomas Manton, *The Works of Thomas Manton, D.D.* (London: James Nisbet and Co., 1872), 1:244; 9:190, 191.

9 Ibid., 9:191

존재하는 것 자체가 하나님을 찬양하는 것에 대한 끊임없이 증거라고 말할 수 있습니다(시 19:1; 145:10). 그러나 특별히 인간은 하나님의 영광을 영적으로 분별하도록 만들어졌습니다. 그리고 놀라우시고 기이한 일을 행하는 분이신 하나님의 자기 계시(즉, 하나님의 "이름"[시 8:1; 48:10])를 대면하고, 또 은혜로 말미암아 이 계시를 이해할 수 있게 된다면(엡 1:16-19; 히 11:27), 그때 인간은 입술을 통해 그리고 말로 하는 찬양으로 이 계시를 적극적인 방식으로 선포할 수 있는 위치에 있게 됩니다(사 43:7, 21; 60:21; 벧전 2:9). 맨튼은 "우리의 혀는 우리의 영광이라고 불린다"(시 16:9; 참조 행 2:26)고 말하며, "이는 말(speech)이 짐승들보다 뛰어난 우리의 탁월함이기 때문만이 아니라, 말을 통해서 하나님께서 영화롭게 되시고 찬양받으시기 때문이다"라고 말합니다.[10]

따라서 우리의 영혼이 하나님을 아는 지식, 곧 그분의 거룩한 위격들, 그분의 숭고한 속성들, 그분의 놀라운 역사들에 대한 지식으로 더욱 복을 받을수록, 우리는 그분을 단순히 감탄하는(admire) 것을 넘어 그분을 찬양해야 한다는 사실을 더욱 강하게 느끼게 될 것입니다. 성경이 우리에게 시사하는 바는 하나님의 선하심과 사랑에 대한 우리의 경험이 새로워지고 더욱 증가될 때 우리 안에서는 더 큰 경이로움과 감사가 일어나게 되고, 따라서 우리 마음은 주님을 찬양하기에 더 적합하게 되어 찬양할 마음이 더 크게 일어날 것이라는 것입니다. 그래서 다윗은 새로운 자비가 자신에게 임할 것을 소망하며, "주를 더욱더욱 찬송하리이다"(시 71:14; 문자 그대로 하면 "내가 당신의 모든 찬송

---

10   Ibid.

에 찬송을 더하리이다")라고 말할 수 있었던 것입니다.

리처드 십스(Richard Sibbes)는 이 진리를 다음과 같이 아름답게 표현합니다. "우리는 봄에 불쌍한 새들이 그들 안에 있는 작은 영혼이 햇살에 의해 북돋아진 상태에서 햇살을 노래로 표현하는 것을 본다. 이처럼 하나님께서 우리에게 호의를 베풀어 따뜻하게 하실 때, 우리를 통해 하나님께서 그 모든 찬양을 받으실지어다"[11]

하나님의 자비가 매일 새롭고 우리가 이 자비를 경험하는 것이 점진적이라는 점을 고려할 때, 우리는 찬양이 우리의 삶 전체에 걸쳐 완성되고 있다고 믿을 수밖에 없습니다. 그렇다면 축복과 복됨이 완전해질 내세에 교회가 드리게 될 영원하고 연합된 찬양의 본질이 어떠할지에 대해 궁금하지 않을 수가 없습니다. 찬양은 다른 규례들과 달리 세대에서 세대를 거쳐 끝없이 계속될 것이 확실합니다(사 26:19, 35:10). 요한계시록에서 우리는 언젠가 하나님과 천사들과 모든 구속받은 자들이 부르게 될 그 노랫소리를 듣습니다. "찬송과 영광과 지혜와 감사와 존귀와 권능과 힘이 우리 하나님께 세세토록 있을지어다 아멘"(계 7:12, 참조: 4:11, 5:13, 15:3-4).

찬양의 일반적인 주제를 살피는 일을 마무리하면서, 찬양이 예배의 가장 탁월한 부분이라는 것을 보여주는 어떤 특징이 있다는 사실에 주목해야 할 것 같습니다.

• 찬양은 공예배에서 주도적인 규례입니다(시 95:2, 행 2:46-47).

---

11 Richard Sibbes, *The Complete Works of Richard Sibbes* (Edinburgh: James Nichol, 1862), 2:274.

- 지극히 탁월하신 하나님을 바라보는 데서 비롯되었기에, 찬양은 특별히 하나님을 영화롭게 합니다(시 50:23, 145:3).
- 우리로 하여금 이 의무를 수행하도록 만드는 것은 우리의 자기 사랑이 아니라 하나님에 대한 우리의 사랑입니다(시 116:1, 19).
- 이 행위에서 우리는 무언가를 받는 것이 아니라 오히려 드리고 있습니다. 우리는 하나님의 이름에 합당한 영광을 그분께 드리고 있는 것입니다(시 29:1-2; 히 13:15).
- 찬양은 위대한 행복의 원천이며, 우리 영혼에 이보다 더 즐거운 행위는 없습니다(시 33:1; 135:3).
- 무한히 탁월하신 하나님은 반드시 그의 백성들이 경배하는 가운데 가장 고양된 반응을 보일 수 있도록 그 재료를 제공하실 것입니다(시 18:3, 96:4).
- 영화롭게 된 구속받은 자들과 거룩한 천사들은 위에 계시고 보좌에 앉으신 하나님께 바로 그런 영원한 찬양을 노래합니다(시 104:33, 사 26:19).

우리 찬양의 내용

이제 우리 찬양의 내용을 생각해야 합니다. 성경은 공예배에서 영감된 노래들, 즉 시편에서 발견되는 노래를 사용할 수 있도록 허락하며, 이 노래들은 모든 시대에 교회의 다양한 필요에 놀랍도록 부합합니다. 공적 집회에서 다윗, 아삽, 그리고 다른 시편 작가들이 만든 시편을 노래하는 것에 대한 성경적인 보증이 확립되고 명확히 진술될 필요가 있습니다.

하나님은 본질과 본성에 있어서 전적으로 이해할 수 없는 분입니다. 따라서 그분은 너무나 강렬하고 밝은 빛 가운데 거하시는 분으로 표현되며, 우리는 하나님에게 접근할 수 없을 뿐만 아니라 평가조차 할 수 없습니다. 그러나 동시에 그분은 "구름과 흑암"에 둘러싸여 계신다고 말씀하는데, 이는 처음에는 모순되는 것처럼 들릴 수 있지만 실제로는 하나님이 인간에게 숨겨져 계시며, 그분 자신의 헤아릴 수 없는 신비에 둘러싸여 계심을 강조하는 것입니다(시 18:11, 97:2, 딤전 6:16). 이제 하나님께서 일반계시와 특별계시를 통해 자신에 대해 무언가를 드러내셨고, 따라서 알려지지 않은 하나님이 알 수 있는 분이 되셨다는 것은 완전히 사실이지만, 그럼에도 불구하고 하나님에 대한 완벽하고 전체적인 지식을 얻는 것은 여전히 불가능합니다. 따라서 우리는 아무리 연구해도 "하나님을 찾아낼" 수가 없고 그분을 "완전히" 알아낼 수도 없다는 말을 듣습니다. "전능자를 우리가 능히 찾아내지 못하나니", 그 이유는 무엇입니까? 바로 그분이 "탁월하시기"(또는 뛰어나시기) 때문이며, 따라서 그분의 존재는 광대하고, 심지어 무한하며, 인간의 이해를 넘어섭니다(욥 11:7, 37:23, 시 145:3).

일단 이것을 이해하면, 자연스럽게 이런 질문이 생깁니다. 설령 계시의 도움을 받더라도 인간이 어떻게 그토록 영광스럽고 위대하신 분의 경이로움을 찬양으로 표현할 수 있을까요? 그분은 분명 "모든 찬송과 영광 위에(above) 계신" 분이시며(느 9:5), 우리의 가장 숭고한 노래라는 것은 그분의 초월적 위엄에 비교하면 말로 표현할 수 없을 정도로 낮다는 사실이 따라올 수밖에 없는 결론입니다. 물론, 이 문제는 인간이 타락하였고 죄와 오류에 종속되어 있다는 사실로 인해 더욱 악화됩니다. 만약 하나님의 영광이 인간이 드리는 찬양이라는 가장 높은 비행기보다 훨씬 위에 있다면, 오류가 있는 영적인 것들에 대한 이해력을 가지고 있으며, 모든 영혼의 기능이 타락한 인간은 찬양을 위한 합당한 재료를 만들어내는 것이 완전히 불가능하다는 것은 의문의 여지가 없습니다. 그러므로 일반적인 원칙은 "누가 깨끗한 것을 더러운 것 가운데서 낼 수 있으리이까"라는 질문 속에 있습니다(욥 14:4; 참조 11:12; 엡 4:18).

이러한 점들을 고려하여, 하나님께서는 태초부터 특정한 사람들을 성령의 초자연적이고 무오한 영향 아래 있게 하셨고, 그 결과 그들이 쓴 노래는 오직 하나님의 영감으로 된 것이라고 말할 수밖에 없었습니다.

모세는 그러한 사람들 중 첫 번째 사람인 것 같습니다. 그는 "성령의 감동을 받은" "선지자"로서 여선지자였던 "미리암"의 도움을 받아 이스라엘 백성이 홍해 건너편에서 부른 찬양과 이후 광야 시기의 찬양들을 지었습니다(출 15:1, 20-21, 민 21:17-18, 신 31:30, 시 90[제목], 참조: 신 34:10, 벧후 1:21). 모세 이후에 드보라와 같은 다른 선지자들이나 여선지자들이 공적 예배를 위한 거룩한 노래들을 만들도록 세워졌습니다(삿 4:4, 5:1, 5, 12). 왕정 초기에는 선지자의 은사를 가지고 선지자 직분을 위해 훈련 중이던 젊은이들이 종종 영감의 영향 아래 있었고 "비파와 소고와 저와 수금"을 가지고 여러 영적 찬송가와 노래로 "예언"할 수 있었습니다(삼상 10:5).

그러다가 마침내 다윗이 세워졌습니다. 그는 "이스라엘의 노래 잘 하는 자"로서 "여호와의 영이 나를 통하여 말씀하심이여 그의 말씀이 내 혀에 있도다"라고 증언한 사람이었습니다(삼하 23:1-2). 다윗은 많은 시편을 지었습니다. 시편(book of Psalms)에는 그의 이름이 붙은 시편이 73개 존재하지만, 다른 곳에 언급된 내용을 보면 그가 다른 시편들, 아마도 그에게 공식적으로 귀속되지 않은 것 중 상당수의 시도 지었음이 분명합니다(행 4:25[시 2], 히 4:7[시 95]).

다윗이 언약궤를 예루살렘으로 가져올 때, 헤만, 아삽, 에단(또는 여두둔)이라는 대표적인 레위인들은 찬양 인도자로 임명되었습니다. 그들을 임명한 것이 중요한 이유는 이 세 사람 모두가 선견자 또는 선지자로서 그들 자신의 권리로 찬양을 위한 적절한 재료를 제공할 수 있었기 때문입니다(대상 15:16, 참조: 대상 25:5, 대하 29:30, 35:15). 다윗의 통치 후기에, 다윗은 성전과 성전 예배를 준비하면서 이 사람들의 아들들을 따로 세웠는데, 그들 역시 초자연적인 능력을 부여받아 "비파와 수금과 제금을 잡아 신령한 노래를 하게(prophesy) 하였"습니다(대상 25:1).

이러한 영감받은 시편들은 유대 백성의 공적 예배를 주관하는 책임자들에게 전달되어 노래되었습니다(대상 16:7). 55개의 시편 표제어가 된 "악장에게(To the chief musician)"라는 제목이 붙은 시편 4-6편과 같은 시편들은 이러한 관행을 보여줍니다. 따라서 이스라엘의 지도자들은 레위인들에게 공적 찬양에서 "다윗과 선견자 아삽의 시"를 사용하도록 지시했는데, 이 말은 분명히 영감받은 시편들을 가리킵니다(대하 29:30).

다윗이 그의 시편 중 하나에서 "내가 큰 회중 가운데에서 주(of

thee)를 찬송하리이다"(시 22:25)라고 말한 것은 의미심장합니다. 이것은 출처를 의미하는 속격(genitive)이며 더 문자적으로 번역하면 "주로부터"라고 할 수 있는데, 이는 단순히 하나님이 다윗의 구원의 근원이라는 의미가 아니라, 더 구체적으로 들어가서 하나님은 다윗이 감사함으로 노래하려는 것의 근원이라는 의미입니다. 다시 말해, 다윗은 하나님이 숨결을 불어 넣으신 시편들을 통해 주님 자신이 제공하신 것을 노래하기로 결심했으며, 그가 이어서 언급하는 "큰 회중"은 백성들이 예배를 위해 모일 때 이 시편을 노래하는 일이 이루어질 것임을 분명히 하며, 다시 3절에 언급된 "이스라엘의 찬송"을 가리키는 것이 확실합니다.

이것이 한 사람의 개인적인 의도에 따라 일어난 일이 아니라 하나님께서 세우신 제도였다는 증거가 있습니다. 자신의 생애 말년에, 다윗이 하나님의 지시에 따라(대상 28:11-19) 성전 건축을 준비하고 건축에 대한 규정을 만들었을 때, 그는 특별히 예배를 인도할 책임이 있는 레위인들을 조직했습니다. 여기에는 아삽, 여두둔, 헤만과 그들의 가족들이 포함되었습니다. 헤만은 "나팔을 부는 하나님의 말씀을 가진 왕의 선견자(혹은 선지자)"로서 어느 정도 돋보이는 위치를 차지합니다(참조: 대상 25:5). 이 표현은 그가 "시편을 작곡하는 일에 뛰어날 것"[12]이라는 의미이거나 "하나님께서 영감을 주신 하나님의 노래를 부를 것"[13]이라는 의미일 수 있습니다(앞에 나오는 "나팔을 부는"이라는 말은 음악적

---

12 Christopher Wordsworth, *The Holy Bible, with Notes and Introductions* (London: Rivingtons, 1873), 3: 217.

13 Matthew Poole, *A Commentary on the Holy Bible* (Edinburgh: The Banner of Truth Trust, 1974), 1:

반주를 가리키거나, 사무엘상 2장 1절과 같이 아마도 선견자가 하나님을 찬양하는 일에서 핵심적인 역할을 한다는 것을 비유적으로 언급하는 것일 수 있습니다). 분명한 것은 구약 시대에 하나님을 찬양하기 위해 불렸던 노래들은 하나님의 영감에 의해 주어졌으며 하나님의 실제 말씀으로 구성되었다는 것입니다.

따라서 이 노래들은 이후에 "여호와의 노래들(songs)" 또는 일반적인 의미에서 "여호와의 노래(song)"라고 바르게 불렸습니다(대상 25:7, 대하 29:27). 물론 처음에는 하나님의 영향력 아래서 지어진 노래가 유일하게 하나님을 예배하는 데 어울리는 거룩한 노래였지만, 이러한 찬양의 노래들이 더 많이 나타나면서 그중 많은 것들이 모음집을 이루었고, 이 모음집은 크기가 커져서 마침내 히브리어로 세페르 테힐림(Sepher Tehillim), 곧 "찬양의 책"이라는 제목을 가진 한 권의 책으로 나타났고, 나중에는 그 책이 "시편"이라고 불리게 되었습니다(눅 20:42, 행 1:20). 다양한 시기에 성령의 영향력 아래서 지어진 노래 가운데 일부는 이 책에 포함되지 않았는데, 그 이유는 그 노래들이 단 한 번의 특별한 경우를 위한 목적으로 만들어졌기 때문입니다. 예를 들어 모세, 한나, 히스기야, 하박국의 노래들이 있습니다(신 32:1-43, 삼상 2:1-10, 사 38:9-20, 합 3:1-19). 이 시편에 포함된 노래들은 신적이고 거룩한 노래로 인정받았으며, 이어지는 여러 세대에 걸쳐 공적 찬양의 수단으로 사용되도록 계획되었고 또 그 목적에 적합했습니다. 이 시점에서 말해야 할 것은, 이 책이 성경 정경에서 중요하고 두드러진 지위

810-11.

를 가지게 된 것은 하나님께서 성령의 가르치심과 지도하시는 섭리로 말미암아 이루어졌다는 것입니다.

이 시편 또는 찬양의 책이 존재한다는 사실이 그 자체로 분명히 증언하는 사실은 하나님은 이 노래들이 자신의 교회 안에서 지속적이고 배타적으로 사용되기를 원하셨다는 것입니다. 시편 전체가 종종 "다윗의 시편"이라고 불릴 정도로 많은 시편을 썼던 다윗이 성경에서 "이스라엘의 노래 잘 하는 자"라고 불리게 된 것은 바로 이런 이유 때문입니다(삼하 23:1). 더나아가 작품들 자체에 "시온의 노래들", "성전의 노래들", 그리고 "하나님께 감사와 찬송하는 노래들"이라는 이름도 주어졌습니다(시 137:3, 암 8:3, 느 12:46). 결국 이런 것들이 선언하는 바는 하나님께서는 백성들이 자신을 예배할 때 음악에 맞추어 이 노래들을 부르는 것을 원하신다는 사실일 수밖에 없습니다.

시편을 이 목적을 위해 신적으로 지정하신 것은 "그에게 노래하며 그를 찬양하고(sing psalms)", "시를 읊으며(Take a psalm) 소고를 치고 아름다운 수금에 비파를 아우를지어다", "우리가 감사함으로 그 앞에 나아가며 시를 지어 즐거이 그를 노래하자(make a joyful noise unto him with psalms)", "수금으로 여호와를 노래하라 수금과 음성으로(the voice of a psalm) 노래할지어다", "그에게 노래하며 그를 찬양하라(sing psalms)"와 같은 명백한 명령들에 의해 확인됩니다(대상 16:9, 시 81:2, 95:2, 98:5, 105:2).

이 시점에서 성경이 시편(psalms)이라는 말을 통해 의미하는 바가

"영감으로 주어진 노래들"이라는 것을 기억하는 것이 좋을 것 같습니다. 다음과 같은 사항을 통해 이 말을 뒷받침할 수 있습니다.

1. 첫째, 시편(psalms)을 포함하고 있는 "찬양의 책(Book of Praises)"은 영감된 성경 정경 내에 자리를 차지하고 있습니다(눅 24:44).

2. 시편 모음집 중 가장 오래된 것은 아마도 시편 90편일 것인데, 이는 "하나님의 사람" 모세가 지은 것으로, 이 칭호는 그가 "선지자"라는 사실을 의미합니다(삼상 2:27, 왕상 17:18, 24, 20:28, 참조 신 34:10).

3. 많은 시편을 쓴 "노래 잘 하는 자"인 다윗은 "여호와의 영이 나를 통하여 말씀하심이여 그의 말씀이 내 혀에 있도다"(삼하 23:1-2)라고 말하며 영감을 주장하는데, 이는 "성령이 다윗의 입을 통하여 말씀하사"(행 1:16, 참조: 막 12:36, 행 4:25, 히 4:7)와 같은 다른 성경 구절들에 의해 입증됩니다.

4. 솔로몬, 아삽, 헤만, 에단(또는 여두둔)을 포함한 다른 저자들은 모두 예언의 영을 부여받았습니다(왕상 11:9, 참조: 민 12:6, 대상 25:1-5, 대하 29:30).

5. 시편 작가들의 작품들은 "여호와의 노래" 또는 "여호와의 노래들"이라는 제목으로 불렸는데, 이는 그 시편들이 완전한 영감을 받았음을 나타내는 제목입니다(대상 25:7, 시 137:4).

6. 시편 기자가 자신이 부른 "노래들"을 신성한 "율례들(statues)"이라고 묘사하는 것을 보면, 시편은 영감받은 하나님의 말씀 외에 다른 것일 수가 없습니다(시 119:54).

7. 아삽은 그의 시편 중 하나에서 교회의 의무는, 당시까지 전달되었

고 성경의 시편에서 발견되었던 가르침들을 보존하고 미래 세대에 전달하여 "여호와의 사적(praises)을 후대에 전하"는 것(시 78:4)이라고 암시합니다. 결론은 성경이 사람들에게 "시편을 노래하라"고 지시할 때, 그것은 하나님의 인장과 서명을 지닌 영감받은 시편들을 노래해야 할 의무가 있다는 의미라는 것입니다.

그러므로 교회는 예배에서 영감받은 시편을 노래하는 것에 대한 신적이고 성경적인 보증을 가지고 있습니다. 반면에 교회는 영감받지 않은 찬송가나 심지어 시편에 대한 의역을 노래할 수 있다는 보증은 가지고 있지 않습니다. 사실, 시편이 지정된 것(이는 결코 취소되지 않았습니다)은 필연적으로 다른 어떤 자료를 사용할 수 있는 권리를 배제합니다. 마치 예루살렘이 이스라엘의 예배 장소로 지정된 것이 다른 모든 장소를 배제한 것처럼, 또는 아론의 아들들이 제사장직에 임명된 것이 아론 가문이 아닌 사람들을 배제한 것처럼, 아니면 어린양이 유월절을 위해 지정된 것이 다른 종류의 모든 동물들을 배제한 것처럼 말입니다. 그렇다면 "새 노래로 여호와께 노래하라"는 권면이 자주 주어지는 것에 대해서는 어떻게 말할 수 있을까요? 이에 대해서 다소 순진하게 "다윗이 정말로 '주께 오래된 시편만 가지고 노래하라'고 의도했다고는 믿기 어렵다"고 말하는 사람들이 가끔 있습니다. 그러나 이 말이 나오는 곳(시 33:3, 40:3, 96:1, 98:1, 144:9)에서 이 말은 항상 이 말이 나오는 특정 시편을 가리킨다는 점에 주목해야 합니다. 그러므로 하나님의 백성들은 자신의 독창적인 노래를 작곡하라는 말을 듣고 있는 것이 아니라, 오히려 새로운 경배와 감사와 기쁨이라는 감정을 가지고 지금 그들 앞에 놓인 그 영감받은 노래를 부르라는 말을 듣고 있는 것입니다. 존 코튼(John Cotton)이 "이 (성경의) 시편(Psalms)이 하나님 백성의 새로운 상황과 새로운 조건에 적합하게 선택되어 그들에 의해 새로운 마음과 새로운 사랑의 정서(affections)로 불릴 때, 항상 새로운 노래가 될 것입니다"라고 말한 것은 올바른 지적이 아닐 수 없습니다.[14]

유대 교회가 이 영감받은 시편을 불렀다는 것은 명백한 사실입니다. 이미 언급했듯이, 언약궤를 예루살렘으로 옮기면서 다윗은 "이 시편(나중에 시편 105:1-15, 96:1b-13, 106:1, 47-48로 제시된 시편)을 '처음으로' 아삽과 그의 형제들의 손에 전달했습니다." 다윗이 이것을 "처음으로" 전달했다는 사실은 이후에 그가 공적 예배에서 사용할 다른 영감받은 시편들도 전달했다는 것을 시사합니다(대상 16:7).

나중에 다윗은 하나님의 특별한 지시에 따라 정기 예배에서 찬양을 부르기 위해 구체적으로 준비했습니다(대상 23:1-6, 30, 28:11-13, 19). 역사 기록에 따르면 그 이후로도 이러한 준비가 유지되도록 모든 노력을 기울였습니다. 예를 들어, 제사장 여호야다는 "다윗의 규례대로 노래하도록" 했고, 포로기 이후 사람들이 성전을 재건하기 시작했을 때도 역시 "이스라엘 왕 다윗의 규례를" 그 전과 마찬가지로 존중했습니다(대하 23:18, 스 3:10-11, 참조: 느 12:24). 에스라서에 있는 구절은 이것이 영감받은 시편을 부르는 것을 필요하게 했음을 보여주는데, 그 때는 시편 136편을 불렀고, 이 시편의 시작 부분이 인용되었습니다.

---

14 John Cotton, *Singing of Psalmes a Gospel-Ordinance* (London: M.S. for Hannah Allen, 1647), 25

"여호와께 감사하라 그는 선하시며 그 인자하심이 영원함이로다." 이 시편은 중요한 다른 행사에서도 불렸던 기록이 있는 것으로 보아 좋아하는 시편이었던 것 같습니다(대하 20:20-21).

그러므로 히스기야 왕이 하나님의 말씀에 따라 이스라엘의 예배를 개혁했을 때, "여호와의 명령이 그의 선지자들로 말미암아 있었"으므로 그가 "다윗과 왕의 선견자 갓과 선지자 나단의 명령한 대로" 찬양할 것을 지시했을 뿐만 아니라, 특별히 레위인들에게 "다윗과 선견자 아삽의 시로 여호와를 찬송하게"(대하 29:25, 30) 명령했다는 것은 전혀 놀라운 일이 아닙니다. 이는 당시에도 공적 예배에서 사용할 영감받은 거룩한 시들을 모은 모음집이 있었고, 하나님께서 분명히 지정하신 바에 따라 이것들이 실제로 이스라엘의 공적 예배에서 불렸던 작품들이었음을 보여줍니다. 윌리엄 한나(William Hanna)는 이 중요한 구절에는 "찬양 예배에 대한 간결하고 포괄적인 설명이 성전에서 실제 행해진 대로 기록되어 있다"고 말했습니다.[15] 고대 회당에서 시편을 노래했는지에 대한 명확한 성경적 증거는 없지만, 우리는 성전 예배가 회당 예배의 기원이 되었고, 시편을 노래하는 일이 성전 밖에서도 실행되었으며(예를 들어, 예루살렘으로 순례길에 오른 순례자들이 부른 성전에 올라가는 노래 또는 올라가는 노래[시 120-134; 참조 42:4; 사 30:29]), 에스라 시대에 있었던 회당 예배와 비슷한 어떤 일을 행할 때 사람들에게 "일어나... 너희 하나님 여호와를 송축할지어다"(느 9:5; 참조 8:1-8)라고 요청했다는 것을 알고 있습니다. 이러한 증거들은 일부 학자들로 하여

---

15 William Hanna, *A Plea for the Songs of Zion* (Belfast: Printed by J. Johnston, 1860), 10.

금 "시편찬송이 고대 회당의 예배에서 감춰진 것이 아니었다"는 결론을 내리게 했습니다.[16]

구약의 교회는 이 영감받은 찬양들이 가장 최고로 탁월하다는 사실을 인식했습니다. 고대 교회의 예배자들은 시편(book of Psalms)의 노래들과 대등한 노래가 없다는 것을 잘 알고 있었습니다. 시편의 저자는 하나님이셨습니다. 결과적으로, 시편은 경이로운 위엄으로 가득 찼고(시 29:4), 절대적으로 순수하여 결점이 없었으며(시 12:6, 119:42), 성소의 공적 찬양을 위한 것이었고(시 137:3 - "시온의 노래"), 인간에게 가능한 최고의 가르침으로 가득 차 있고(시 119:54, 99), 영혼의 성화와 위로를 위해 효과적이었으며(시 119:9, 11, 104), 생명력과 시들지 않는 아름다움을 지녔고(사 40:8), 영원한 보좌에 앉으신 분께서 받으실만한 것이었습니다(대하 5:13-14, 시 22:3, 69:30-31).

이러한 이유들 혹은 이와 비슷한 이유들로, 이전 시대의 예배에서는 성경의 시편만이 사용되었으며, 성경은 그런 효과를 주는 교훈뿐만 아니라 분명하고 승인된 예시를 제시합니다.

이 시점에서 몇 가지 질문이 제기됩니다. 영감받은 시편들은 영원토록 불리기 위한 것이었습니까? 아니면 그 시편들은 유대 교회의 예배에만 적합했습니까? 그뿐만 아니라 그 시편들은 새로운 기독교

---

16   Cuthbert C. Keet, *A Liturgical Study of the Psalter* (London: George Allen and Unwin, Ltd., 1828), 137.

적 경륜 속에서는 폐기되었습니까? 이 질문들은 중요하며, 이에 대한 예비적인 응답으로 다음이 있습니다.

- 하나님을 찬양하는 것은 도덕적 의무이며, 시편을 노래하는 것은 긍정적인 제도(institution)입니다. 의무와 제도 모두 의식적이거나 사법적인 특성을 가지고 있지는 않으므로, 그것들이 폐지되었다고 가정할 이유는 없습니다.

- 많은 시편의 저자인 다윗은 "이스라엘의 노래 잘 하는 자"라고 불리지만, 이스라엘이라는 용어는 유대인과 이방인 모두를 포함하는 기독교 신자들로 이루어진 모임(body)에도 적용되므로, 다윗은 자신의 시편들(psalms)을 그 신자들을 위해서도 지었음을 시사합니다(삼하 23:1, 갈 6:16, 참조 3:29). 마찬가지로 시편(the Psalms)은 "시온의 노래"라고 불리는데, 시온이 신약 교회의 이름이므로, 새 언약 아래에서도 교회가 이 시편들을 부르도록 의도되었던 것이 분명해 보입니다(시 137:3, 히 12:22).

- 미래에 도래할 이 기독교 시대에 사용될 것을 예상하여, 시편 자체가 "대대로" 불릴 것이라고 언급합니다(시 79:13, 89:1, 참조 102:18). 하나님의 종들에게는 "이제부터 영원까지" 시편으로 주를 찬양하라는 명령이 주어집니다(시 113:1-2).

- 사실, 시편에서 구원은 이미 성취된 것으로 여겨집니다(시 98:1-2). 더욱이, 이(this) 시대에 그들의 유용성을 촉진하기 위해, 그리스도에 대한 위대한 예언적 말씀과 예언들이 모두 과거 시제로 언급됩니다. 예를 들면 다음과 같습니다. "그가 생명을 구하매 주께서

그에게 주셨으니 곧 영원한 장수로소이다", "비방이 나의 마음을 상하게 하여… 그들이 쓸개를 나의 음식물로 주며 내가 목마를 때에 초를 마시게 하였사오니", "여호와께서 내 주에게 말씀하시기를 내가 네 원수들로 네 발판이 되게 하기까지 너는 내 오른쪽에 앉아 있으라 하셨도다"(시 21:4, 69:20-21, 110:1).

- "온 땅"에 영감받은 "노래"를 함께 부르라는 요청이 자주 주어지는데(시 96:1, 참조: 66:4, 100:1-2), 이는 오직 지상 명령과 복음의 보편적 선포를 통해서만 이루어집니다(마 28:18-20, 롬 16:25-27). 실제로 시편의 구절들은 신약에서 인용되어 하나님 나라가 이방인들에게 확장됨을 확인합니다(롬 15:9, 11).

- 시편에는 그리스도와 복음에 관한 내용이 매우 많습니다(눅 24:44-45, 벧전 1:11-12). 이는 신약이 구약의 어떤 책보다 시편집(Psalter)에 있는 구절을 더 자주 인용한다는 사실을 통해 입증됩니다.[17] 이와 관련하여, 히브리서 저자가 1장에서 우리 주님의 신성(divinity)이라는 근본적인 기독교 진리에 대한 성경적 증거를 찾을 때, 그의 인용문 중 적어도 일곱 개가 시편에서 인용되었다는 점은 주목할 만합니다. 시편은 하나님의 지혜로 말미암아 기독교 예배에 완벽히 적응된 것으로 보입니다.

- 교회는 본질적으로 두 시대에 걸쳐 하나이며, 시편은 결코 폐지되지 않았고 교회의 공적 찬양을 위해 지정되었기 때문에, 우리는

---

17 A. F. Kirkpatrick, ed. *The Book of Psalms* (Cambridge: Cambridge University Press, 1903), 838-40. Kirkpatrick 박사는 이와 같은 인용을 93개 나열했지만, 시편에 대한 수많은 간접적 암시를 목록에 포함하려는 시도는 하지 않았다.

하나님의 권위로 그 시편을 계속 사용하라는 명령을 받았다고 확신할 수 있습니다.

신약의 시편

신약에서 그리스도(와 그의 제자들)는 의심할 여지 없이 성전에서, 그리고 아마도 회당에서 시편을 불렀을 것입니다(마 21:13, 막 1:39, 눅 4:16, 요 10:23, 행 13:14). 우리 주님은 이 영감받은 모음집을 "시편책(the book of Psalms)"이나 더 간단히 말해서 "그 시편들(the psalms)"이라고 불렀습니다(눅 20:42, 24:44). 이는 중요한데, 주님께서 시편을 인용하신 것은 이 시편이 영감을 받았고 권위가 있다는 믿음을 주님께서 가지고 계셨음을 보여주기 때문입니다(특히 막 12:36을 보십시오). 새 언약 아래에서도 이 시편들이 그분의 인격과 사역에 대한 독특한 증거로 유지된다는 사실도 중요한 의미를 가집니다(눅 24:27, 44). 또한 이 시편들이 여전히 그 원래의 목적, 즉 하나님의 찬양을 기념하기 위한 목적으로 사용되어야 함을 시사합니다. 우리 주님이 그것들을 "그(the) 시편"이나 "그(the) 시편들"("노래하다"라는 뜻의 헬라어 단어 프살로[psallo]에서 파생된 프살모이[psalmoi])이라고 말씀하셨을 때, 그분은 이 영감받은 노래들을 교회의 공적 찬양을 위한 적절하고 유일한 수단으로 인정하신 것으로 보입니다.

주님의 사역 전반에 걸쳐서 우리 주님은 한 번도 시편을 노래하는 제도가 폐지될 것이라고 암시하신 적이 없으셨고, 주님이나 주님의 제자들이 찬양을 위한 새로운 노래를 작곡해야 한다고 제안하지도 않으셨으며, 성령께서 사람들을 인도하고 그들에게 능력을 주어 그런 일을 하게 하리라는 약속에 대한 암시조차 주지 않으셨습니다. 그 결과, 신약에는 시편과 같은 것이 존재하지 않습니다. 똑같이 중요한 사실은 우리 주님은 처음부터 존중받아온 신성한 원칙, 즉 오직 성령께서 숨을 불어넣은 영감받은 자료만이 하나님을 예배하는 데에 사용되어야 한다는 원칙을 폐지하거나 대체하지 않으셨다는 것입니다. 따라서 "시온의 왕이 교회의 영감받은 노래들의 사용을 폐지하거나 그것들을 인간의 산물로 대체할 수 있도록 허락한 사례는 제시될 수 없습니다"라고 말할 수 있습니다.[18]

복음서들은 우리 주님이 제자들과 함께 처음으로 유월절을 지키고 나서 성찬식을 제정하셨던 중요한 사건을 기록하고 있습니다. 성찬예식이 끝날 때, "그들이 찬미를 부르고(sung a hymn)"(문자적으로, "그들이 찬송하고[hymned]" 또는 "찬양을 노래하고[sung praise]") 감람산으로 나갔습니다(마 26:30, 막 14:26). 이 단어의 원어는 "찬양의 노래(a song of priase)"라는 의미의 훔노스(humnos)의 동사형인 훔네산테스(humnesantes)인데, 이 단어 자체에는 그들이 정확히 무엇을 불렀는지는 알만한 표시가 없습니다. 그러나 구약의 헬라어 번역본인 70인역(LXX)에서는 이 단어가 한 형태나 다른 형태의 모습으로 반복적으로 등장하며 영감받은 시편들을 가리키는 데 사용됩니다. 예를 들어, "또 히스기야 왕과 방백들이 레위 사람에게 명하여 다윗과 선견자 아삽의 시로 여호와를

---

18 The Covenanter, *A Religious Periodical for 1835*, ed. Thomas Houston and James Dick (Belfast: Printed by Stuart and Gregg, 1835), 6

찬송하게 하매"(대하 29:30). 실제로 이 단어는 흠정역(Athorised Version)에서 "네기놋에 맞추어" 또는 "네기나에 맞추어"라고 기록된 여섯 개의 실제 시편 제목에 나타나는데, 이 용어들은 모두 현악기를 동반한 음악을 가리키는 것으로 보이지만, 70인역은 이 모든 곳들에서 찬송(hymn)를 의미하는 헬라어 단어를 사용합니다. 왜냐하면 이 단어는 악기와 함께하는 노래를 포함하기 때문입니다(시 6, 54, 55, 61, 67, 76편을 보라). 또한 이 역본은 실제 시편의 본문에서 찬송(hymn)이라는 단어를 사용합니다. "새 노래 곧 우리 하나님께 올릴 찬송(a hymn of praise)을 내 입에 두셨으니"(시 40:3).

유대인 역사가 요세푸스(Josephus)도 시편을 언급할 때 이 용어를 비슷하게 사용합니다. "그리고 이제 다윗은 전쟁과 위험에서 벗어나 깊은 평화를 누리며, 여러 가지 운율의 하나님을 위한 노래와 찬송(hymns)을 지었다."[19] 다락방에서 불렸던 노래에 대해서 생각할 때, 적어도 우리는 거기에 사용된 표현을 볼 때 예수님과 제자들이 영감받은 시편을 불렀다는 생각을 배제할 이유는 없다고 말할 수 있습니다. 신약의 다른 곳에서 이 단어가 사용된 경우로서 사도행전에 동사 형태로 나타납니다. 여기서 바울과 실라는 빌립보의 감옥 안에 던져졌고, 한밤중에 "하나님께 찬양하매"(행 16:25)라고 기록되어 있습니다. 그들은 칠흑 같은 어둠 속에 있어 전적으로 기억에 의존해야 했기 때문에, 그들이 불렀던 것은 어린 시절부터 배웠던 다윗의 시편(the

---

19 *The Antiquities of the Jews*, book 7, chapter 12, section 3, in *The Works of Flavius Josephus* (London: George Routledge and Sons [n.d.]), 184,

Psalms of David)이었을 것이 거의 확실합니다. 이 표현이 사용된 유일한 다른 곳은 히브리서로, 여기서 히브리서의 저자는 시편 22편을 인용합니다. "내가 주의 이름을 내 형제들에게 선포하고 내가 주를 교회 중에서 찬송하리라(sing praise)"(히 2:12; 시 22:22). 여기서 이 단어(헬라어로는 하나의 단어)는 의심할 여지 없이 이 단어가 발견되고 인용된 그 시편을 가리킵니다. 따라서 신약에서 이 단어는 항상 구약의 시편을 노래하는 것과 관련된 것으로 보입니다.

이 연구를 더 진행하면, 우리는 유대법을 성문화한 12세기의 랍비였던 마이모니데스(Maimonides)가 고대부터 유월절에 "대할렐"(Great Hallel, 시편 113-118편)을 부르는 것이 관례였다고 권위 있게 말한 것에 주목합니다. 최고의 기독교 권위자들은 이를 받아들이며, 그중 한 부분은 축제의 시작(113-114편)에, 다른 부분은 끝(115-118편)에 불렸다고 믿습니다. 대단히 존경받는 성경 및 랍비연구 학자인 존 라이트풋(John Lightfoot, 1602-1675) 박사는 "찬미를 부르고"라는 말을 언급하며 이렇게 씁니다. "무엇을? 모든 회중이 불렀던 것과 똑같은 것, 즉 '대할렐'이라고 불리던 것을... 어떤 해설자도 이것을 인정하지 않을 수 없고, 반대할 이유도 없다. 왜냐하면 그리스도께서 유월절의 모든 의식을 준수하셨기 때문이다." 그는 계속해서 말합니다. "여기서 다윗의 주님이 다윗의 시편을 부르신다... 다윗에게 성령을 주셔서 노래를 만들도록 하신 분이 다윗이 작곡한 노래를 부르신다... [그분은] 스스로 노래를 지을 수 있었고, 모든 제자가 다윗이 되도록 할 수도 있었지만, [그분은] 하나님이 정하신 질서에 따르시어 다윗의 시편을 부르신다."[20]

후대의 학자인 알프레드 에더샤임(Alfred Edersheim)도 이것을 사실
로 확인합니다. 유월절 축제에 대해 쓰면서 그는 이렇게 기록합니다.
"그 예식은 네 번째 잔으로 마무리되었는데, 이 잔에 대하여 '할렐'의
두 번째 부분인 시편 115, 116, 117, 118편을 노래했다." 그는 나중
에 이렇게 덧붙입니다. "우리 주님께서 마지막으로 제자들과 함께 앉
아 유월절 만찬(Paschal Supper)을 나누셨을 당시, 유대인들은 이와 같은
방식으로 유월절 만찬을 기념했다"[21]

헤르만 리더보스(Herman Ridderbos)도 같은 결론에 도달합니다. 마
태복음 26장 30절에 대해 주석하면서 그는 이렇게 씁니다. "여기서
언급된 찬미는 유월절 의식의 마지막 행위를 이루었다. 바로 할렐의
두 번째 부분을 노래하는 것이다… 죽음 직전에 예수님과 그의 제자
들은 이렇게 함께 이스라엘이 불렀던 구원과 찬양의 옛 노래를 불렀
다(시편 116편과 특히 118편을 보라). 그런 다음 그들은 감람산을 향해 도시
를 떠났다."[22] 마찬가지로, 윌리엄 레인(William Lane)도 마가복음 14장
26절에 대해 다음과 같이 기록합니다.

식사 교제는 할렐 시편의 후반부를 낭송(또는 음송)함으로써 마무리되

---

20 John Lightfoot, *The Whole Works of the Rev. John Lightfoot* (London: J. F. Dove, 1822), 7:39-40. 마이
모니데스(Maimonides)와 그의 작품에 대한 언급은 9:142-43에 있다.

21 Alfred Edersheim, *The Temple, Its Ministry and Services as They Were at the Time of Jesus Christ*
(London: The Religious Tract Society, 1874), 210.

22 Herman Ridderbos, Matthew, in *Bible Student's Commentary,* trans. Ray Togtman (Grand Rapids:
Regency Reference Library, 1987), 484.

었다... 예수님은 이 시편들의 말씀을 감사와 찬양의 기도로 삼으셨고... 궁극적인 승리에 대한 그분의 확고한 확신을 반영하는 환희의 노래로 마쳤다. "내가 죽지 않고 살아서 여호와의 하시는 일을 선포하리로다"(시 118:17)... 겟세마네로 가시기 위해 일어나시면서, 예수님은 시편 118편을 노래하셨다. 그 시편은 하나님께서 어떻게 메시야를 고난과 고통을 통해 영광으로 인도하실지에 대하여 적절하게 설명한다.[23]

이 시편들은 그때의 상황과 관련이 있었습니다. 식사 전에 불렀던 시편 113편과 114편은 주님이 이 땅의 가난한 죄인들을 살펴보시는 겸손한 사랑과 이집트의 무서운 속박에서 일시적으로 구원하시는 모습으로 표현되는 그분의 강력한 구원 성취를 그리고 있습니다. 식사 후에 불렀던 시편 115-118편은 일반적으로 주님을 높이는 내용이지만, 특히 주님께서 믿음으로 부르시는 것(시편 115편), 그분의 구원이 적용되는 것(시편 116편)과 이방인들에게 그분의 복음과 자비를 확장하시는 것(시편 117편), 그리고 마지막으로 주님의 이름을 믿는 모든 이들에게 영원한 왕국의 문을 여시는(시편 118편) 것에 집중하고 있습니다. 이 시편들의 끝부분에 이르러, 자신 앞에 놓인 어두운 밤을 아시는 주님께서 "밧줄로 절기 제물을 제단 뿔에 맬지어다"(27절)라는 노래의 가사를 들으셨을 때 얼마나 깊은 감동이 있었을까요.

따라서 이 기념비적인 예식의 마지막에 우리 주님은 제자들과 함

---

23 William Lane, *The Gospel according to Mark* (London: Marshall, Morgan and Scott, 1974), 509.

께 성경의 시편을 노래하셨다고 믿는 것이 가장 합리적입니다. 이 사실이 기독교 예배에 특별한 의미를 던져주었습니까? 실제로 그랬습니다. 윌리엄 비니(William Binnie)가 예리하게 관찰했듯이, "그가 배반당하신 밤에 다락방에서 그리스도와 열한 제자가 할렐을 부른 것은 시편이 구약에서 신약으로 넘어간 지점을 표시한다고 말할 수 있다. 왜냐하면 그 할렐은 새로운 주의 만찬 의식의 제정과 함께 소멸되어 가는 유월절 축하를 동반하기 때문입니다."[24]

물론 초기 기독교인들은 한동안 성전과 회당에서 계속 지냈고, 거기서 시편을 불렀습니다(눅 24:53, 행 2:46, 13:5, 14). 그러나 시간이 지나면서 별도의 기독교 교회들이 설립되었고, 이에 대한 증거가 보여주는 사실은 시편 노래가 새로운 예배의 주요 특징으로 남아있었다는 것입니다. 사도 바울 자신이 이 점에서 그 본보기가 됩니다. 그는 고린도인들에게 이렇게 씁니다. "내가 영으로 찬송하고(psalo) 또 내가 마음으로 찬송하리라(psalo)"(고전 14:15). 고린도인들에게 많은 결점이 있었지만, 그럼에도 불구하고 시편을 노래하는 일은 그들의 공적 예배에서 인정받은 중요한 요소였던 것으로 보입니다. "그런즉 형제들아 어찌할까 너희가 모일 때에 각각 찬송시(a psalm)도 있으며"(고전 14:26).

이 시편이 성령의 특별한 영향 아래 작곡된 노래(따라서 즉시 영감받은)였을 가능성도 있지만, 신자들이 정경의 시편에서 자신들의 선호

---

24 William Binnie, *The Psalms: Their History, Teachings, and Use* (London: Hodder and Stoughton, 1886), 376.

를 따라 선택했을 가능성이 더 높습니다. 신약에는 은사주의적 노래 (charismatic songs)에 대한 증거가 없습니다(누가복음 1장과 2장에는 노래가 아 닌 말로 한 예언만 포함되어 있고, 사도행전 4장 31절은 이전 구절들[24-30절]이 찬양이 아닌 기도를 기록하고 있음을 알려줍니다). 더욱이 신약에서 시편(psalm)이라는 단어는 항상 시편(the book of Psalms)의 노래를 가리키는 것으로 보입니 다(눅 20:42, 24:44, 행 1:20, 13:33, 엡 5:19, 골 3:16). 따라서 1세기 교회는 확 실히 시편집(Psalter)을 찬양의 책으로 사용한 것 같습니다.

마태복음 26장 30절, 마가복음 14장 26절, 고린도전서 14장 26절 과 같은 구절들에서 성경은 하나님의 백성들에게 시편찬송에 대해 승인받은 예시를 제공합니다. 그렇다면 성경에 시편찬송을 직접적으 로 명령하는 내용이 있습니까? 답은 그렇다는 것입니다. 사도는 두 곳에서 "시와 찬송과 신령한 노래들"을 부르라고 분명히 명령합니 다(엡 5:19, 골 3:16). 일반적으로 시편(psalms)이라는 단어가 성경의 시편 (Psalms)을 가리킨다는 것은 인정받은 사실이며, 이미 관찰했듯이 신약 에서 이 단어는 항상 성경의 시편을 의미하는 것으로 보입니다. 더욱 이 찬송(hymns)이라는 단어는 마지막 만찬에서 그리스도와 그의 제자 들이 "찬미하고(hymning)"라고 언급된 것에서 보듯이 시편의 동의어가 될 수 있습니다.

그렇다면 "신령한 노래(spiritual songs)"라는 용어는 어떻습니까? 시 편은 구약에서 시온의 노래로 알려졌고, 많은 시편들이 그 제목에서 노래로 명명되어 있습니다. "시 곧 노래" 또는 "시 또는 노래", 때로 는 단순히 "노래"라고 되어 있습니다(시 30, 66, 120편). 사도들이 읽고 사용했던 것으로 알려진 헬라어 70인역(롬 3:10-14, 18, 9:12-13, 고전 9:9,

10:7, 고후 4:13, 6:2, 갈 4:27)을 보면, 서른다섯 편의 시편이 "노래(ode)"로 지정되어 있고, 이 단어의 동사형도 시편 본문에 나타납니다. 예를 들어 "새 노래로 그를 노래하며"(시 33:3, 참조: 96:1, 98:1, 149:1)에 나타난 바와 같습니다.

따라서 70인역에서 시편은 찬송과 노래 모두로 불릴 수 있는 것이 분명합니다. 실제로 시편 76편의 제목은 70인역에서 이 세 가지 용어를 모두 포함하고 있습니다. 이 시편의 제목은 다음과 같습니다. "끝으로, 찬송(Hynms) 중에서, 아삽의 시(a Psalm), 앗수르인을 위한 노래(a Song)."

사도 바울은 "신령한(spiritual)"이라는 단어를 포함함으로써("신령한 노래"), 분명히 그 용어를 통해 성령으로 영감받은 시편 또는 성령으로부터 나온 시편을 의도하고 있습니다. 다시 말해, 그는 성경의 시편 (the book of Psalms)에 있는 시편들(psalms)을 염두에 두고 있었습니다(삼하 23:1-2, 마 22:42-43, 행 1:16, 히 3:7-11). "신령한"이라는 단어는 등장하는 위치로 볼 때 확실히 "노래들(songs)"이라는 용어를 수식하지만, 원문에서는 이 단어가 이 세 용어 뒤에 그리고 절의 끝에 오기 때문에, 레온 모리스(Leon Morris)가 지적한 대로 "'신령한'이 문법적으로 '노래'와 함께 있을 수도 있지만, 더 가능성 있는 것은 우리가 그것을 바울이 말하고 있는 세 가지 음악적 방식 모두를 수식하는 것으로 이해해야 한다"는 것입니다.[25] 만약 이것이 사실이라면, 바울은 신자들에게 시

---

25 Leon Morris, *Expository Reflections on the Letter to the Ephesians* (Grand Rapids: Baker Books, 1994), 117.

편집(Psalter)에서 발견되는 영감받은 찬양을 부르라고 촉구하고 있는 것입니다.

이 결론을 지지하는 추가적인 사실은 다음과 같은 것들이 있습니다. 첫째, 여기서 "시편(psalms)을 노래하라"는 사도의 명령은 당시에 이미 찬양 모음집이 존재했음을 전제로 하는 말입니다(참조: "성경을 상고하라", 요 5:39). 둘째, 이 찬양들의 내용은 "그리스도의 말씀"(골 3:16)이라고 하는데, 이는 그리스도께서 그분의 성령으로 말미암아 그것들의 저자가 되시며 또 많은 시편에서도 화자이시기 때문입니다(벧전 1:10-11, 참조: 3:18-20, 시 2:7, 22:1, 40:7). 셋째, 추가적으로 설명하는 말인 "마음으로 노래하며"(psallontes)는 문자 그대로 번역하면 "너희의 마음으로 시편을 하며(psalming in your hearts)"가 될 것이며, 여기서는 이것이 앞에서 언급한 찬양들을 노래한 결과라고 여겨집니다. 넷째, 이 찬양들을 노래하는 이유 중 하나는 "피차 가르치며 권면하기" 위함인데(골 3:16), 이는 실제로 성경의 기능입니다(롬 15:3-4, 딤후 3:16-17). 다섯째, 만약 성경이 이 찬양들의 정체를 식별해 주는 것을 거부한다면, 이 용어들이 실제로 무엇을 가리키는지 알려주는 것이 전혀 없게되어, 우리는 추측과 억측에만 의존하게 될 것입니다.

이제 "시와 찬송과 신령한 노래"라는 전체 구절을 보면, 성경에서 이러한 동의어들이 중첩되는 것이 전혀 이상하지 않다는 점이 분명해집니다. 예를 들어, 하나님의 계시된 법을 다음과 같이 세 가지 방식으로 설명하는 것을 보십시오. "내 법도를 따르며 내 율례를 행하며 내 모든 계명을 지켜 그대로 행하면"(왕상 6:12). 또는 초자연적인 일을 "권능과 기사와 표적"이라는 세 가지 용어로 언급하는 것(행

2:22). 또는 경건한 요청을 "간구와 기도와 도고"라는 세 가지 유사한 용어로 언급하는 것을 보십시오(딤전 2:1). 분명히 이 용어들은 같은 것을 지칭하는 다른 명칭들이며, 강조를 위해 사용됩니다. 마찬가지로 "시와 찬송과 신령한 노래"는 시편집에 포함된 시편들의 수, 다양성, 전체성을 나타내는 세 가지 용어입니다.

또 다른 명령은 야고보가 쓴 서신서에서 발견됩니다. 야고보는 "즐거워하는 자가 있느냐"라고 묻고 "그는 찬송할지니라(sing psalms)"(5:13)라고 말합니다. 다시 한번, 헬라어에는 프살레토(psalleto), 곧 "시편하라(let him psalm)"는 단어 하나뿐입니다. 우리는 예루살렘 교회의 감독으로서 흩어진 유대인들을 향하여 책임을 느꼈던 야고보가 이 특정 구절에서만 다르게 생각하거나 말할 것이라고 예상하지는 않을 것입니다. 야고보에 따르면, 내적인 즐거움과 기쁨은 시편찬송으로 표현되어야 합니다. 그리고 그는 분명히 이에 대한 성경적인 근거를 가지고 있습니다. "우리가 감사함으로 그 앞에 나아가며 시를 지어 그를 즐거이 외치자"(시 95:2).

따라서 성경에는 시편찬송에 대한 예시와 명령이 모두 있지만, 하나님의 공적 예배에서 영감받지 않은 노래의 사용을 정당화하는 명령이나 예시는 단 하나도 없습니다. 일부는 에베소서 5장 14절, 빌립보서 2장 5-11절, 골로새서 1장 15-20절과 같은 구절에서 찬송가의 단편들(fragments)을 감지하기도 하지만, 이는 오로지 추측과 짐작일 뿐이며 많은 유능한 학자들은 이를 거부합니다. 이 견해는 영감받은 저자가 강력한 감정에 사로잡힐 때 종종 시적이고 심지어 운율적인 방식으로 자신의 생각을 표현한다는 사실을 고려하지 않습니다. 이는 저자가 어떤 1세기의 영감받지 않은 찬송가를 인용하고 있다는 이론을 뒷받침하는 것이 아닙니다. 게다가 교회사는 이러한 단편들 혹은 다른 유사한 것들이 초기 기독교 예배에서 노래로 불렸다는 것에 대한 어떤 단서도 주지 않습니다.

다른 사람들은 천국에서의 찬양을 포함하고 있는 요한계시록의 구절들을 제시하며, 이런 구절들은 원조 기독교 찬송에 대한 분명한 예시로 인용되었다고 주장합니다(계 5:9-10, 12-13, 참조: 4:8, 11, 7:10-12, 11:17-18, 15:3-4). 그러나 이 구절들을 공식적인 교회의 예배에서 노래할 수 있도록 허락하는 권위나 보증은 없습니다. 그 노래들은 천상의 천사들과 영화로운 성도들이 부른 것입니다. 그런데 어떻게 그런 노래들이 땅 위의 신자들이 노래하기 위한 자료를 제공한다고 말할 수 있겠습니까? 만약 우리가 이 "노래들"이 우리의 예배를 위한 것이라고 생각한다면, 논리적으로 일관성을 유지하기 위해서는 계시록에 묘사된 예배의 다른 특징들, 즉 금관, 흰 옷, 하프, 제단 등도 도입해야 할 것입니다. 사실 요한계시록과 같은 매우 상징적인 책에 근거해서 영감받은 시편 이외의 찬양을 정당화하려는 어떤 주장도 극복할 수 없는 해석상의 문제를 제기할 뿐만 아니라 우리 자신과 이 땅의 전체 가시적 교회를 심각한 오류와 위험에 노출할 것입니다. 이는 규정된 예배의 순수성을 훼손하는 결과를 초래할 수 있습니다.

마지막으로, 만약 이 구절들로부터 제기된 주장이 여전히 어떻게든 유지될 수 있다고 하더라도, 그것이 영감받지 않은 찬양이 수용될 가능성이 있다는 사실을 증명하는 것은 아닙니다. 왜냐하면 해당 구절들은 성경에 기록되어 있으며, 그렇다면 그 구절들은 분명히 하나님의 성령으로 영감된 것입니다.

시편의 충분성

한 가지 남은 질문이 있습니다. 시편(the book of Psalms)은 기독교 교회의 예배를 위해 적절하고 충분합니까? 이 질문에 대한 답변으로, 다음과 같은 몇 가지 점들을 고려해 볼 수 있습니다.

1. 이 시편은 영감된 것으로서 십계명에 포함된 도덕법과 마찬가지로 "완전"합니다(시 19:7-8, 119:96). 따라서 결함이 없으므로 수정이나 보완이 필요하지 않습니다.

2. 세페르 테힐림(Sepher Tehillim, 찬양의 책)이라는 독특한 제목으로 성경에 포함된 이유는 그 내용이 하나님에 의해 마지막 날까지 교회의 예배를 위한 적절하고 충분한 자료로 계획되었음을 선언하기 위한 것입니다. 하나님은 자신의 백성들이 이 노래들을 의역하거나(paraphrase) 모방하는 것이 아니라 노래하기를 원하셨습니다(대상 16:9, 대하 29:30).

3. 하나님의 기록된 말씀의 다른 부분들과 마찬가지로, 이 책에 포함된 것들도 역시 이전 시대의 신자들만을 위해서 주어진 것이 아니라 "우리도 위하고", "우리의 교훈을 위하여", 그리고 심지어 "오로지 우리를 위하여" 주어졌습니다(롬 4:24, 15:4, 고전 9:10, 참조: 벧전 1:12). 이 영감된 찬양들은 기독교 신자들을 위한 것이며, 따라서 주님과 그분의 사도들이 이 찬양들만을 절대적으로 사용했던 것

입니다.

4. 우리 주님은 "언약의 사자"로서(말 3:1) 기독교 교회의 모든 필요를 공급하셨지만, 그분이 다른 시편집(book of psalms)을 제공하거나 심지어 기존의 책에 무엇을 보충하지도 않으셨다는 사실은 그분이 이 책을 적절하고 완전한 것으로 여기셨음을 보여줍니다.

5. 예수 그리스도는 이 시편들을 지으신 분이시며(골 3:16), 그분의 교회에서 이 시편들이 불릴 때 그것들을 지휘하시는 분이기도 합니다(히 2:12 "내가 주를 교회 중에서 찬송하리라"). 우리는 하나님의 아들이 영감된 완전한 찬양 외에 다른 찬양을 부르실 것이라고 생각하지 않을 것입니다. 마찬가지로 그분은 우리가 다른 찬송을 부르는 것을 원하지 않으실 것도 분명합니다. 만약 기독교적 경험이 연합과 교제의 관점에서 요약될 수 있다면, 시편에는 그 목적을 이루는 데 필요한 것이 정확하게 들어 있습니다. 우리는 영감받은 시편을 부름으로써 주님과 교제를 나눕니다. 그런데 왜 신자들은 다른 곳에서 찬양을 찾고 싶어 할까요?

6. 이 책에는 그리스도와 그분의 위대한 구원에 대한 내용을 비롯하여 너무나 많은 보화가 있어서(눅 24:44, 롬 4:6-8), 다른 찬양을 만들 필요가 없습니다. 초대 교회는 이를 믿고 교회 역사의 초기에 시편만을 불렀고 교회는 그 후에도 오랜 세월 동안 그렇게 했습니다.

7. 만약 시편찬송이 예배의 규례라면, 우리가 이를 준수할 때 하나님의 임재와 축복이 우리와 함께할 것입니다. "이스라엘의 찬송 중에 거하시는 주여 주는 거룩하시나이다"(시 22:3). 그러므로 시편을

부를 때, 우리는 하나님께서 우리의 영혼의 유익을 위해 우리와 함께 계실 것이라고 기대할 수 있습니다. 그것으로 충분합니다!

결론: 찬양의 낙원

시편에 관해 쓴 도널드 맥라렌(Donald McLaren)의 말로 결론을 맺겠습니다.

진리로 그분을 예배하는 자들은 그분의 말씀 앞에 떨게 됩니다. 그분은 그들에게 단순히 찬양을 드리라고 요구하실 뿐만 아니라, 그들이 어디에서 순수하고 받을만하시고 정해진 찬양의 제물을 찾을 수 있는지도 지시해 주십니다. 그들은 그분의 지시를 따릅니다. 그들은 계시라는 넓고 밝은 들판으로 나아갑니다. 그들이 그곳에 들어서면 바로 앞에, 마치 들판 중앙에 있는 것처럼, 둘러싸인 정원을 보게 되고, 그 문 위에는 "찬양(PRAISE)"이라고 쓰여 있습니다… 그 열매는 하나님의 보좌를 위한 것이며, 그것을 거두는 자들은 그것을 먹고 주를 찬양할 수 있습니다. 그 열매는 다양하고, 즐겁고, 좋습니다. 천사들도 기꺼이 거두고 싶어 할 만큼 좋고, 하늘의 모든 천사와 인간 중에서 구속받은 모든 이들이 거두어도 줄어들지 않을 만큼 풍성합니다. 아름답고 결실이 풍성한 생명나무들은 오래전에 심어질 때 하나님의 손으로 가지치기되었으며, 다시 가지를 치거나 더 심을 필요가 없습니다. 이것이야말로 지상의 교회를 위해 지정된 완벽한 찬양의 낙원이며, 여기서 우리는 하나님의 모든 놀라운 역사를 잘 볼 수 있습니다. 특히 그리스도의 고난과 영광을 잘 볼 수 있으며, 그 영광의 빛으로 구속받은 자들을 위해 하늘에 준비된 찬양과 축복의 낙원을 잘 볼 수 있습니다. 여기에 머물며 이 모든 것을 바라보고, 주님을 찬양합시다.[26]

26 Donald McLaren, *The Psalms of Holy Scripture, the Only Songs of Zion* (Geneva, N.Y.: Ira Merrell, Printer, 1840), 59-60.

제3부

시편찬송과
21세기 교회

SING A NEW SONG

제9장
시편찬송과 구속사적 해석학:
게할더스 보스의 "시편에 나타난 종말론" 재고찰

앤서니 T. 셀바지오(Anthony T. Selvaggio)

저는 시편찬송뿐만 아니라 성경신학과 성경에 대한 구속사적 접근방식도 지지합니다. 많은 사람들은 제가 이렇게 동시에 두 가지에 헌신되어 있다는 사실이 제가 신학적으로 정신분열증의 상태에 있다는 명백한 증거라고 생각합니다. 계시의 점진적 본질을 강조하는 성경신학에 헌신된 사람이 어떻게 교회가 구약의 노래들만 불러야 한다고 믿을 수 있겠습니까? 시편이 구약 성경의 본문에 위치하기 때문에, 많은 구속사적 접근법의 옹호자들은 시편을 기독교 예배에서 사용하기에는 구속사적으로 결함이 있다고 주장합니다. 예를 들어, 도미닉 아퀼라(Dominic Aquila)는 "구속사와 예배의 규정적 원리"라는 에세이에서 이렇게 씁니다. "하나님의 구속적 계시의 완성이 그리스도 안에 있으므로, 우리는 그리스도의 모든 충만함에 대해 말하고 노래할 필요가 있다. 시편을 부르는 것은 좋지만 불완전하다. 우리는 그리스도의 오심을 기대하고 또 그것을 노래할 필요가 있지만, 그리스도의 완성된 구속 사역의 충만함 속에서 그렇게 해야 한다(눅 24:44).[1] 얼핏 보면 성경신학과 시편찬송이 상호 배타적인 입장인 것처럼 보이며, 구속사적 시편찬송자(a redemptive-historical psalm singer)라는 개념이 모순적으로 보입니다.

이 에세이의 목적은 여러분께 그렇지 않다는 것을 확신시키는 것입니다. 제 목표는 새 언약 시대에 시편을 부르기에 타당한 성경적, 신학적, 종말론적, 구속사적 이유가 있음을 보여주는 것입니다. 저는 가장 잘 알려진 성경신학자 중 한 명인 게할더스 보스의 잘 알려지지 않은 글을 재고찰함으로써 이 주장을 펼치겠습니다.

게할더스 보스: 개혁주의 성경신학의 아버지

게할더스 보스(Geerhardus Vos, 1862-1949)는 개혁주의 성경신학의 아버지로 널리 인정받고 있습니다. 보스가 이렇게 존경받게 된 것은 프린스턴 신학교가 그를 교수진에 합류시켜 당시 부상하던 자유주의 성경신학자들의 조류에 맞서 개혁주의 신앙을 수호하도록 요청했기 때문입니다.[2] 1893년, 보스는 프린스턴의 요청에 응하여 새로 만들

---

1 Dominic Aquila, *The Hope Fulfilled: Essays in Honor of O. Palmer Robertson,* ed. Robert L. Penny (Phillipsburg, N.J.: P&R, 2008), 265.

2 David B. Calhoun, *Princeton Seminary: The Majestic Testimony* (Carlisle, Penn.: Banner of Truth, 1996), 2:138.

어진 성경신학 강좌를 맡았습니다. 보스는 프린스턴에서 빛나는 경력을 쌓았고, 그 기간에 수많은 학술지에 논문을 기고하고 설교했습니다. 은퇴 후, 그의 아들인 요하네스는 아버지인 보스의 강의 노트를 편집하고 편찬하는 일을 주도했습니다. 그리고 그 결과 보스의 가장 영향력 있는 두 권의 책인 『성경신학: 구약과 신약(*Biblical Theology: Old and New Testaments*)』과 『바울의 종말론(*The Pauline Eschatology*)』이 출간되었습니다. 보스는 성경신학 분야에서 많은 중요한 공헌을 했지만, 그중에서 가장 큰 공헌은 아마도 구속사 속에서 종말론이 가지는 역할에 대한 그의 사상일 것입니다. 보스의 저술이나 신학적 공헌을 이해하려면 먼저 계시에 대한 그의 이해에서 종말론이 차지하는 중요한 지위를 파악해야 합니다.

많은 신학자들과 평신도들은 종말론을 마지막에 일어날 일들에 관한 것으로 여기지만, 보스는 이를 처음에 일어난 일들에 관한 문제로 이해했습니다. 예를 들어, 보스는 종말론이 구속 이전(pre-redemptive) 계시(타락 이전에 일어난 계시)를 이해하는 열쇠라고 여겼습니다. 그는 이렇게 썼습니다. "행위 언약이 인류에게 절대적인 목표와 불변의 미래를 가정하는 한, 종말론적인 것이 구원론적 신앙보다 먼저 있었다고까지 말할 수 있다."[3] 마찬가지로, 보스는 종말론을 구속 계시(타락 이후에 일어난 계시)의 궤적을 통제하는 핵심적인 규제의 역학(key regulative dynamic)으로 보았습니다. "요약하자면, 원래의 목표(original goal)는 죄의 결과를 바로잡기 위한 종말론의 구속적 발전을 규제하는

---

[3] Geerhardus Vos, *The Pauline Eschatology* (Phillipsburg, N.J.: P&R, 1994), 325, *fn*1.

요소로 남아있으며, 이와 관련하여 그 원래의 목표가 실현되는 것을 추구하되, 무결한 상태를 뛰어넘는 것(즉, 영생 안에서 죽음의 가능성을 넘어서는 것)으로서 추구합니다."[4]

보스는 종말론이 계시와 구원의 역사를 이해하는 데 중심이 된다고 이해했습니다. 종말론의 중심성은 바울 신학에 대한 보스의 이해에서도 분명히 드러납니다. 예를 들어, 『바울의 종말론』에서 보스는 종말론이 바울 문헌 전체를 이해하는 열쇠 역할을 한다고 주장했습니다. "종말론적 줄기는 바울 사상의 전체 구조에서 가장 체계적이다. 이제 밀접하게 엮인 구원론적 조직(tissue)이 가진 그 패턴이 종말론적 계획에서 도출되어 나온 것처럼 보이기 때문이다. 이 종말론적 계획은 바울이 마음에 우선적으로 생각했다는 사실에 대한 모든 증표를 보여준다."[5]

보스에 따르면, 종말론은 성경에 기록된 하나님의 자기 계시의 의미와 방향을 이해하는 데 중심이 됩니다. 성경 전체의 궤적은 종말론적 추진력에 의해 힘을 얻습니다.

보스가 종말론을 강조했다는 사실을 고려할 때, 그가 시편에도 유사한 해석학을 적용했다는 사실은 놀라운 일이 아닙니다. 그는 1920년 『프린스턴 신학 리뷰(Princeton Theological Review)』에 처음 발표된 "시편의 종말론(Escatology of the Psalter)"이라는 제목을 가진 많이 알려지지 않은 논문에서 이 주제를 탐구했습니다.[6] 다음 단락에서 저는 보

---

4 Ibid., 74.

5 Ibid., 60.

6 이 논문은 Vos, *The Pauline Eschatology*, 323-65에 부록으로 재수록되었다. 이 글에서 보스의 "시편

스가 이 논문에서 발전시킨 중요한 요점들을 간단히 요약한 다음, 그의 결론 중 일부를 시편찬송의 실천에 적용하겠습니다.[7] 제 목적은 보스의 이 논문에서 얻은 통찰을 통해 시편이 새 언약의 예배에 종말론적으로, 그리고 구속사적으로 충분하다는 주장을 어떻게 뒷받침하는지 보여드리는 것입니다.

보스의 "시편의 종말론" 개요

보스는 시편의 종말론에 대한 그의 논문을 시작하면서, 요한계시록 뒤에 시편을 부록으로 실은 신약성경을 인쇄하는 현대적 경향에 주목하였습니다. 그는 대부분의 기독교인들이 시편을 이렇게 배치한 것을 기이하게 여길 것이라고 언급했는데, 이는 요한계시록이라는 "폭풍우 치는 풍경"을 시편이라는 "푸른 초장"과 "잔잔한 물가" 옆에 나란히 두기 때문입니다.[8] 그러나 보스는 이러한 병치가 매우 적절하다고 생각했습니다. 왜냐하면 그는 요한계시록과 시편은 우리가 처음 생각하는 것보다 훨씬 더 많은 공통점을 가지고 있다고 주장했기 때문입니다. 그는 많은 사람들이 시편을 단순한 경건 문학으로 축소했다는 사실에 대해 우려했으며, 이렇게 제한적인 해석 도식에서 시편을 해방하고자 했습니다. 그는 "우리를 이러한 습관에서 흔

의 종말론'(*Eschatology of the Psalter*)에 대한 모든 참조는 *The Pauline Eschatology*의 페이지 번호를 따른다.

7   Vos의 시편 종말론 관점에 대해 더 자세히 읽으려면 다음을 참조하라. Geerhardus Vos, *The Eschatology of the Old Testament*, ed. James T. Dennison, Jr. (Phillipsburg, N.J.: P&R, 2001), 131-44.

8   Vos, *Pauline Eschatology*, 323.

들어 깨우고 시편의 다른 면을 보라고 강요하고 싶다"[9]고 썼습니다. 보스는 독자들에게 시편이 스스로를 충분히 표현하도록 허용한다면, 독자들은 시편의 내용이 요한계시록과 유사하다는 것을 인식하게 될 것이라고 확신시켰습니다. 왜냐하면 둘 다 종말론적 함의로 가득 차 있기 때문입니다.

논문의 나머지 부분에서 보스는 시편의 신학이 본질적으로 종말론적이라는 그의 주장을 개괄적으로 보여줍니다. 그는 여섯 가지 주요 요점을 사용하여 자신의 주장을 전개했으며, 바로 다음 단락에서 이 내용을 순차적으로 논의하도록 하겠습니다.

시편의 주관적/객관적 역학

보스가 볼 때 시편의 종말론적 본질이 드러나는 첫 번째 영역은 시편의 독특한 주관적/객관적 역학(subjective/objective dynamic)에서였습니다. 보스는 이 주관적/객관적 역학을 다음과 같이 설명합니다. "시편이 가진 더 깊고 근본적인 특성은 하나님께서 자신의 백성을 위해, 그리고 그들 가운데서 행하신 객관적인 일에 대하여 주관적인 반응을 표현한다는 것이다."[10] 보스가 보기에 시편은 하나님께서 행하신 역사적으로 위대한 행위(객관적 요소)에 대한 이스라엘의 반응(주관적 요소)을 보여주는 것이었습니다. 보스에 의하면, 이 두 요소 간의 상호작용은 정적인 평면에서 일어나는 것이 아니라 계시 속에서 점진적

---

9 Ibid.
10 Ibid., 324.

으로 펼쳐지며, 독자가 끊임없이 완성을 향해 나아가도록 합니다. 본 질적으로 보스는 시편의 주관적이고 객관적 대화가 상승하는 종말론적 궤적을 따라 진행되며, 각 상호작용이 이전 것 위에 계단식으로 쌓여 다가올 마지막 시대에 대한 기대로 나아간다고 주장했습니다. 보스는 이 역학을 다음과 같이 설명합니다. "결과적으로 종교가 구속과 같은 하나님의 점진적인 사역을 중심으로 얽혀 있을 때, 그 일반적인 반응(responsiveness)은 미래지향적(prospective)이고 누적적(cumulative)이며 절정(climacteric)에 이르게 된다. 그리하여 그 종교는 자체의 모든 고유한 무게를 지닌 채로 종말을 향해 중력처럼 끌려간다. 종말론적 관심이 없는 구속적 종교는 용어 자체가 모순될 것이다."[11] 이러한 주관적/객관적 상호작용의 측면이 성경 전체에 걸쳐 나타나지만, 시편에서는 독특한 형태와 강조점을 가지게 됩니다. 왜냐하면 시편은 하나님의 백성의 주관적 표현과 기대를 가장 풍부하게 담고 있는 저장소의 역할을 하기 때문입니다.

시편의 역동적/정적 패턴

보스가 보기에 시편의 종말론적 강조가 드러나는 두 번째 영역은 종말론적 개념을 빈번하고 다양하게 사용하는 것입니다. 그는 이러한 종말론적 개념들을 두 가지 기본 범주로 분류했습니다. 바로 역동적인 것과 정적인 것입니다. 보스에 따르면, 역동적 개념에는 "여호와의 왕위 즉위, 심판, 열방의 정복, 진노의 잔, 영토 회복, 이스라

---

[11]   Ibid., 325.

엘의 정당성 입증, 열방에 의한 마지막 대공격의 격퇴"가 포함되며, 정적 개념에는 "평화, 보편주의, 회복된 낙원, 여호와의 임재가 땅에 거하심, 하나님을 보는 것, 영광의 향유, 빛, 모든 요구의 만족, 죽음을 넘어 하나님과의 끊임없는 접촉과 부활을 바라보는 전망"이 포함됩니다.[12]

보스는 계시가 우리에게 역동성(또는 대변혁)과 정지 상태가 교차하는 종말론적 패러다임을 제공한다고 주장했습니다. 보스에 따르면, 구속과 완성은 침입하는 사건이고 폭력적이며 파괴적인 행위(또는 역동적 개념)로서 궁극적으로는 하나님의 백성이 평화와 안정(또는 정적 개념)을 누리는 상태에서 절정에 이릅니다. 보스는 이 역동적/정적 패턴의 어휘와 개념이 시편에 풍부하게 존재한다고 주장했습니다.

시편의 교육적 기능

보스가 시편의 종말론적 본질을 발견한 세 번째 영역은 시편의 종말론적 교육학(eschatological pedagogy)입니다. 보스는 시편이 미래를 바라보면서 교회에 적절하게 살아가는 방법을 가르친다고 주장했습니다. 보스에 따르면, 시편은 계시의 다른 어떤 부분보다도 더 종말론적 기대에 적절하게 반응하는 방법을 신자에게 설명해 줍니다.

보스는 교회가 역사적으로 종말론에 대응하는 데 있어 두 가지 큰 오류를 범했다고 지적했습니다. 첫 번째 오류는 종말론에 대해 "무감

---

12 Ibid., 332. 보스(Vos)의 *Eschatology of the Old Testament*에서 그는 시편에 존재하는 추가적인 종말론적 표현들을 나열하고 있는데, 이에는 "새 노래", "새 일", "새 창조", "새 이름", "정한 때", 그리고 '아침 '이 포함된다(140-41쪽).

각"해지는 것입니다. 교회는 종종 종말론적인 기대가 전혀 없는 것처럼 살아가는데, 이는 교회의 안녕과 성장을 심각하게 저해할 수 있습니다. 종말론은 우리의 희망, 기대, 심지어 이 시대에 그리스도를 위한 경건한 삶을 촉진해야 합니다. 이 스펙트럼의 다른 끝에는 두 번째 오류가 있습니다. 바로 교회가 종말론에 대해 "지나치게 병적으로 민감"해질 수 있다는 것입니다.[13] 이 오류를 범할 때, 교회는 종말론을 과도하게 실현하려는 잘못된 길을 추구하고 특정 전천년주의와 세대주의 전통에서 종종 보이는 종말론적 어리석음에 빠져들 수 있습니다. 보스는 시편이 종말론과 관련하여 교회가 "정상적으로 작동하는 모습"을 보여주는 틀(templet)을 제공함으로써 이러한 오류를 방지하는 예방책의 역할을 한다고 주장했습니다.[14] 따라서 시편에 몰입함으로써 교회는 이와 같이 너무나 흔히 발생하는 종말론적 오류를 피하고, 대신 종말론과의 관계에 있어서 성경적 정신을 채택하는 방법을 배울 수 있습니다.

시편이 가진 통합하는 능력

보스가 주목한 시편 종말론의 네 번째 요소는 시편이 우리로 하여금 "구약의 교회와 우리의 생명적 일체성을 인식하게 하는" 독특한 방식입니다.[15] 보스는 구약과 신약의 두 시대에서 하나님 백성의 일체성을 유지하는 데 있어 시편이 가진 능력을 구약의 예언적 계시가 가

---

13 Vos, *Pauline Eschatology*, 332.
14 Ibid.
15 Ibid.

진 능력과 비교했습니다. 그는 선지자들이 예언의 성취를 통해 신약의 신자를 구약의 교회와 연결하지만("예언을 통해... 우리는 선지자들의 아들이며 하나님이 아브라함과 맺으신 디아테케(diatheke)의 아들이다"), 이 연결은 신자가 오직 객관적으로만 경험한다고 다음과 같이 주장했습니다. "그러나 이것은 순수하게 객관적인 유대(bond)이다. 이는 프로그램과 그 실행 사이의 유대일 뿐이다. 이것은 우리가 구약 하나님의 백성과 우리의 일체성을 직접적으로 느끼게 해주지는 않는다."[16]

선지자들과는 대조적으로, 보스는 시편이 기독교인에게 하나님의 백성이 된다는 것이 의미하는 주관적 현실을 물려준다고 주장했습니다.

> 우리가 예언의 영역에서 시편의 영역으로 넘어가자마자, 우리는 우리와 내적으로 유사한 무언가, 곧 구속의 현실을 살아가는 우리의 종교적 수용이 미리 형성된 것(preformation)과 접촉하게 된다. 이는 정말 그래야만 한다. 왜냐하면 구약적 관점에서 볼 때, 신약에서의 우리의 모든 삶과 유산 전체가 종말론적인 것이었기 때문이다. 따라서 여기서 우리는 우리와 그들이 동일한 사실에 몰두하게 된다. 그들이 종말론적으로 바라보았던 것을 우리는 회고적으로 누리고 있으며, 그것을 종교적으로 인식하는 것은 형식적으로는 다르지만 본질적으로는 동일하다. 시편의 종말론에서 우리는 완전히 성장한 상태의 우리 자신에게 속한 배아적 유기체(embryonic organism)를 추적할 수 있다.[17]

16　Ibid., 333.
17　Ibid.

보스는 시편이 두 시대의 교회를 위한 종말론적 연결점의 역할을 한다는 사실을 예리하게 밝혔습니다. 시편이 가진 종말론적 유연성은 시편이 구약의 한계를 뛰어넘도록 합니다.

시편의 메시야적 요소

보스가 언급한 시편 종말론의 다섯 번째 측면은 그가 시편의 "메시야적 요소"라고 부른 것입니다.[18] 보스는 이 메시야적 요소를 다음과 같이 설명합니다. "시편에서 메시야의 선재하심에 대해 말하는 것은 많은 비평가들의 귀에는 터무니없게 들릴 수 있지만, 시편에 개별적인 메시야적 인물이 실제로 등장한다는 것을 인정한다면 그 방향으로 이끌릴 수밖에 없다. 메시야는 마치 그 백성의 삶과 신비롭게 얽혀 있는 삶을 살아가는 것처럼 보인다."[19] 보스는 메시야이신 종말론적 하나님의 어린양이 시편 전체에 걸쳐 나타나고 있는데, 단지 명시적으로 메시야적인 시편에서뿐만 아니라 시편의 모든 노래에서 빛나고 있다고 주장했습니다. 다른 저술에서 보스는 이 주장을 확장하여 시편이 독특한 메시야적 역할을 했다고 주장했으며, "메시야라는 용어가 종말론적 어휘에 들어오는 것은 시편에서"라고 언급했습니다.[20] 보스는 또한 시편 종말론에 있는 이 메시야적 요소가 두 시대의 성도들 사이를 연결하는 추가적인 결합점의 역할을 한다고 주장했습니다. 보스에 따르면, 시편은 두 시대의 성도들로 하여금 메시야

---

18 Ibid., 351.
19 Ibid., 356.
20 Vos, *Eschatology of the Old Testament*, 131.

의 구속 사역과 관련하여 그들이 상호 의존되어 있다는 사실을 인식하게 합니다. 예를 들어, 보스는 시편 84편 9절에 나타난 다음과 같은 메시야적 언급을 인용했습니다. "우리 방패이신 하나님이여 주께서 기름 부으신 자의 얼굴을 살펴보옵소서" 그리고 그는 "기독교인이 가진 메시야 중심적 신앙이 구약시대에 이 노래를 불렀던 이스라엘 사람들과 얼마나 깊이 일치하는지"를 언급했습니다.[21]

세 가지 다른 두드러진 특징

마지막 여섯 번째 요점으로, 보스는 구체적으로 "시편 종말론의 세 가지 다른 두드러진 특징"을 열거했습니다.[22] 첫째, 그는 시편이 종말론의 기초로 역사를 사용한다는 점을 지적했습니다. 보스에 따르면, 시편은 역사 속에서 행동하셨고, 행동하고 계시며, 행동하실, 살아 계신 참 하나님을 기독교인들에게 보여줍니다.[23] 신자의 소망은 자기 백성을 위해 행동하시는 하나님을 신뢰하는 데 있습니다. 보스는 현재의 고통과 관계없이 시편 기자들이 가진 일관된 성향이 "전반적으로 평온한 확신과 조용한 기대"라는 것을 인식했습니다. 왜냐하면 시편 기자는 미래가 "하나님의 회의실(the council chamber of God)에서부터 나오는 위엄 있고, 서두르지 않고, 지체되지 않는 발걸음으로 진행된다"는 것을 알고 있기 때문입니다.[24]

21 Vos, *Pauline Eschatology,* 357.
22 Ibid., 334.
23 Ibid., 335.
24 Ibid., 337.

보스가 강조하는 시편 종말론의 이러한 추가적이고 두드러진 특징 중 두 번째는 시편의 "하나님 중심성"입니다.[25] 시편에서 반복되는 박자(beat)는 하나님이 구속의 진행을 통제하시며, 구속은 종말론적 언약의 종이신 성자에 의해 수행된다는 것입니다. 또한 시편은 그리스도인들에게 그들이 언약의 종(covenant servant)의 구속 사역을 공동체적으로 경험한다는 것을 상기시킵니다. 보스는 시편 기자의 구원을 위한 기도가 주로 이기적이거나 개인주의적이지 않고, 오히려 이스라엘 전체의 집단적 투쟁과 구원을 포함한다는 현실을 환기시키고 있습니다.[26]

보스가 말하는 시편 종말론의 세 가지 추가적인 두드러진 특징 중세 번째는 시편이 왕국을 강조한다는 것입니다. 보스는 시편이 "주로 왕국 종말론(kingdom-eschatology)"을 가지고 있다고 설명합니다.[27] 여기서 보스는 시편이 마지막 때에 대해 구체적으로 말하고 있다고 강조하였으며, 이는 하나님께서 이스라엘, 모든 민족, 그리고 온 창조 세계 위에 높이 계신 왕으로서 다스리시는 왕국 모티프를 자주 언급하시는 것을 통해 드러납니다.

이 간단한 개요만 보아도 보스가 시편을 독특하고 풍부한 종말론적 내용을 가진 것으로 보았다는 사실이 분명히 드러납니다. 보스에 따르면, 시편은 구약 속에 갇히도록 의도된 정적인 노래가 아니라 오히려 모든 시대를 살아가는 하나님의 백성들과 관련될 만큼 유연성

---

25 Ibid., 338.
26 Ibid., 339.
27 Ibid., 342.

을 가진 종말론적 노래입니다. 시편에 내재된 이와 같은 종말론적 탄력성은 시편이 구속사적인 관점에서도 새 언약 교회의 예배와 충분히 어울리게 합니다. 다음 부분에서는 시편 종말론에 관한 보스의 통찰 중 일부를 시편찬송의 실제적인 적용에 직접적으로 접목해 보겠습니다.

시편찬송의 구속사적 혜택

보스가 "시편의 종말론"에 관한 그의 논문에서 시편찬송을 분명하게 주장하지는 않았지만, 그럼에도 불구하고 그의 통찰은 시편찬송을 매우 지지합니다. 아마도 이 주장에 대한 일화적 증거는 보스의 아들이자 편집자인 요하네스 G. 보스(Johannes G. Vos)가 시편찬송 전용론을 지지하는 교단에서 평생 신학적 봉사를 하기로 선택했다는 사실에서 찾을 수 있을 것입니다. J. G. 보스는 아버지의 성경신학과 시편찬송 전용론을 실천하는 일 사이에 어떤 갈등도 발견하지 못했던 것이 분명합니다.

다음에 이어지는 단락들에서 저는 보스의 시편 종말론에 대한 통찰에서 직접적으로 기원하는 시편찬송의 네 가지 구속사적 혜택을 구체적으로 열거하겠습니다. 이러한 혜택들은 구속사적 시편찬송자가 되는 것이 모순되는 말이 아니라는 증거가 될 뿐만 아니라, 시편을 부르는 사람들이 실제로 가지는 구속사적 이점을 보여줍니다.

1. 시편을 노래하는 것은 우리의 초점을 하나님의 위대한 행위에 맞춥니다.

보스의 성경신학(Vosian biblical theology)의 주요 강조점 중 하나는 역사 속에 나타난 하나님의 객관적이고 위대한 행위에 초점을 맞추는 것입니다. 성경신학에 따르면, 우리 신앙의 주관적 측면은 항상 하나님의 객관적 사역에서 나와야 합니다. 다시 말해, 성경은 우리와 우리가 하는 일에 관한 것이 아니라 하나님과 그분이 과거에 하신 일, 현재 하고 계신 일, 그리고 미래에 하실 일에 관한 것입니다. 성경신학은 언제나 우리가 하나님과 인간 중심적인 관계가 아니라 하나님 중심적인 관계를 맺도록 합니다.

새 언약의 성도들은 시편을 노래하는 가운데, 항상 자기 신앙의 주관적 측면과 객관적 측면이 성경적으로 완벽한 균형 속에 유지되고 있다는 확신을 가질 수 있습니다. 시편은 우리의 신앙이 우리에 관한 것이 아니라 하나님에 관한 것임을 상기시킵니다. 이러한 균형은 신자의 주관적 경험이 교회음악에서 주도권을 갖도록 허용하는 현대적 트렌드와 극명한 대조를 이룹니다. 현대 교회음악의 많은 부분, 심지어 전통적인 찬송가의 많은 부분조차 압도적으로 신자의 주관적 경험에 초점을 맞추고 있습니다. 현대 교회음악의 주제가 하나님이 아니라 우리 자신인 경우를 종종 봅니다. 이러한 현대 노래에서 주어는 주로 자신이며, '나', '나를', '내'와 같은 대명사가 자주 사용됩니다. 이처럼 현대의 노래에서 주요 초점은 객관적인 하나님의 위대한 행위가 아니라 우리 자신에게 있습니다. 물론 시편에 인칭 대명사가 없는 것은 아닙니다. 오히려 그 반대로, 시편은 인칭 대명사로 가득 차 있습니다. 그러나 시편에서의 차이점은 신자의 주관적 경험과 반응이 항상 하나님의 객관적 행위와 불가분하게 연결되어 있고 그것에 종속된다는 점입니다. 시편찬송자들은 이 점에서 그들의 신학적 균형을 더 잘 유지할 수 있습니다. 시편찬송자는 하나님의 위대한 행위와 우리의 예배적 반응 사이에 적절한 균형을 유지하도록 강권함을 받습니다.

2. 시편을 노래할 때 우리는 성경적 종말론에 젖어듭니다.

이 글에서 보았듯이, 보스의 성경신학은 성경에서 종말론의 중심성과 편재성(all-pervasiveness)을 강조합니다. 종말론은 성경의 마지막 몇 페이지에 국한된 것이 아니라 성경 계시 전체에 스며들어 있으며, 심지어 성경의 역사가 전개될 때 구원론보다 먼저 등장합니다. 기독교인들 가운데 종말론이 우리 신앙에서 차지하는 중요성에 대한 이러한 관점은 널리 공유되는 관점이 아닙니다. 대부분의 기독교인들에게 종말론은 종말에 일어날 일들이지 시작할 때 일어나는 것들이 아니며, 사람이 이 종말론을 주제로 만든 대부분의 노래에서 이러한 매우 제한된 종말론적 관점이 나타납니다(예: "저 북방 하늘 그 밝은 빛이"). 시편은 종말론이 우리 삶에서 차지하는 역할에 대한 이러한 왜곡된 사고방식을 교정하는 유용한 역할을 합니다.

시편찬송은 기독교인들이 신앙생활을 하면서 종말론의 중요성과 편재성을 인식하도록 합니다. 시편은 하나님께서 역사 속에 개입하셨고, 앞으로도 개입하실 것이라는 실재(reality)를 우리 눈앞에 제시합니다. 그리하여 결국에는 하나님의 백성에게 영원한 평화와 안식을 가져다줄 것입니다. 시편은 하나님의 이러한 역사적 개입이 멈추지 않았음을 상기시킵니다. 그러나 가장 큰 개입은 아직 오지 않았습니다. 예수님께서 다시 오실 것입니다. 시편찬송은 신자가 하나님 나라가 개입하여 임할 것을 주시할 수 있도록 우리를 준비시킵니다. 시편은 신자가 종말론적 기대를 품고 갈망하도록 장려합니다.

시편이 이러한 종말론적 기대를 불러일으키는 방법 중 하나는 "새 노래"를 부르라는 권면을 사용하는 것입니다. 보스는 "새 노래"라는 문구와 이스라엘의 종말론적 기대 사이에 존재하는 연관성에 주목했습니다. "이스라엘의 예배하는 회중은 '새 노래'를 부른다. 왜냐하면 그들의 마음이 이미 진동하고 있는 '새로운 것들'로 가득 차 있기 때문이다."[28] 보스가 여기서 말하는 것은 시편이 이스라엘에 새 노래가 되었다는 것입니다. 왜냐하면 시편을 부를 때마다, 그들은 하나님께서 이스라엘과 그들 개개인의 마음속에서 행하고 계신 새로운 일들의 관점에서 노래했기 때문입니다. 이러한 역동성은 시편이 한 시대에 국한되도록 의도된 것이 아니라 항상 새롭고 스스로 새로워질 수 있는 능력을 가진 것으로 만들어졌음을 의미합니다.

시편에서 강조되는 종말론적 기대는 이제 그리스도의 구속 사역의 관점에서 이 노래들을 새 노래로 부르는 새 언약의 성도들에게로 이어집니다. 마이클 부셸(Michael Bushell)은 이러한 전환적 역동성을 이해하는 데 도움을 주는 통찰을 제공합니다. "따라서 구약의 시편은 특별한 의미에서 '새 노래'로 볼 수 있다. 왜냐하면 구약의 시편들이 모두 그리스도 안에서 이루어진 성취의 빛 아래에서 그리고 신약이 그것들에 비추는 해석의 빛 아래에서 새로운 의미를 갖게 되었기 때

---

28 Vos, *Eschatology of the Old Testament*, 131.

문이다."[29] 새 언약 교회는 이 오래된 노래들을 새 노래로 부를 수 있습니다. 이스라엘과 마찬가지로 우리 기독교인들도 새 언약 시대에는 우리의 마음이 새로운 것들로 가득 차 있기 때문에 시편을 새 노래로 이해합니다.

그러나 시편을 부르는 것은 기독교인들이 성경적 종말론에 대한 올바른 관점을 유지하도록 도울 뿐만 아니라, 성경적 종말론에 대해 적절하게 반응하도록 하는 데도 도움이 됩니다. 시편찬송자는 하나님의 구속이 전진하는 것에 반응하는 하나님의 백성들의 말과 행동을 지속적으로 마주 대합니다. 교회는 구속사가 전진해 나감에 따라 힘을 얻어야 하지만, 동시에 그 종말론적 운명을 실현하기 위해 자신이 아닌 하나님을 신뢰하라는 훈계를 받습니다. 시편찬송은 우리가 영광의 신학에 빠지지 않도록 돕고, 우리의 종말론을 과도하게 실현하려는 유혹에 대한 방어막의 역할을 합니다. 보스는 시편의 이러한 유익한 속성을 다음과 같이 설명했습니다. "시편은 무엇보다도 절대적 미래에 대한 비전과 관련하여 종교적 마음이 가져야 하는 직절하고 이상적인 태도가 무엇인지를 가르쳐줍니다."[30]

3. 시편을 노래하는 것은 하나님의 백성과 계획이 일치한다는 사실을 상기시킵니다.

시편을 부르는 것은 구약의 성도들과 함께 목소리 높여 찬양하는 것입니다. 우리 조상들과 같은 노래를 부름으로써, 우리는 그들과 교

---

29 Michael Bushell, *Songs of Zion* (Pittsburgh, Penn.: Crown and Covenant, 1999), 97.
30 Vos, *Pauline Eschatology*, 332.

제하는 독특한 느낌을 경험할 수밖에 없으며, 은혜 언약이 마태복음 1장 1절에서 펼쳐지기 시작한 것이 아니라 창세기 3장 15절에서 시작되었다는 사실도 기억하게 됩니다. 구약은 다른 약속을 하신 다른 하나님에 관한 내용이 아닙니다. 그뿐만 아니라 구약은 완전히 다른 구원적 소망과 기대를 가진 전혀 다른 교회에 관한 내용도 아닙니다. 간단히 말해, 구약의 성도들은 우리와 그렇게 다르지 않습니다. 그들의 소망이 우리의 소망입니다. 그들의 갈망은 우리의 갈망입니다. 예를 들어, 윌리엄 퍼킨스가 히브리서 11장에 대한 그의 주석에서 새 언약의 성도들이 계속해서 시편을 불러야 하는 이유에 대해 논한 말을 생각해 보십시오.

> 교회는 모든 시대에 믿는 자들의 모임으로 구성되었고, 그들의 믿음은 항상 하나이며 동일하다. 이 믿음은 하나님의 약속을 붙드는 모든 사람을 은혜, 묵상, 성향, 감정, 욕구, 영적인 필요, 고난의 경험과 활용, 삶과 대화의 방식, 그리고 하나님과 사람에 대한 의무 이행에 있어서 서로를 닮게 만든다. 따라서 동일한 시편, 기도, 묵상이 이 시대의 교회에도 적합하며, 그것들이 만들어졌을 때와 마찬가지로 이 시대의 교회에서도 동일한 유용성과 유익으로 말해지고 불려진다.[31]

시편을 부를 때 우리는 보스가 말한 두 시대의 교회 사이에 존재

---

31   Thomas Ford, *Singing of Psalms* (Australia: Presbyterian Armoury Publications, 2004), 64.

하는 "생명적 일체성"을 인식할 수밖에 없습니다. 그리고 이는 계시의 유기적 통일성과 하나님의 백성을 포용하게 하는 구속사적이며 언약적인 해석학을 내면화하게 만듭니다.

4. 시편을 노래할 때 우리는 새로운 방식으로 그리스도의 영광을 볼 수 있습니다.

보스가 언급했듯이, 시편은 메시야의 사역과 삶을 볼 수 있는 독특하고 비할 데 없는 창을 제공합니다. 시편이 가진 구속사적이고 성경신학적인 메시야적 견고함은 신약성경이 시편을 광범위하게 사용한 것을 통해 입증됩니다. 신약성경을 기록한 인간 저자들은 하나님으로부터 영감을 받은 가장 훌륭한 부류에 속하는 구속사적 설교자들이었습니다. 그들은 성경에서 그리스도의 진리를 보여주고자 반복적이고 일관되게 시편의 구절들로 돌아갔습니다. 예를 들어, 브루스 월트키(Bruce Waltke)의 훌륭한 논문 "시편의 그리스도(Christ in the Psalms)"에서, 그는 신약에서 구약을 직접 인용한 283개 중 116개(41%)가 시편에서 나온다고 지적합니다. 월트키는 또한 복음서에서 시편이 50번 이상 예수 그리스도의 인격과 사역을 암시하는 데 사용된다고 언급합니다. 그리고 월트키는 다음과 같이 결론짓습니다. "예수 그리스도 안에서 성취된 일부 시편의 구체적인 예언들과 신약성경의 시편 사용을 연결해서 생각해볼 때, 시편 전체가 예수 그리스도와 그의 교회에 관한 것임을 알 수 있습니다."[32]

---

32 *The Hope Fulfilled: Essays in Honor of O. Palmer Robertson*, ed. Robert L. Penny (Phillipsburg, N.J.: P&R, 2008), 41에서 이 책의 기고자인 Terry Johnson은 시편 전체에서 그리스도의 생애와 사역 전체가 어떻게 언급되는지를 훌륭하게 설명하고 있다. Terry L. Johnson의 "Restoring Psalm Singing

그러나 시편의 그리스도 중심적인 힘(power)은 신약 본문에 등장하는 시편의 인용과 시편에 대한 암시에만 국한되지 않습니다. 이 힘은 계시의 어느 곳에서도 찾을 수 없는 메시야의 가장 내밀한 생각을 우리가 파악할 수 있다는 현실에까지 미칩니다. 보스는 시편의 이러한 독특한 특징을 다음과 같이 설명했습니다. "우리 주님 자신도 시편에서 자신의 내적 삶이 묘사된 것을 발견하셨고, 자신의 사역이 가장 절정에 이른 순간 중 어떤 순간에 그분의 영혼이 하나님께 말씀드리는 언어를 시편에서 빌려오셨다. 이로써 그분은 하나님과의 교제를 위해 시편보다 더 완벽한 언어가 만들어질 수 없다는 사실을 인정하셨던 것이다."[33] 이에 대한 가장 생생한 예는 시편이 십자가에 달리신 그리스도께서 가지셨던 속마음을 우리에게 펼쳐 보여주는 방식입니다. 복음서가 예수님의 십자가 처형에 대한 3인칭의 외부 목격자 증언을 제공하는 반면, 시편은 우리가 십자가 위의 메시야께서 가지셨던 실존적 경험으로 들어갈 수 있게 해줍니다. 시편은 1인칭 관점으로 우리에게 예수님을 제시합니다. 시편 22편을 읽어보시면, 우리 주님의 고난을 새롭고 깊이 있는 방식으로 이해하게 될 것입니다. 기독교인이 시편을 부를 때, 그 사람은 독특한 방식으로 그리스도를 접하게 되는 것입니다.

---

to Our Worship," *Give Praise to God* (Phillipsburg, N.J.: P&R, 2003), 262-63을 참조하라.

33 Vos, *Grace and Glory* (Edinburgh: Banner of Truth, 1994), 169-70.

구속사적 시편찬송자

보스의 "시편의 종말론"은 사람이 진정으로 구속사적 시편찬송자가 될 수 있음을 보여줍니다. 시편을 부르는 것은 신학적 정신분열증을 드러내는 것이 아니라, 오히려 성경의 구속사적 관점과 일치합니다. 시편은 구속사적으로 새 언약 시대에 사용하도록 설계되었습니다. 예수님 자신이 새 언약의 첫 번째 예배 의식인 성만찬에서 시편을 사용함으로써 이 점을 입증하셨습니다. 스코틀랜드 장로교인 윌리엄 비니(William Binnie, 1823-1886)가 새 언약 시대의 시작을 알리는 사건에 대해 고찰한 결과 다음과 같은 통찰을 얻었습니다. "그가 배반당하신 밤에 다락방에서 그리스도와 열한 제자가 할렐을 부른 것은 시편이 구약에서 신약으로 넘어간 지점을 표시한다고 말할 수 있다. 왜냐하면 그 할렐은 새로운 주의 만찬 의식의 제정과 함께 소멸되어 가는 유월절 축하를 동반하기 때문이다. 그 후로, 기독교인들이 모일 때마다 누군가는 서로의 건덕을 위해 '시편을 가지고' 와서 부르도록 했을 것이라고 생각할 수 있다."[34]

비니가 여기서 말하는 요점이 가진 힘을 생각해 보십시오. 바로 구약과 신약 사이의 경첩에 해당하는 그 변곡점에서, 예수님께서 새 언약 시대로 페이지를 넘기실 때, 우리 주님은 이제 시작하는 새 언약 예배를 위한 축하 찬송으로 시편을 선택하셨습니다. 이 새 시대에는 완전히 새로운 성례가 필요했지만, 시편은 수정이나 대체가 필요

---

[34] William Binnie, *A Pathway into the Psalter* (Birmingham, Ala.: Solid Ground, 2005), 376.

하지 않았습니다.

주의 만찬을 처음 기념할 때 그리스도께서 시편을 사용하신 것은 시편이 지속적으로 사용되기에 적절한 것으로 지어졌다는 사실을 보여줍니다. 제자들이 주님과 함께 노래를 부를 때, 할렐 시편은 그리스도께서 방금 시작하신 새 언약 시대를 반영하는 "새 노래"가 되었습니다. 다시 말해, 이 새 언약 교회의 핵심 구성원들은 구속사적인 의미에서 시편을 불렀습니다. 이는 우리 시대의 교회도 구속사적인 방식으로 계속해서 시편을 부를 수 있음을 의미합니다.[35]

시편의 고유한 구속사적 탄력성은 시편이 교회사 전반에 걸쳐 교회 생활에서 독특한 위치를 차지해 온 이유를 설명해 줍니다. 이것은 구약 교회, 신약 교회, 그리고 고대, 중세, 현대 교회사 전반에 걸쳐서 사실이었습니다. 하나님의 백성이 하나님과 교통하기 위한 말을 찾고자 할 때 그들은 시편으로 이끌려 갔습니다. 보스는 그의 설교 중 하나에서 하나님의 백성을 그분께 가까이 이끄는 시편이 가진 지칠 줄 모르는 힘과 또 시편이 가진 그들의 마음의 감정을 전달하는 힘에 대해 다음과 같이 성찰했습니다.

따라서 신자들이 마음의 내적 신앙생활의 양식을 얻기 위해서 성경 중

---

35 D. G. Hart와 John Muether가 지적한 대로 이러한 방식으로 시편을 노래하기 위해서는 약간의 노력이 필요하다. "따라서 시편만을 노래하는 교회들은 구약성경과 그것이 어떻게 그리스도를 계시하는지에 대해 잘 이해해야 한다. 물론 이는 쉽게 할 수 있는 일이 아니다. 그러나 초대 교회도 시편을 노래했으며, 따라서 구속사적 성취의 관점에서 시편을 노래하는 것은 가능하다" (D. G. Hart and John Muether, *With Reverence and Awe* [Phillipsburg, N.J.: P&R, 2002], 163).

에서 가장 쉽게 찾아가고 주로 의존하였던 것은 바로 시편이었다. 나는 그것이 단지 구약에 속한 부분이라고 말하는 것이 아니라. 성경 가운데 그 부분이라고 말하고 있다. 왜냐하면 구약과 신약을 모두 살피더라도. 하나님의 백성의 공통된 경험을 통해서 확실히 알 수 있는 사실은 성경 그 어디에도 우리가 가장 영적인 순간. 즉 우리가 하나님께 가장 가깝다고 느낄 때 우리 마음에서 생각하고 느끼는 것을 이 경건한 이스라엘 사람들의 노래만큼 성실하고 자연스럽게 표현하는 것을 발견할 수 없다는 것이기 때문이다.[36]

보스가 요구한 종말론적이고 성경신학적인 인식을 가지고 시편을 부르는 사람들은 자신이 주님께 더욱 가까이 이끌리는 것을 발견할 것입니다. 이보다 더 구속사적으로 만족스럽고 성취감을 주는 것이 어디에 있겠습니까?

---

36 Vos, *Grace and Glory*, 169.

제10장
시편찬송과 목회 신학

데렉 W. H. 토마스(Derek W. H. Thomas)

시편에 관한 칼빈의 널리 알려진 진술이 있습니다. "나는 이 책을 '영혼의 모든 부분에 대한 해부도'라고 불러왔는데, 제 생각에는 이 말이 부적절한 것 같지 않습니다."[1] 이 말은 이번 장에서 우리가 다뤄야 하는 문제를 잘 요약해 줍니다. 시편은 목회 신학을 포괄적으로 이해하고 적용하기 위한 재료를 제공합니다. 많은 시편들이 1인칭 관점으로 기록되었습니다. 그러므로 시편들은 매우 개인적이며, 우리는 그것들을 우리 자신의 영적 여정을 묘사하는 것으로 읽습니다. 시편들은 인간이 경험하는 범위 전체를 다루며, 그중에서도 최상의 경험과 최악의 경험에 대해서 말합니다. 심지어 우리가 불편하게 느낄 수 있는 것들에 대해서도 말합니다.

---

1   John Calvin, "The Author's Preface" to *The Psalms of David and Others*, trans. Arthur Golding, in *Calvin's Commentaries*, 22 vols. (Grand Rapids: Baker Books, 1981), 4:*xxxvii*.

시편이 목회적 조언과 상담을 위한 풍부한 원천이라는 점을 감안할 때, 우리는 이런 질문을 할 수 있습니다. 요즘 공예배에서 시편 사용이 일반적으로 부족한 이유는 무엇일까? 칼 트루먼(Carl Trueman)은 다음과 같이 답합니다.

> 왜 그런지 확실하지는 않지만, 본능적으로 느끼기에 시편의 상당 부분이 슬픔, 불행, 고통, 그리고 상한 마음을 느끼는 애가로 이루어져 있다는 사실과 관련이 있을 것 같다. 현대 서구 문화에서 이러한 감정들에 대해서 사람들은 거의 신뢰하지 않는다. 물론 사람들은 여전히 이런 감정을 느끼지만, 이런 감정이 일상생활의 정상적인 부분이라고 인정하는 것은 오늘날과 같이 건강과 부와 행복을 추구하는 사회에서는 실패를 인정하는 것과 다름없다. 그리고 만약 누군가가 그런 감정들을 인정한다면, 그는 당연히 그런 감정을 받아들이거나 개인적으로 책임을 지지는 않아야 한다. 대신 그러한 기능장애적 감정을 달래고 자아상을 회복하기 위해 부모를 비난하거나, 고용주를 고소하거나, 약을 먹거나, 병원에 입원해야 한다.[2]

이 글은 공예배에 있어서 시편을 배타적으로 사용할 것인지 아니면 시편을 찬양에 포함할 것인지에 대한 논쟁이 아닙니다. 오히려 목회 신학에 있어서 시편의 사용에 관한 것입니다. 이 주제를 제대로

---

2 Carl Trueman, *The Wages of Spin: Critical Writings on Historic and Contemporary Evangelicalism* (Fearn, Ross-shire: Mentor, 2007), 158-59.

다루려면, 공예배의 예전에서 시편과 정기적으로 친숙해지지 않으면 많은 기독교인들은 기독교적 삶이 그들에게 의미하는 것에 대한 그들의 경험과 충돌하게 되고 만다는 사실에 주목해야만 합니다. 기독교가 무엇이어야 하는지에 대해 그들이 느끼는 것뿐만 아니라 이해하는 것이 지나치게 긍정적이고 명랑한 예배 문화에 의해 부정당합니다. 공예배를 드리는 동안 그들이 노래하고 듣는 것은 주중에 그들이 경험하는 것과 일치하지 않습니다. 이는 종종 냉소주의, 확신의 상실, 기독교에 대한 정신분열적 경험, 그리고 해결되지 않는 죄책감으로 이어집니다. 이러한 병폐의 원인이 전적으로 교회가 예배에서 시편을 사용하지 않기 때문이라고 말하는 것은 과장이겠지만, 시편을 사용하지 않는 현실이 적절한 목회적 돌봄에 실패하는 현상을 설명합니다.

예를 들어, 시편 23편을 생각해 보십시오. 아마도 이 시편은 우리 시대에 가장 많이 알려지고 사랑받는 시편일 것입니다. 이 시편은 목자의 이미지를 사용합니다. "여호와는 나의 목자시니"(1절). 결국, 앤드류 퍼브스(Andrew Purves)가 쓴 것처럼 목회적 돌봄은 "포이메닉스 또는 목양(poimen, 목자)으로 이해되었습니다." 그는 또한 "돌봄의 실천에 주어진 이름인 목회적 돌봄과 돌보는 사람인 목사는 이 시골의 농가적인 은유에서 그들의 정체성을 취합니다"라고 덧붙입니다.[3] 시편 23편의 목가적 이미지는 "하나님께서 그의 백성을 인도하실 수 있는

---

3 Andrew Purves, *Reconstructing Pastoral Theology: A Christological Foundation* (Louisville, Ky.: Westminster John Knox Press, 2004), *xxvii*.

끊임없이 변화하는 지형을 일련의 잊을 수 없는 장면들을 통해 묘사합니다."[4] 목자는 양 떼를 푸른 초장과 쉴만한 물가로 인도할 뿐만 아니라, 사망의 음침한 골짜기와 같은 상황으로도 인도합니다. 거기에서는 포식자들이 숨어 있고 슬픔이 가득하며 죽음이 기다리고 있습니다. 심지어 비유가 목자에서 주인(host)으로 바뀔 수 있는 마지막 장면에서조차, 이 시편은 그리스도인들이 따뜻한 환대와 풍성한 식탁을 즐기는 것을 상상하고 있지만, 이 잔치가 해를 끼치려는 적들의 눈앞에서 벌어진다는 사실에 의해 제약을 받습니다. 그리고 바로 여기, 적대감의 한가운데서 축복이 찾아옵니다. 도널드 맥레오드(Donald McLeod)가 말한 대로, "주변에 어려움과 위험이 있을 수 있지만, 우리는 환경의 변화를 기다릴 필요 없이 하나님의 축복을 경험할 수 있다. 잔은 핍박, 상실, 스트레스, 고통의 한가운데서도 넘칠 수 있다. 실제로 그런 때에 특히 가득 찰 수 있"습니다.[5] 주님과의 교제 안에 있는 순례자의 삶의 본질에 대한 이런 풍성한 표현은 시편 외에 다른 곳에서는 거의 찾아볼 수 없지만, 너무나도 많은 그리스도인들은 시편 23편에 친숙함에도 불구하고 이 시편의 신학적, 목회적 가르침을 이해하지 못하는 것 같습니다.

---

4 Donald McLeod, "The Doctrine of God and Pastoral Care," in *Engaging the Doctrine of God: Contemporary Christian Perspectives*, ed. Bruce L. McCormack (Grand Rapids: Baker Academic, 2008), 246.

5 Ibid.

영혼의 창

시편은 놀랍도록 현실적입니다. 시편은 우리에게 부족함이 있는 지점에서, 더 중요하게는 실패의 지점에서 우리를 다룹니다. 시편 기자들은 세상과 자신이 삶 속에서 부딪히는 불의에 대해 분노하고 원망합니다. 그들은 복수를 외치며, 우리 현대 신자들이 불쾌하게 여기는 방식으로 분노를 표현하기도 합니다. 그들은 칠흑같은 영혼의 어둠으로 들어가고, 신자들도 그런 식으로 말할 수 있다는 사실에 공포에 질려 움츠러들게 합니다. 그들은 자신의 상황이 그러한 것에 대해 불신으로 끓어오르며, 그러는 동안 내내 그들의 쌓인 감정을 예배적 기도로 주님께 가져갑니다.

소위 저주의 시를 잠시 생각해 보십시오. 그 시편들이 무엇을 의미하든, 가장 기본적인 수준에서 볼 때 그 시편들은 분명히 정의가 실현되고 옳은 것이 입증되기를 바라는 간구입니다. 그것들은 이 세상에서 선이 벌을 받고 악이 명예로운 지위를 얻는 것 같은 불공정함에 대한 외침입니다. 기독교인들을 포함한 모든 사람은 끔찍한 불의가 행해졌을 때 우리 현대인들이 "종결의 필요성(the need for closure)"이라고 부르는 것이 무엇인지 알고 있습니다. 우리는 악인들이 여러 방면에서 번영하는 세상에서 살고 싶지 않습니다. 그래서 시편 73편에서 아삽이 애절하게 외쳤던 것입니다. "내가 악인의 형통함을 보고 오만한 자를 질투하였음이로다 그들은 죽을 때에도 고통이 없고 그 힘이 강건하며 사람들이 당하는 고난이 그들에게는 없고 사람들이 당하는 재앙도 그들에게는 없나니"(3-5절).

비록 우리가 "그에게 인애를 베풀 자가 없게 하시며 그의 고아에게 은혜를 베풀 자도 없게 하시며 그의 자손이 끊어지게 하시며 후대에 그들의 이름이 지워지게 하소서"(시 109:12-13)라고까지 말하거나, "멸망할 딸 바벨론아, 네가 우리에게 행한 대로 네게 갚는 자가 복이 있으리로다 네 어린 것들을 바위에 메어치는 자는 복이 있으리로다"(시 137:8-9)라고까지 말하는 것은 주저할지라도, 우리 모두 이 말에 대해서 어느 정도는 공감할 수 있습니다.

일부는 이러한 감정들이 기본적인 신약의 윤리를 위반한다고 주장하지만, 다른 이들은 다른 방향으로 강력하게 주장해 왔습니다. 데렉 키드너(Derek Kidner)는 이렇게 주장합니다.

> 다윗의 역사는... 정의에 대한 그의 열정이 진실했으며 복수심을 포장한 것이 아니었다는 충분한 증거를 제공한다. 개인적 공격을 받았을 때 다윗보다 더 관대할 수 있는 사람은 거의 없었다... 그리고 어떤 통치자도 잔인하고 무자비한 행동에 대해 다윗보다 더 깊이 분노했던 이는 없었다. 심지어 그런 행동이 다윗이 가진 대의에 유리해 보일 때조차도 그랬다. 그가 하나님께 구한 것은 불의에 대한 피해자가 이스라엘의 왕인 다윗 자신에게서 기대할 수 있는 판결과 개입 그 이상도 그리고 확실히 그 이하도 아니었다.[6]

---

6 Derek Kidner, *Psalms 1-72, Tyndale Old Testament Commentaries*, ed. D. J. Wiseman (Leicester: IVP, 1977), 26-27. 저주 시편들이 제기하는 윤리적 문제에 대한 간단한 요약과 응답은 Alec Motyer, *The Story of the Old Testament, ed. John Stott* (Grand Rapids: Baker Books, 2001), 71-72을 참조하라. 또한 이 책(David P. Murray, "Christian Cursing?") 7장도 참고하라.

마찬가지로, 요하네스 보스는 이 시편들이 여전히 기독교 예배에서 사용될 수 있다고 주장했습니다.

> 기도로 요청된 하나님의 행위가 인간의 실제 권리와 충돌하지 않았기 때문에, 그리고 기도 자체가 성령의 영감으로 말해졌기 때문에 그 기도는 올바른 기도였으며 비도덕적일 수 없었다. 악인들의 사법적 파멸을 포함한 악의 완전한 파멸은 주권적 하나님의 특권이며, 이 파멸의 성취를 위해 기도하는 것뿐만 아니라 하나님 자신에 의해 명령받았을 때 그것을 실행하는 것을 돕는 것도 역시 옳은 일이다.[7]

여기가 저주의 시에 제기되는 심오한 윤리적 문제를 논의할 자리는 아니지만, 이 장의 주제와 관련하여 더 일반적인 요점은 언급할 필요가 있습니다. 모든 기독교인은 어느 정도 끔찍한 불의를 경험했습니다. 그런 상황에서 잘못된 것이 바로잡히기를 바라는 욕구는 기독교적 경건과 예배의 기본 언어를 형성해야 합니다. 그렇지 않으면, 저주의 욕구만큼이나 어려운 심각한 목회적 문제가 뒤따릅니다.

그러나 시편에는 다른 부정적인 열정들도 표현되어 있습니다. 영국의 저명한 정치인이자 전 국방장관 및 재무장관이었던 조나단 에이트킨(Jonathan Aitken)은 명예훼손 혐의로 유죄 판결을 받고 수감된 후 벨마시 교도소에서 보냈던 첫날 밤의 경험에 대해 감동적으로 썼습

---

7 Johannes Vos, "The Ethical Problem of the Imprecatory Psalms," *Westminster Theological Journal* 4 (1942): 134-35.

니다. 동료 재소자들이 상상할 수 없을 정도로 음란한 조롱을 "합창 (chanted)"하며 그에게 닥칠 일들을 제시하는 것을 들은 후, 에이트킨은 이렇게 씁니다.

> 그래서 나는 콘크리트 바닥에 무릎을 꿇고 기도하려 했다. 주변에서 들려오는 위협적인 소리에 너무나 겁에 질려 처음에는 가장 간단한 간구의 말조차 할 수 없었다. 그때 판결을 받으러 올드 베일리로 가기 직전에 한 친구가 제 주머니에 '시편으로 기도하기'라는 제목의 달력 형식의 소책자를 넣어준 것이 생각났다. 벨마시에 도착했을 때 마약 탐지견 검사를 위해 그 시편이 압수당했지만 나중에 돌려받았다... 그래서 6월 8일 페이지를 펼쳤다. 그곳에는 시편 130편을 읽어보라는 권면이 있었다. [나는] 8절로 된 짧은 구절을 연구했는데, 그것은 이렇게 시작했다.

> '여호와여 내가 깊은 곳에서 주께 부르짖었나이다
> 주여 내 소리를 들으시며
> 나의 간구하는 소리에
> 귀를 기울이소서'

> 따뜻하고 위로가 되는 확신의 물결이 나를 감쌌다. 갑자기 나는 내가 생각했던 것처럼 외롭거나, 두렵거나, 무력하거나, 취약하지 않다는 것을 깨달았다. 시편의 저자는 내 앞에서 있었다. 약 3,000년 전에 그

는 나와 매우 유사한 절망의 감정을 경험했다. 그는 하나님의 도움으로 그가 빠진 깊은 곳에서 올라갈 길을 찾았고, 그 길을 아름다운 시로 표시하여 후세를 위해 성경의 19번째 책인 '시편'에 기록해 두었다.[8]

시편의 목회적 본질에 대한 매우 개인적인 이 증언은 위기의 시기에 시편이 어떻게 즉각적으로 도움이 되었는지를 강조합니다. 성경의 다른 부분과 달리 시편은 우리 모두가 공유하는 경험을 반영하는 것 같습니다. 알렉 모티어(Alec Motyer)가 쓴 것처럼, "우리가 무미건조하게 기도할 때, 시편은 현실적으로 기도하며, 우리로 하여금 시편이 구하는 것의 함의에 직면하게 한다."[9]

애가와 통곡

시편 기자는 가장 심한 시련의 중심에 있으면서도 하나님을 발견했습니다. 시편 74편은 두 가지 면에서 전형적인 시편입니다. 첫째, 이 시편은 철저히 현실적인 삶의 모습을 그립니다. 고통의 심각성이나 그로 인해 생기는 의심을 숨기려는 시도가 없습니다. 둘째, 공포의 한가운데 모든 위엄과 능력을 지니신 하나님이 서 계십니다. "영구히 파멸된 것을 향하여 주의 발을 옮겨 놓으소서... 하나님은 예로부터 나의 왕이시라 사람에게 구원을 베푸셨나이다"(3, 12절). 시편 기

---

8 Jonathan Aitken, *Psalms for People under Pressure* (London, New York: Contin- uum, 2004), *xii*.

9 Alec Motyer, *A Scenic Route through the Old Testament* (Leicester: IVP, 1994), 64.

자는 숙련된 솜씨로 우리가 가진 문제의 크기를 무한하신 하나님의 위엄과 비교하도록 촉구합니다! 위협이 아무리 재앙적인 잠재력을 가지고 있다고 하더라도, 하나님은 비교의 대상이 될 수 없습니다.

많은 시편이 애가의 범주에 속하기 때문에,[10] 그것들을 목회적 지침과 틀로 사용하는 것은 특히 적절합니다.[11] 애가 시편을 식별하려는 다양한 시도들이 있었고, 때로는 그것들을 개인적 애가 시편과 하나님의 백성 전체의 애가로 분류하기도 했습니다.[12] 이러한 시편들은 감정적 반응을 불러일으켜서 몇 가지 어려운 질문을 유도합니다. 삶이 의미가 있는가? 내 고통에 어떤 실제적인 목적이 있는가? 왜 모든 관계는 끝나야 하는가? 하나님은 선하신가? 우리는 이와 같은 질문들이 우리 마음에서 일어난다는 것을 인정하고 싶지 않을 수 있지만, 이 질문들이 우리의 예배 언어(개인적 및 공동체적)에서 표현되지 않으면, 하나님과 서로와의 관계에 어떤 심각한 왜곡이 생길 가능성이 높습니다. 이 문제를 다루면서, 트렘퍼 롱맨(Tremper Longman)과 댄 앨런더(Dan Allender)는 이렇게 묻습니다. "우리가 우리의 감정에서 들어야 할 것은 무엇인가? 이에 대한 부분적인 대답은 이렇다. 우리는 우리 마음의 방향을 알기 위해서 들어야 한다. '내가 무엇을 느끼는가?'라는 질문은 사실 '나는 누구인가? 나는 어떤 방향으로 움직이고 있

---

10 일부 학자들은 시편의 3분의 1까지를 애가 시편으로 분류한다. Bruce Waltke with Charles Yu, *An Old Testament Theology* (Grand Rapids: Zondervan, 2007), 876을 참조하라.

11 D. Capps, "Pastoral Use of Psalms," *Dictionary of Pastoral Care and Counseling,* ed. Rodney J. Hunter and Nancy J. Ramsey (Nashville, Tenn.: Abingdon Press, 2005), 969-70을 보라.

12 시편 식별에 대한 입문서로는 C. Hassell Bullock, *Encountering the Book of Psalms: A Literary and Theological Introduction* (Grand Rapids: Baker Books, 2001)을 참조하라. 애가 시편에 대한 그의 분석은 135-150를 보라.

는가?'라는 질문을 다른 방식으로 물은 것이다. "[13]

  이렇게 감정을 기반하여 시편을 사용하는 것이 해석의 남용으로
이어질 수도 있지만, 시편이 항상 이런 방식으로 기능해 왔다는 것
을 인식하는 것은 중요합니다. 쌓인 감정의 배출구로서 말입니다. 예
를 들어, 시편은 예배자가 애도하는 과정에 참여할 수 있게 하며, 이
는 시편의 온전성과 성경적 인간학을 존중하는 방식으로 이루어집니
다. 예를 들어, 시편 13편은 이에 대한 간결하지만 설득력 있는 예시
입니다. 이 시편은 기도이자 동시에 애가이며, "더 이상 고통을 견딜
수 없는 사람이 위로 던지는 참을 수 없는 불평이며, 또한 항의입니
다. 그렇습니다. 하나님의 도움 없이는 살 수 없다는 항의입니다. "[14]

> 여호와여 어느 때까지니이까 나를 영원히 잊으시나이까 주의 얼굴을
> 나에게서 어느 때까지 숨기시겠나이까 나의 영혼이 번민하고 종일토록
> 마음에 근심하기를 어느 때까지 하오며 내 원수가 나를 치며 자랑하기
> 를 어느 때까지 하리이까 여호와 내 하나님이여 나를 생각하사 응답하
> 시고 나의 눈을 밝히소서 두렵건대 내가 사망의 잠을 잘까 하오며 두렵
> 건대 나의 원수가 이르기를 내가 그를 이겼다 할까 하오며 내가 흔들릴
> 때에 나의 대적들이 기뻐할까 하나이다 나는 오직 주의 사랑을 의지하
> 였사오니 나의 마음은 주의 구원을 기뻐하리이다 내가 여호와를 찬송

---

13 Tremper Longman and Dan Allender, *The Cry of the Soul: How Our Emotions Reveal Our Deepest
    Questions about God* (Colorado Springs, Colo.: Navpress, 1994), 25.

14 James L. Mays, *Preaching and Teaching the Psalms*, eds. Patrick D. Miller and Gene M. Tucker
    (Louisville, Ky.: Westminster John Knox Press, 2006), 167.

이것은 욥에게 어울리는 기도입니다. 고통과 슬픔은 시편 기자의 변함없는 동반자입니다. 그를 둘러싼 세상은 끊임없이 적대감을 드러냅니다. 그가 자신의 삶을 바라볼 때, 오직 죽음이라는 한 가지 가능한 결과밖에 보이지 않습니다. 시편을 읽으면서 여러분은 그가 생명을 간구하는 것을 들을 수 있습니다. 그리고 그렇게 하는 가운데 그는 믿음과 확신의 에너지가 그의 내면에서 솟아오르는 것을 느낍니다. 어떻게 그토록 어둠 속에 있고, 하나님께 분노하고 그분에게 버림받았으면서도 동시에 그분 안에서 "기뻐할" 수 있을까요? 하나님께 분노하면서 동시에 그분을 사랑하는 것이 가능합니까? 물론 가능합니다! 이에 대해서는 사카린이 주입된 기독교관(saccharin-infused view of Christianity)만이 감히 이와 다르게 대답할 것입니다. 만약 시편 88편의 마지막 구절을 정확히 의역한 "어둠이 나의 유일한 친구입니다"(18절)와 같은 섬뜩한 구절이 들어갈 자리가 없다면, 그러한 어둠 속에 있는 신자들은 영적 위로를 받을 수 있는 근거를 갖지 못할 것입니다.

비록 어둠이 우리를 둘러싸고 있다고 느낄 수 있고, 또 그러한 느낌이 거부가 아닌 다른 방식으로 표현되는 것도 중요하지만, 진실은 어떤 기독교인도 십자가 위에서 그리스도께서 경험하신 것만큼 어둠을 경험한 적은 없습니다. 시편 22편의 첫 구절을 인용하면서, 우리는 경건한 태도로 이렇게 물을 수 있습니다. 그 순간에 어떤 성경이 적절했을까요? 예수님은 이 상황에 맞는 예배의 언어를 어디서 찾으셨을까요? 그분의 아버지의 사랑에 대한 확신이나 그분의 본성적인 아들됨과 같이 그분을 위로하기에 적합한 모든 것을 빼앗기신 채, 그 분은 평소에 쓰시던 "아버지" 대신 "나의 하나님"이라고 외치십니다. 이에 대해 도널드 맥클레오드는 다음과 같이 썼습니다. "'아바!'라고 말할 수 없음은 마침내 (전가된) 죄와 수치와 고난의 장막을 전혀 이해 할 수 없는 상태가 되어서 자신의 아들됨이 그분 자신에게조차 가려 졌음을 시사합니다. 반드시 예수님이 그것을 의심했다는 의미가 아 니라 그분의 의식에 어떤 위로로도 존재하지 않았다는 의미에서 말 입니다."[15] 예수님께서 그런 시간에 적합하다고 여기신 유일한 자료 가 북부 유대의 회당에서 그분 자신이 사용하셨던 언어였다는 것을 생각하는 것은 우리에게 유익을 줍니다.

천로역정

존 번연(John Bunyan)은 『천로역정(*Pilgrim's Progess*)』의 결정적인 순간에 시편을 사용하여 큰 목회적 효과를 거두었습니다. 크리스천이 좁은 문으로 가는 길에서 벗어났을 때, 그는 율법주의 씨(Mr. Legality)를 만 났는데, 그는 크리스천에게 구원을 얻기 위해 전혀 다른 길을 택하라 고 촉구했습니다. 전도자(Evangelist)는 시편 2편의 말씀을 사용하면서 크리스천에게 다음과 같이 경고했습니다. "주의하여 다시 옆길로 빠

---

15 Donald MacLeod, *From Glory to Golgotha: Controversial Issues in the Life of Christ* (Fearn, Ross-shire: Christian Focus Publications, 2002), 91.

지지 않도록 하라. '그의... 진노하심으로 너희가 길에서 망하리니.'"[16]
이야기의 후반부에서 크리스천과 소망(Hopeful)은 강도와 도적들이 있을 수 있는 대로임에도 불구하고 왕의 임재에 대해 안심합니다. "오, 내 형제여, 그분이 우리와 함께 가신다면, 우리를 대적하여 일어나는 수만 명을 두려워할 필요가 무엇이겠습니까"(시 3:5-8; 27:1-3).[17] 시편 65편 9절, 에스겔 47장, 요한계시록 22장과 같은 구절에 등장하는 강의 이미지와 시원한 물의 이미지를 암시하며, 크리스천과 소망은 휴식을 취하는데, 이때 번연은 이렇게 씁니다.

> 보라. 이 수정 같은 시내가 어떻게 흐르는지
> (순례자들을 위로하기 위해) 대로 옆으로 흐르도다.
> 초록 들판은 그 향기로운 냄새 외에도,
> 그들을 위한 진미를 내놓네. 그리고 이 나무들이 어떤 즐거운 열매나
> 잎사귀를 내는지 말할 수 있는 자는
> 곧 모든 것을 팔아 이 밭을 사리라.[18]

번연은 시편 23편의 친숙한 구절을 비슷한 효과를 위해 사용합니다. 그는 사망의 음침한 골짜기에서 악한 자 중 하나가 크리스천의 뒤에서 다가와 그의 마음에 신성모독적인 말을 속삭이는 장면을 묘

---

16 John Bunyan, *The Pilgrim's Progress, ed. Roger Pooley* (London: Penguin Books, 2008), 27.

17 Ibid., 135.

18 Ibid., 114.

사합니다. 크리스천은 자신이 그 신성모독의 근원이라고 생각하고 낙담합니다. 이런 상태로 상당 시간을 여행한 후, 크리스천은 자기 앞에 가는 사람의 목소리가 들리는 것 같았습니다. 그 사람은 이렇게 말했습니다. "내가 사망의 음침한 골짜기로 다닐지라도 해를 두려워하지 않을 것은 주께서 나와 함께 하심이라"(시 23:4).[19]

아마도 더 흥미로운 것은 번연이 시편 88편을 사용하는 방식일 것입니다. 이 시편은 모든 시편 중에서 가장 어두운 시편이라고 할 수도 있을 것입니다. 크리스티아나와 그녀의 자녀들의 이야기를 담고 있는 2부에서 번연은 위대한 마음 씨(Mr. Great-Heart)가 정직 씨(Mr. Honest)에게 두려움 씨(Mr. Fearing)의 고난스러운 여정에 대해 이야기하는 것을 묘사합니다. 위대한 마음 씨는 분명히 두려움 씨의 구원에 대해 의심하지 않습니다. 그럼에도 불구하고 그 사람의 영혼은 "항상 매우 침체된 상태로 있었습니다… 그리고 이로 인해 그의 삶은 자신에게 부담이 되었고 다른 이들을 힘들게 만들었습니다(이 지점에서 번연은 여백에 시편 88편을 인용합니다). 그는 많은 사람들보다 죄에 대해 더 민감했습니다. 그는 다른 사람들에게 해를 끼치는 것을 너무 두려워한 나머지, 종종 합법적인 것조차 스스로 거부했습니다. 그 이유는 다른 사람을 실족하게 하고 싶지 않았기 때문입니다." 그러자 정직 씨가 묻습니다. "그렇게 좋은 사람이 평생 그토록 어둠 속에 있어야 했던 이유가 무엇일까요?" 이에 위대한 마음씨는 이렇게 대답합니다.

---

19 Ibid., 69.

두 가지 이유가 있습니다. 하나는, 지혜로우신 하나님께서 그렇게 하기를 원하셨기 때문입니다. 어떤 이는 피리를 불고, 어떤 이는 울어야 합니다. 자, 두려움 씨는 저음을 연주하는 사람 중 하나였습니다. 그와 그의 동료들은 색부트(sackbut)를 연주하는데, 그 소리는 다른 음악의 소리보다 더 슬픕니다. 사실, 어떤 이들은 저음이 음악의 기초라고 말합니다. 그리고 제 개인적으로는, 마음의 무거움(heaviness of mind)으로 시작하지 않는 그런 신앙 고백에는 전혀 관심이 없습니다. 음악가가 모든 것을 조율하려고 할 때 보통 처음 건드리는 현은 저음입니다. 하나님께서도 자신을 위해 영혼을 조율하실 때 이 현을 먼저 연주하십니다. 다만 두려움 씨에게는 불완전한 부분이 있었습니다. 그는 말년이 될 때까지 이 음악 외에는 다른 음악을 연주하지 못했습니다.[20]

번연이 시편을 이러한 목회적 방식으로 사용한 것은 확신, 두려움, 용기, 믿음의 문제를 다루면서, 시편이 특정 상황 속에서 기록되었음에도 불구하고 우리가 처한 특정한 상황에도 어떻게 도움이 될 수 있는지를 보여줍니다. 싱클레어 퍼거슨(Sinclair Ferguson)은 이를 다음과 같이 요약합니다. "시편은… 하나님의 백성이 그들의 질문, 의심, 버림받음과 씨름해 왔고, 또 하나님께서 어떻게 그들을 들어 올리시고 그들을 새로운 빛과 기쁨으로 인도하셨는지를 보여줍니다."[21]

따라서 시편은 기독교인들이 익숙해져야 할 성경의 한 부분입니

---

20 Ibid., 255.
21 Sinclair Ferguson, *Deserted by God?* (Grand Rapids: Baker Books, 1993), 12.

다. 우리는 이 광산에서 헤아릴 수 없는 가치의 보물을 캐낼 수 있습니다. 외로움, 비통함, 무력감, 우울함, 분노, 좌절, 기쁨, 만족, 신실함 또는 다른 수백 가지 문제들 등 문제가 무엇이든 시편은 이 모든 것을 다룹니다. 칼빈이 옳았습니다. 시편은 영혼의 모든 부분에 대한 해부도입니다. 시편 주석 서문에서 이 진술을 한 후, 이 종교개혁자는 계속해서 이렇게 썼습니다.

성령께서는 여기에 사람의 마음을 동요시키는 모든 슬픔, 근심, 두려움, 의심, 소망, 걱정, 당혹감, 간단히 말해서 모든 혼란스러운 감정들을 생생하게 그려놓으셨다. 성경의 다른 부분들은 하나님께서 그의 종들에게 명하여 우리에게 선포하라고 하신 계명들을 담고 있다. 그러나 여기서는 선지자들 자신이 하나님께 말씀드리는 모습으로 제시되어 있고, 그들의 모든 내면의 생각과 감정을 털어놓고 있기 때문에, 선지자들은 우리 각자를 부르거나 더 정확히 말해서 우리에게 많은 결점이 있고 우리 안에 가득 차 있는 많은 악덕들 중 어느 것도 숨겨지지 않도록 하기 위해 우리 자신을 세세히 살펴보도록 이끈다. 모든 은신처가 발견되고 마음이 빛 가운데로 나와 가장 해로운 감염병인 위선(hypocrisy)이 정화될 때, 이것은 분명 드물고 특별한 이점이다. 간단히 말해서, 하나님을 부르는 것이 우리의 안전을 지키는 주요 수단 중 하나이고, 이 훈련을 인도하는 더 나은 그리고 더 확실한 규칙을 다른 곳에서는 찾을 수 없기 때문에. 시편을 이해하는 데 있어 사람이 달성한 진보에 비례하여 그 사람은 천상 교리의 가장 중요한 부분에 대한 지식도 가지

게 될 것이다.[22]

칼빈의 요점은 유익합니다. 우리가 시편에 더 익숙할수록, 우리는 천상의 도성으로 인도하는 여정에 더 잘 대비할 수 있을 것입니다.

---

22 Calvin, "The Author's Preface" to *The Psalms of David and Others*, 27-28.

제11장
시편찬송과 기도

J. V. 페스코(J. V. Fesko)

우리는 끊임없이 오락을 원하는 문화 속에 살고 있기 때문에, 교회 안에 오락적 요소가 중심이 되는 음악 이해가 있는 것은 그리 놀라운 일이 아닙니다. 사회학자 앨런 울프(Alan Wolfe)는 자신이 쓴 통찰력 있는 저서인 『미국 종교의 변형(*The Transformation of American Religion*)』에서 예배를 매력적이고 현대적이며 적절하게 만들기 위해서 대형교회 목사들은 지역사회 사람들이 현대음악에 대해 가지고 있는 다양한 선호도를 파악하고자 마케팅 조사를 활용한다고 설명합니다. 울프는 이렇게 설명합니다. "이러한 접근 방식의 배후에 있는 전체 아이디어는 세속 문화가 그 속에 있는 모든 결점에도 불구하고 청중을 얻고 유지하는 방법에 대해서 무언가를 알고 있다는 것이다."[1] 이러한 가정(assumption)의 배경에는 예배음악이 오락적이어야 하며, 만약 그렇

---

1 Alan Wolfe, *The Transformation of American Religion: How We Actually Live Our Faith* (Chicago: University of Chicago Press, 2003), 29.

다면 교회는 방문자 수를 유지할 수 있을 것이라는 생각이 있습니다. 그러나 예배에서 사용되는 음악에 대하여 간과된 국면(dimension)이 있음에도 이에 관한 내용은 무시되었거나 알려지지 않았습니다. 바로 회중 기도의 한 형태로서의 노래입니다. 예배에서의 노래가 회중 기도의 한 형태라면, 예배에서의 음악은 완전히 다른 축을 중심으로 돌아갑니다. 더 이상 예배에서의 음악은 오락의 문제가 아니라 개인적이고 공동체적인 예배와 헌신의 표현이 됩니다. 이러한 관점에서 예배에서 시편을 부르는 것은 공동체 예배뿐만 아니라 기독교인들의 공동체적이고 개인적인 기도 생활에서도 중요하고 의미 있는 역할을 합니다. 이 장에서는 (1) 노래와 기도의 관계를 보여주고, (2) 시편이 모든 시기를 위한 기도의 학교임을 보여주기 위해 시편을 간략히 탐구하고, (3) 우리가 공동체적 예배와 사적인 예배에서 시편을 사용하여 어떻게 예배하고 어떻게 기도해야 하는지 배울 수 있다는 사실을 보여줌으로써 회중의 기도 생활의 성장과 발전을 위한 시편찬송의 중요성을 보여줄 것입니다.

노래와 기도

존 칼빈(1509-1564)은 그의 『기독교 강요』에서 많은 주제를 다루지만, 기도는 다른 어떤 주제보다도 더 많은 관심을 받습니다. 신학생들을 위한 그의 저서에서 기도에 관한 논의는 아마도 가장 장엄한 부분 중 하나일 것입니다. 칼빈은 기도가 "사람들이 천상의 성소에 들어가 하나님과 교통하는 것으로, 그들이 필요한 곳에서 그들이 믿은 것이 헛되지 않았음을 경험하기 위해 그분의 약속에 관해 직접 호소하는 것"이라고 설명합니다. 칼빈은 계속해서 말합니다. "우리가 기도를 통해 주의 복음이 가리키고 우리의 믿음이 주시하는 보화를 파내는 것은 사실이다."[2] 따라서 기도는 그리스도의 복음 안에서 하나님의 축복을 받고 그분이 우리에게 하신 약속을 확인하는 데 가장 중요한 것입니다. 칼빈이 기도에 관한 논의에서 제기하는 주요 논점 중 하나는 기도 중 노래하는 것인데, 이는 어떤 이들에게는 기도의 생소한 차원일 수 있습니다. 칼빈은 교회의 공적 기도에서 혀의 주된 용도가 공동체적 노래라고 설명합니다. 하나님의 교회가 함께 모여 공동체적 노래로 기도를 드릴 때, "한목소리로, 말하자면 같은 입으로, 우리는 모두 함께 하나님을 영화롭게 하며, 하나의 영이 되어 같은 믿음으로 그분을 경배합니다."[3] 물론 칼빈이 아무런 근거도 없이 기도와 공동체 노래를 서로 연결했던 것은 아닙니다. 칼빈은 성경의 여러 진술에 기초하여 공동체적 노래를 기도로 이해합니다. 예를 들어, 칼빈은 사도 바울을 인용합니다. "그러면 어떻게 할까 내가 영으로 기도하고 또 마음으로 기도하며 내가 영으로 찬송하고 또 마음으로 찬송하리라"(고전 14:15). 고린도전서 주석에서 칼빈은 바울이 한 이 진술의 본질을 더 자세히 설명합니다. "'내가 시편을 부르겠다' 또는 '내가 노래하겠다'고 말할 때, 그는 일반적으로 말하지 않고 구체적으로 말하고 있다. 시편의 주제가 하나님을 찬양하는 것이었기 때문에, 그

---

2 John Calvin, *Institutes of the Christian Religion*, ed. John T. McNeill, trans. Ford Lewis Battles (Louisville, Ky.: Westminster John Knox, 1960), 3.20.2.

3 *Inst.* 3.20.31.

는 '시편 부르기'(ψάλλειν)를 하나님을 축복하거나 하나님께 감사드리는 것으로 사용한다. 우리는 기도하면서 하나님께 무언가를 요청하거나, 하나님께서 우리에게 베푸신 축복을 인정한다."[4] 칼빈은 바울의 진술이 예배에서 기도와 노래를 동일시한다고 봅니다. 그는 또한 이러한 노래-기도의 관계를 시편을 통해 알게 된다고 믿었습니다. 칼빈이 호소하는 또 다른 구절은 골로새서 3장 16절입니다. "그리스도의 말씀이 너희 속에 풍성히 거하여 모든 지혜로 피차 가르치며 권면하고 시와 찬송과 신령한 노래를 부르며 감사하는 마음으로 하나님을 찬양하고." 칼빈은 기도에 대해서 논의하면서 공동체적 노래를 공동체적 기도의 차원으로 볼 뿐만 아니라 교회를 교화하는 수단으로도 보았습니다.[5]

현재 많은 사람들은 예배에서의 음악을 개인을 만족시키는 오락으로 생각합니다. 반면에 칼빈은 예배음악을 시편에서 정보를 얻어 그리스도를 통해 하나님께 감사와 찬양을 드리고, 단순히 개인이 아닌 공동체의 상호 교화를 위한 공동체적 기도를 표현하는 것으로 보았습니다. 칼빈만이 이렇게 생각한 것은 아니었습니다. 초기 청교도인 윌리엄 에임스(William Ames, 1576-1633)와 같은 다른 신학자들도 비슷한 결론에 도달했습니다. 에임스는 이렇게 기록합니다. "노래의 대상이 되는 것이 필요하고, 또 그 대상을 따르는 것도 필요하며, 이와 더불어 하나님께 우리의 마음을 들어 올리는 것 역시 필요하다. 묵

---

4 Calvin, 1 *Corinthians*, CNTC, ed. David W. Torrance and T. F. Torrance, trans. John W. Fraser (1960; Grand Rapids: Eerdmans, 1996), 292-93.

5 *Inst.* 3.20.32.

상이 목표로 하는 것이 바로 이것이다. 따라서 우리는 우리 마음으로 주께 노래한다고 말한다(골 3:16). 노래로 부르는 시편은 일종의 기도다."[6] 우리가 공동체적 노래를 기도의 표현으로 본다면, 시편은 어떤 방식으로 우리의 기도 생활에 영향을 미칠까요?

시편 탐구

기독교인이 살아가면서 경험하는 가장 필요한 것 중 하나는 주어진 상황이나 환경에서 어떻게 기도할지 혹은 무엇을 기도해야 할지를 아는 것인 경우가 자주 있습니다. 기쁨의 시기든 슬픔의 시기든, 사람들은 종종 무슨 말을 해야 할지 모릅니다. 이 문제는 공개적으로 기도해달라는 요청을 받으면 더욱 악화됩니다. 수다스러운 사람도 기도해달라는 요청을 받으면 조용해질 수 있습니다. 그 이유 중 하나는, 물론 유일한 이유는 아니지만, 사람들이 종종 기도는 신자와 하나님 사이의 대화라고 들었기 때문일 수도 있습니다. 누가 대화하는 법을 배울 필요가 있습니까? 이것은 사람들이 직관적으로 아는 것 아닙니까? 그러나 저녁 식사 모임이나 친교 모임에 가서 의미 있고 유익한 대화를 나누기는 꽤 어려울 수 있습니다. 다시 말해, 사람들은 좋은 대화에도 기술이 있다는 사실을 재빨리 알아차릴 수 있습니다. 기도에 대해서도 이와 같이 말을 할 수 있습니다. 디트리히 본

---

6 William Ames, *The Marrow of Theology,* trans. *John Dykstra Eusden* (Grand Rap- ids: Baker, 1997), 262-63.

회퍼(Dietrich Bonhoeffer, 1906-1945)는 사람들이 "기도하는 법을 배우는 것"을 이상하게 생각한다고 설명합니다. 그는 이렇게 씁니다. "마음이 자연스럽게 기도한다고 상상하는 것은 오늘날 기독교인들 사이에 매우 널리 퍼져 있는 위험한 오류다." 또한 그는 다음과 같이 설명합니다. "우리는 소원, 희망, 한숨, 애통, 기쁨 등 마음이 분명히 혼자서 할 수 있는 모든 것들을 기도와 혼동한다. 그러나 그렇게 함으로써 우리는 땅과 하늘, 인간과 하나님을 혼동하게 된다."[7] 그리스도의 제자들은 분명히 상황이 적절하지 않다고 느꼈기에 그리스도께 기도하는 법을 가르쳐 달라고 요청했습니다. 이때 그리스도는 제자들에게 우리가 오늘날 주기도문이라고 부르는 것을 주셨습니다(마 6:9-13). 그러나 주기도문이 성경에서 우리가 기도하는 법을 배울 수 있는 유일한 곳은 아닙니다.

본회퍼는 교회가 기도하는 법을 배워야 한다고 설명합니다. 그렇다면 어떻게 배워야 할까요? 아이들은 부모가 그들에게 말하는 것을 보고 말하는 법을 배웁니다. 그래서 그들은 부모의 언어를 배웁니다. 그들은 부모가 사용하는 구절, 단어, 표현을 반복합니다. 하나님은 주로 그분의 말씀을 통해 자녀들에게 말씀하셨고, 그래서 그분의 자녀들인 우리는 그분의 말씀을 그분께 되돌려 반복함으로써 하나님께 말씀드리는 법을 배웁니다. 바로 이런 방식으로 우리는 기도하는 법을 배웁니다. 이렇게 성경 말씀으로 가득한 기도를 통해 우리는 죄의

7 Dietrich Bonhoeffer, *Prayerbook of the Bible, in Dietrich Bonhoeffer Works*, ed. Geffrey B. Kelly, trans. James H. Burtness (Minneapolis: Fortress, 1996), 155.

짐을 진 우리 마음의 언어나 우리를 둘러싼 우상 숭배적인 세상의 거 짓되고 혼란스러운 언어가 아닌, 그분의 말씀, 어투, 말씀 방식을 사 용하여 하나님께 말씀드리는 법을 배웁니다. 우리가 확신하고 기뻐 하는 마음으로 기도하기를 원한다면, 하나님의 말씀이 우리의 기도 뿐만 아니라 우리가 부르는 노래-기도(song-prayers)를 위한 기초도 되 어야 합니다. 예수 그리스도와 말씀을 통해 우리는 기도하는 법과 심 지어 노래하는 법까지 배웁니다. 하지만 본회퍼는 기도하는 법을 배 우는 데 가장 적합한 한 권의 책을 특별히 언급합니다. "성경에는 성 경의 모든 책과 다른 한 권의 책이 있는데, 그것은 오직 기도만 포함 하고 있다. 그 책이 바로 시편이다."[8] 이런 이유로 본회퍼는 자신의 저서를 『성경의 기도서(Prayerbook of the Bible)』라고 명명했습니다. 그러나 기도와 노래의 연결을 고려할 때, 시편은 또한 성경의 기도-노래책 (Prayer-Songbook)이라고 불릴 수 있습니다. 그렇다면 시편은 어떤 방식 으로 교회의 기도 생활을 풍성하게 하고, 촉진하며, 정보를 제공합니 까?

사람들은 너무 자주 바울의 이 유명한 진술을 그들의 기도 생활 의 지팡이로 사용합니다. "우리는 마땅히 기도할 바를 알지 못하나 오직 성령이 말할 수 없는 탄식으로 우리를 위하여 친히 간구하시느 니라"(롬 8:26). 바울의 진술을 그가 받았던 랍비 훈련의 맥락에서 생 각해 보십시오. 그는 구약 성경에 매우 친숙한 사람이었습니다. 그 래서 바울이 우리가 어떻게 기도해야 할지 모르는 때가 있다고 말할

---

8 Bonhoeffer, *Prayerbook*, 156.

때, 그는 우리가 게으르고 성경에 주의를 기울이지 않아서 우리의 기도 생활이 궁핍해지고 빈곤해지는 상황을 염두에 두고 있는 것이 아닙니다. 시편을 꾸준히 섭취함으로써 우리는 기도하는 법을 배울 수 있습니다. 본회퍼는 우리의 기도 생활을 가르쳐 주는 많은 다양한 종류의 시편을 통해 실행되는 몇 가지 주요 주제가 무엇인지 알려 줍니다.

창조

창조에 대한 시편을 묵상하고 노래할 때 우리 마음은 분명히 하나님의 창조 사역에 대해 찬양하도록 조율될 뿐만 아니라, 우리의 기도 생활도 우리의 창조주를 찬양할 수 있는 풍성한 내용으로 채워지는 것을 경험할 수 있습니다. 우리의 기도가 개인적인 필요에 대한 긴 목록으로 가득 채워지는 경우가 너무 자주 있습니다. 우리가 하나님께 우리의 필요를 말하는 것을 하나님께서 원하시는 것은 분명합니다. 하지만 우리가 그분이 누구시며 무엇을 하셨는지에 대해 하나님을 찬양하는 데 어려움을 겪고 비틀거릴 때, 창조 시편은 분명히 이러한 약점을 치유할 수 있습니다. 본회퍼는 시편 8편이 하나님의 이름과 그분의 창조 사역의 정점으로서 인간(남성과 여성)을 창조하신 하나님의 은혜로운 행위를 찬양한다고 알려 줍니다. 마찬가지로 시편 19편은 창조의 경이로움을 찬양하지만, 이어서 하나님의 율법 계시를 성찰하는 것으로 이어지고 그 결과 우리를 회개로 초청합니다.[9]

---

9 Ibid., 163.

그러나 우리가 하나님을 찬양하고 창조주이신 그분의 놀라운 사역을 살펴본다면, 우리는 구속사역에 부어진 그분의 자비하심으로 이끌릴 수밖에 없을 것입니다. 시편 기자가 "사람이 무엇이기에 주께서 그를 생각하시며 인자가 무엇이기에 주께서 그를 돌보시나이까?"(시 8:4)라고 쓴 것처럼 인간이 관을 쓰고 있는 영광에 대해 기도할 수 있는 사람이 누구이겠습니까?

그러나 이러한 기도에서, 우리가 시편과 시편이 궁극적으로 가리키는 분을 따른다면, 우리는 다윗 왕과 함께 그의 더 위대한 아들 예수 그리스도의 장엄한 계시로 이끌리지 않을 수 없습니다. 그러므로 바울이 시편 8편을 묵상하면서 이 시편을 그리스도의 부활 및 승천과 연결하는 것은 당연합니다. 그는 "만물을 그의 발 아래에 두셨다"(고전 15:27)라고 기록합니다. 이는 시편 8편 6절 후반부에 대한 메아리입니다. 다시 말해, 바울이 시편 8편에 대해 기록한 무오(inerrant)하고 무류(infallable)하며 권위 있는 주석에 따르면, 이는 단지 인간의 창조에 대한 시편일 뿐만 아니라 궁극적으로 하나님의 창조에 질서를 회복하시는 인자이신 그리스도에 관한 시편이기도 합니다.[10] 우리가 시편을 읽고, 기도하고, 노래할 때, 그것들이 주로 그리스도에 관한 것임을 기억해야 합니다. 본회퍼는 이 점에 대해 이렇게 지적합니다. "우리가 성경의 기도, 특히 시편을 읽고 기도하고자 한다면, 우리는 그 시편이 우리와 무슨 관계가 있는지를 먼저 묻지 말고 예수

---

10 Patrick Henry Reardon, *Christ in the Psalms* (Ben Lomond, Calif.: Conciliar Press, 2000), 15-16; G. K. Beale and D. A. Carson, eds., *Commentary on the New Testament Use of the Old Testament* (Grand Rapids: Baker, 2007), 745-46을 보라.

그리스도와 무슨 관계가 있는지를 물어야 한다. 우리는 시편을 하나님의 말씀으로 어떻게 이해할 수 있는지 물어야 하며, 그래야만 우리가 예수 그리스도와 함께 그 시편을 기도할 수 있다."[11]

고난받는 메시야

고난받는 메시야는 여러 시편의 주제이며, 그중 가장 주목할 만한 것은 시편 22편과 69편입니다. 그리스도께서는 십자가 위에서 고난받으실 때 시편 22편을 말씀하십니다. "제구시에 예수께서 크게 소리 지르시되 엘리 엘리 라마 사박다니 하시니 이를 번역하면 나의 하나님, 나의 하나님 어찌하여 나를 버리셨나이까 하는 뜻이라"(막 15:34; 참조: 시 22:1). 예수님은 단순히 이 구절을 시편에서 뽑아내신 것이 아니라 시편 전체를 염두에 두고 계셨습니다. 이 사실은 간과되지 않았으며, 시편 22편은 십자가 처형에 대한 다섯 번째 복음서 기록이라고 불리게 되었습니다. 우리가 이스라엘의 왕이며 하나님께 기름 부음 받은 메시야(messiah)로서의 다윗이 당한 고난에 대해 읽을 때, 우리는 다윗이 그 메시야(the Messiah)를 가리키고 있다는 것을 압니다. 예를 들어, 다윗이 17, 18절에서 쓴 것을 생각해 보십시오. "내가 내 모든 뼈를 셀 수 있나이다 그들이 나를 주목하여 보고 내 겉옷을 나누며 내 속옷을 제비 뽑나이다" 그리고 로마 병사들이 그리스도의 옷을 제비 뽑는 것을 깊이 생각해 보십시오(요 19:24).

우리가 이와 같은 시편을 노래-기도할 때, 우리는 우리 자신에게

---

11 Bonhoeffer, *Prayerbook*, 157.

서 벗어나고 우리 자신의 영혼에 대한 내향적 시선에서 벗어나 우리의 믿음이 외부를 향하여 그리스도, 그분의 고난, 그리고 우리를 위한 그분의 사역을 바라봅니다. 그리고 이러한 노래 안에 있는 기도는 우리를 십자가에 못 박힌 메시야께로 인도할 뿐만 아니라 그리스도의 이름을 위해 우리가 겪는 크고 작은 박해 속에서도 우리에게 희망을 줍니다. 본회퍼는 자신이 살펴본 바를 이렇게 표현합니다. "우리는 이 시편을 오직 예수 그리스도와의 공동체 안에서, 그리스도의 고난에 참여한 자들로서만 기도할 수 있다. 우리는 이 시편을 우리의 임의적인 개인적 고난에서 기도하는 것이 아니라, 우리에게도 임한 그리스도의 고난에서 기도한다. 그러나 우리는 항상 예수 그리스도께서 우리와 함께 기도하시고 그분을 통해 구약의 그 왕이 기도하는 것을 듣는다. 이 기도를 반복한다고 해서 이 기도의 전체 깊이를 측정하거나 경험할 수는 없지만, 그럼에도 이 기도를 반복할 때 우리는 하나님의 보좌 앞에서 기도하는 그리스도와 함께 걸어간다."[12]

이러한 시편은 불신 가족, 동료, 또는 심지어 그리스도의 교회를 향한 거대한 물리적 폭력과 적대감이 있는 곳에서 박해에 직면했을 때 큰 격려를 얻는 원천이 될 수 있습니다. 실제로 시편은 희망의 음조로 끝납니다. "내가 주의 이름을 형제에게 선포하고 회중 가운데에서 주를 찬송하리이다"(시 22:22). 히브리서의 저자는 이 구절을 그리스도의 완성된 사역과 연결합니다(히 2:11-13).[13] 우리가 이와 같은 시

---

12   Ibid., 166.

13   Beale and Carson, *New Testament Use of the Old Testament*, 947-49.

편을 노래-기도할 때, 우리는 그리스도의 사역에 감사할 뿐만 아니라 박해로부터의 구원을 위해 하나님을 공경하는 방식으로 기도하고 있는 것입니다.

고난

많은 교회 구성원들이 개인적으로 큰 고난을 당하는 것은 낯선 일이 아닙니다. 그러나 많은 현대 예배의 음악이 가진 문제점은 그런 고난을 표현할 수 있는 자리가 없다는 것입니다. 고난을 실패의 결과나 회개하지 않고 숨겨 놓은 죄가 가져온 당연한 결과로 연관을 짓는 그리스도인들이 많은 우리 시대에, 마치 욥의 친구라는 사람들처럼, 사람들은 너무 쉽게 그들의 기도 생활에서, 특히 회중이 함께 부르는 노래에서 우울함과 슬픔을 삭제하려고 합니다. 그러나 아브라함과 요셉과 다윗, 또는 예레미야와 같은 구약 성도들의 삶을 살펴보십시오. 그들의 삶에는 큰 시련과 슬픔의 시간이 있었다는 특징이 있습니다. 시편을 빠르게 읽어보면 분명히 시편의 저자는 많은 절망의 날들을 경험했다는 인상을 받게 될 것입니다. 현대 문화의 많은 부분은 우리에게 휴가를 가거나, 약을 먹거나, 새로운 물건을 구입하여 우리를 괴롭히는 증상을 완화시키라고 말합니다.[14] 그런 다음 교회에서는 박수를 치며 우리의 슬픔을 노래로 떨쳐내라고 합니다. 그러나 음악이 멈추고 우리가 집으로 돌아왔을 때, 여전히 우리의 시련, 우울증,

---

14 Carl R. Trueman, *The Wages of Spin: Critical Writings on Historic and Contemporary Evangelicalism* (Fearn: Mentor, 2004), 159.

또는 슬픔에 짓눌려 있다면 어떻게 됩니까?

바로 여기서 성경의 기도서가 우리의 기도 생활에 중요한 교훈을 줍니다. 본회퍼는 시편이 모든 종류의 슬픔과 고난을 알고 있다고 지적합니다. 여기에는 심각한 질병, 투옥, 하나님으로부터의 깊은 고립, 위협, 박해, 그리고 이 땅에서 찾을 수 있는 다른 모든 종류의 위험(시편 13, 31, 35, 41, 44, 54, 55, 56, 61, 74, 79, 86, 88, 102, 105편 및 기타 많은 시편)이 포함됩니다.[15] 시편은 진부하게 답변하지 않습니다. 대신 그리스도 안에 있는 하나님의 강한 날개 아래에 피난처를 제공합니다. 우리가 이러한 시편을 개인적으로 또는 교회로서 공동체적으로 노래-기도(sing-pray)할 때, 우리는 하나님의 말씀을 사용하여 그분께 외치며, 그리스도 안에서 그분의 은혜와 자비가 절실히 필요하다고 말씀드리는 것입니다. 우리는 우리가 그 짐을 감당할 수 없다는 사실을 인정하고, 그 모든 짐을 그리스도께 맡깁니다. 본회퍼가 쓴 대로, "바로 이것이 모든 애가 시편이 목표로 하는 것입니다. 그들은 우리의 질병을 짊어지시고 우리의 연약함을 담당하신 분이신 예수 그리스도에 대하여 기도합니다. 시편은 예수 그리스도를 고난 중의 유일한 도움으로 선포합니다. 왜냐하면 그리스도 안에서 하나님이 우리와 함께 계시기 때문입니다."[16] 우리의 기도-노래에서, 우리는 우리의 애가를 표현하는 방법뿐만 아니라 그리스도 안에서 하나님의 자비를 통해 피난처를 찾는 방법을 배웁니다. 시편은 우리의 희망과 기

---

15 Bonhoeffer, *Prayerbook,* 169.
16 Ibid., 170.

대와 성품을 형성합니다. 이를 통해 하나님께서는 그분의 말씀을 사용하여 우리로 그분의 아들의 형상을 본받게 하십니다. 아마도 우리가 슬프고 애통해할 때 어떻게 기도해야 할지 모르는 이유는 우리가 시편의 기도 학교에 앉지 않았기 때문일 것입니다. 어쩌면 우리가 슬플 때 노래하는 방법을 모르는 이유는 우리가 경건하고 그리스도 중심적인 방식으로 슬픈 노래(blues)를 노래하는 법을 배우지 않았기 때문일 것입니다. 세상은 오직 슬프기만 한 노래들을 노래하는 방법을 알고 있을 뿐입니다. 하지만 그러한 슬픔은 세속적인 슬픔입니다. 시편은 우리에게 그리스도를 소망하는 가운데 구속과 구원의 소망을 품고 슬픈 노래를 노래-기도하는 법을 가르쳐 줍니다.

우리의 기도 생활 구축하기

우리는 시편에서 발견되는 주요한 주제들 중 몇 가지만 살펴보았지만, 이 간단한 탐구가 어떻게 시편을 노래함으로써 우리의 기도 생활을 풍성하게 할 수 있는지 보여줄 수 있기를 바랍니다. 그러나 우리는 다른 몇 가지 사항들도 살펴보아야 하는데, 이는 시편찬송을 통해 우리의 기도 생활을 구축하는 데 도움이 될 수 있습니다. 이는 공동체적으로나 개인적으로 모두 해당됩니다.

기도의 말씀에 대하여 주의 깊게 주목하기

목사와 장로들은 회중 찬송이 무엇인지 설명하기 위해 집중적으로 노력해야 합니다. 거의 모든 교회가 예배에서 노래를 부르지만,

왜 노래하는지 이해하는 교회는 거의 없습니다. 노래가 교회 생활에서 어떤 기능을 하는지 성경적으로 보여주기 위해서 목사들이 노력한다면, 노래가공동체적 기도를 표현하는 것이라는 사실을 더 많은 사람들이 이해하게 될 것입니다. 노래할 때 그것이 기도라는 사실을 회중들이 알게 되면, 그들은 자신들이 부르는 노래의 말씀에 더 주의를 집중할 수 있을 것입니다. 예배에서 음악을 사용할 때 우려되는 위험 중 하나는 사람들이 말씀에 집중하지 않고 곡조에 빠져드는 것입니다. 이 문제는 오래전에 성 아우구스티누스(St. Augustine, 354-430)에 의해 확인되었습니다. 아우구스티누스는 자신이 실제 노래의 말씀보다 음악에 더 큰 감동을 느낄 때 우려했고, 이에 대해 경계했습니다. 그는 이렇게 말합니다. "그럼에도 불구하고 내가 처음 믿음을 회복하면서 흘렸던 눈물을 내가 기억하고, 또한 말씀이 맑은 목소리와 완전히 적절한 선율로 노래될 때 이제는 그 변화가 아니라 노래되는 말씀에 의해 감동받는다는 사실을 기억할 때, 나는 예배에서 음악이 가지는 큰 유용성을 다시 한 번 인식한다."[17] 우리가 노래할 때 기도하고 있다는 것을 아는 것은 말씀에, 그리고 이 경우에는 성경의 말씀인 시편에 집중하도록 우리를 깨우는 데 도움이 될 수 있습니다.

그리스도의 이름으로 노래하기

기도의 더욱 중요한 요소 중 하나는 우리가 그리스도의 이름으로 기도한다는 인식입니다. 왜냐하면 그분은 하나님의 보좌 앞에서 우

---

17 Augustine, *Confessions, trans. Henry Chadwick* (Oxford: University Press, 1991), 10.33.50.

리의 중보자이시기 때문입니다. 그분은 하늘의 지성소에서 우리를 위해 기도하십니다. 요한은 그의 첫 번째 서신에서 이렇게 기록했습니다. "만일 누가 죄를 범하여도 아버지 앞에서 우리에게 대언자가 있으니 곧 의로우신 예수 그리스도시라"(요일 2:1). 마찬가지로 그리스도께서도 우리에게 이렇게 말씀하십니다. "진실로 진실로 너희에게 이르노니 너희가 무엇이든지 아버지께 구하는 것을 내 이름으로 주시리라"(요 16:23). 그러나 그리스도의 이름으로 노래한다는 것은 단순히 노래 끝에 "예수님의 이름으로 기도합니다, 아멘"이라는 구절을 붙이는 것이 아닙니다. 오히려 우리가 시편을 노래할 때 성령의 능력으로 그리스도를 통해 하나님께 기도한다는 인식을 가지는 것입니다. 여기서 중요한 요소는 우리가 노래−기도하는 시편이 궁극적으로 그리스도에 관한 것임을 인식하는 것입니다. 사람들은 시편 2, 16, 22, 110편과 같이 메시야를 두드러지게 다루는 경우에 한하여 일부 시편이 메시야적이라고 쉽게 식별합니다.

그러나 우리는 모든 시편이 메시야적이라는 것을 이해해야 합니다.[18] 모든 시편은 어떤 의미에서 그리스도의 인격과 사역에 관련되어 있습니다. 본회퍼는 우리가 어떻게 시편에서 그리스도의 존재를 정당하게 식별할 수 있는지에 대해 도움을 줍니다.

성경의 증언에 따르면, 하나님의 택함받은 백성들의 왕으로 기름 부음

---

18 이 점에 관하여 Richard P. Belcher, Jr., *The Messiah and the Psalms: Preaching Christ from All the Psalms* (Fearn: Mentor, 2006), 1-20에 있는 논쟁을 보라.

받은 다윗은 예수 그리스도를 예표한다. 다윗에게 일어난 일은 다윗 안에 있고 다윗으로부터 나올 분, 즉 예수 그리스도를 위해 일어난다. 다윗은 이를 알지 못한 채 있었던 것이 아니다. 오히려 그는 선지자였기에, 하나님이 그에게 맹세하사 그의 자손 중에서 한 사람을 그의 보좌에 앉히실 것을 알고 미리 보았으므로 그리스도의 부활에 대하여 말하였다(행 2:30-31). 다윗은 그의 왕직, 그의 삶, 그리고 그의 말씀을 통해 그리스도를 증언했다.[19]

회중의 기도와 노래 생활을 위해 도움이 되는 연습은 목사가 시편에서 설교를 하고, 그리스도가 어디에 어떻게 존재하는지 보여주고, 그런 다음 회중이 그 목사가 방금 설교한 시편을 노래-기도하도록 하는 것입니다. 이러한 실천을 통하여 교회는 구속사와 그리스도의 사역을 더 잘 이해할 수 있을 뿐만 아니라, 그리스도 안에서 하나님의 계시의 말씀을 노래-기도로 입술과 마음에 담을 때 교회는 기도 생활에 있어서도 성장할 것입니다.

개인 예배에서의 시편

회중의 기도 생활을 위한 시편찬송의 또 다른 중요한 차원은 개인 예배에서 시편을 사용하는 것입니다. 공예배는 교회의 영적 생활의

---

19 Bonhoeffer, *Prayerbook*, 158-59.

지렛대이지만, 그것은 항상 개인 예배, 성경 읽기와 공부, 그리고 기도가 포함된 꾸준한 식단으로 보완되어야 합니다. 만약 누군가가 시편을 그 식단의 일부로 생각한다면, 그 사람의 기도 생활은 아주 풍성해질 수 있습니다. 시편찬송을 통해 한 사람은 성경의 큰 부분을 이해하고 심지어 암기할 준비를 더 많이 할 수도 있습니다. 본회퍼는 이렇게 지적합니다. "초대 교회에서는 '모든 다윗(the entire David)'을 암기하는 것이 특이한 일이 아니었다. 동방 교회 중 어떤 곳에서는 교회 직분을 위한 전제 조건으로 시편을 다 암기해야 했다. 교부 제롬 (Jerome)은 그 시대에 들판과 정원에서 시편이 불리는 것을 들을 수 있었다고 말한다. 이처럼 시편은 초기 기독교인들의 삶을 채웠다. 그러나 이 모든 것보다 더 중요한 것은 예수께서 십자가에서 시편의 말씀을 입술로 읊조리시며 돌아가셨다는 사실이다."[20]

이 사실은 개인 예배에서 시편찬송이 우리의 삶에 어떻게 스며들 수 있는지를 보여줍니다. 그래서 우리는 기쁨과 시련과 슬픔, 또는 박해의 순간에 하나님의 말씀을 우리의 입술과 마음에 담을 수 있습니다. 시편이 다윗과 솔로몬과 신실한 이스라엘 백성, 심지어 그리스도 자신에게 위로의 원천이 되었듯이, 우리 시대의 일상생활에서도 시편은 축복과 위로의 풍성한 원천이 될 수 있습니다.

20　Ibid., 162.

결론: 시편을 기도-노래하기

교회가 모든 종류의 음악을 동원하여 방문자들을 유혹하고 즐겁게 하려는 시대에, 예배에서 부르는 노래가 공동체적 기도라는 성경적 가르침에 더 큰 주의를 기울일 필요가 있습니다. 시편을 기도-노래함으로써, 우리는 하나님의 말씀을 노래하고, 우리의 하늘 아버지의 말씀을 그분께 되돌려 드림으로써 기도하는 법을 배웁니다. 또한 우리는 시편에서 기쁨과 위로와 격려의 원천뿐만 아니라 우리의 성화와 은혜 안에서의 성장을 위해 필요한 양식의 원천도 발견합니다. 우리가 기도하는 방법을 모른다면, 그것은 우리가 시편을 노래하지 않기 때문일 수 있지 않을까요? 본회퍼의 말로 이 장을 마무리하는 것이 적절해 보입니다. "시편이 버려질 때마다, 기독교 교회는 비교할 수 없는 보물을 잃게 된다. 그러므로 시편을 회복할 때 예상치 못한 능력도 함께 올 것이다."[21] 본회퍼가 관찰한 사실은 우리의 기도 생활뿐만 아니라 교회의 노래생활(song-life)과 예배에도 해당합니다. 시편찬송은 회복되고 실천되어야 할 교회 기도 생활의 핵심 요소입니다.

---

21 Ibid.

기고자들

조엘 비키(Joel R. Beeke)는 퓨리턴리폼드신학교(Puritan Reformed Theological Seminary)의 총장이자 조직신학 및 설교학 교수이며, 미시간주 그랜드 래피즈의 헤리티지 네덜란드 개혁교회(Heritage Netherlands Reformed Congregation)의 목사입니다.

로버트 캐스카트(Robert Cathcart)는 사우스캐롤라이나주 로렌스(Laurens)의 우정장로교회(Friendship Presbyterian Church)의 목사입니다.

J. V. 페스코(J. V. Fesko)는 캘리포니아 웨스트민스터 신학교(Westminster Seminary California)의 교무처장 및 조직신학 부교수이며, 정통장로교회의 안수받은 목사입니다.

W. 로버트 갓프리(W. Robert Godfrey)는 캘리포니아 웨스트민스터 신학교(Westminster Seminary California)의 총장이며, 종교개혁을 관심 있게 연구하는 교회사 교수입니다.

D. G. 하트(Hart)는 휘튼대학(Wheaton College)의 미국 복음주의 연구소 소장을 역임했으며, 현재 ISI(Intercollegiate Studies Institute)의 파트너 프로젝트 책임자입니다.

테리 존슨(Terry Johnson)은 조지아주 사바나(Savannah)의 독립장로교회
(Independent Presbyterian Church)의 담임목사입니다.

마이클 르페브르(Michael LeFebvre)는 인디애나주 브라운스버그
(Brownsburg)의 크라이스트 처지개혁장로교회(Christ Church
Reformed Presbyterian)의 목사입니다.

데이비드 머리(David P. Murray)는 미시간주 그랜드 래피즈의 퓨리턴리
폼드신학교의 구약학 및 실천신학 교수입니다.

휴즈 올리펀트 올드(Hughes Oliphant Old)는 사우스캐롤라이나주 콜롬
비아(Columbia)의 어스킨 신학교(Erskine Theological Seminary)의
John H. Leith 개혁신학 교수이자 개혁예배 연구소 학장입
니다.

안토니 셀바지오(Anthony T. Selvaggio)는 북미 개혁장로교회의 교육 장
로이며, 뉴욕주 로체스터의 로체스터 개혁장로교회(Rochester
Reformed Presbyterian Church)의 회원으로 정기적으로 설교 사
역에 기여하고 있습니다. 또한 펜실베이니아주 피츠버그
(Pittsburgh)의 개혁장로신학교(Reformed Presbyterian Theological
Seminary)와 캐나다 오타와의 오타와 신학교(Ottawa Theological
Hall)의 객원 교수입니다.

데렉 토마스(Derek Thomas)는 미시시피주 잭슨(Jackson)의 리폼드신학교
(Reformed Theological Seminary)에서 John E. Richards 조직 및
실천신학 교수이며, 잭슨의 제일장로교회(First Presbyterian
Church)에서 교육 목사로도 봉사하고 있습니다.

로랜드 워드(Rowland Ward)는 멜버른 근처 녹스장로교회(Knox Presbyterian

Church of Eastern Australia)의 목사입니다.

말콤 와츠(Malcolm H. Watts)는 영국 세일즈베리 엠마뉴엘 교회(Salisbury
의 Emmanuel Church)의 목사이며, 런던개혁침례신학교(London
Reformed Baptist Seminary)와 미시간주 그랜드 래피즈에 있는 퓨
리턴리폼드신학교의 객원 강사이기도 합니다.